U0165737

臺閩 文化概論

五南圖書出版公司 印行

圖
6-1

〈呂祖廟〉：「呂祖廟燒金，糕仔忘記拿回來」及「攬

籃假燒金」舊址（蔡蕙如攝）

▲ 圖6-2　〈劍井〉：與鄭成功傳說有關的地形地物傳說（蔡蕙如攝）

圖6-3 〈上帝廟〉俚諺「上帝廟墘乾、水仙宮簷前」，說明上帝廟位居高處，即鷲嶺所在地（蔡蕙如攝）

▲圖6-4 〈水仙宮〉位置為昔日五條港之處，地理位置較低。（蔡蕙如攝）

▲圖6-5 〈藥王廟〉：流傳台南一帶「五馬朝江一馬回」中「一馬」面向東的
　　　　藥王廟（蔡蕙如攝）

▲ 圖11-1　媽祖（高佩英攝）

▲ 圖11-2　虎爺（高佩英攝）

▲圖12-1　瑤池金母（高佩英攝）

▲圖12-2　觀音佛祖（高佩英攝）

◀圖12-3 神農大帝（高佩英攝）

▲圖12-4　石門十八王公廟（高佩英攝）

▲
圖
14-
1

除夕祭祀（高佩英攝）

屋身　　　　　　屋頂

臺基

▲ 圖17-1　民居建築的構成圖（楊博淵改繪）

目錄

第一章 緒論

學習目標

1. 了解「臺灣」與「閩南」的指涉對象。
2. 認知「臺閩文化」交流互動始末。
3. 掌握各章節探討的議題與重點。

關鍵字

臺灣、閩南、移民、互動交流、海洋文化、
多元文化特質

　　作為一座島嶼，臺灣具有海洋文化向世界開放的多元文化特質。史前時代曾有不同族群，在不同的時期活動於臺灣各個區域：目前發現最早的為東部的長濱文化，以及後來在臺南發現的左鎮文化、臺北的圓山文化、十三行文化……分別為舊石器、新石器時代的代表。從上萬年到數千年，這些族群曾經生活在臺灣島上，為斯土斯民拉展了文化的縱深。本書所探討的臺灣與福建文化的關係，主要從四百多年前漢人開始來臺灣談起，如果從「文化層」的角度來講，這已是「露出地表」的臺灣歷史與文化了。

壹、臺閩文化接觸之始

　　早期閩南人與臺灣的接觸，主要是捕漁、打獵或與原住民簡單的交易，多屬零星散落的狀態。十六世紀中葉以後，林道乾、林鳳、李旦等海商兼海盜的勢力在中國東南沿海一帶崛起，由於官兵的追討，他們逃經臺灣，留下許多與當地相關的傳說。明天啟2年（1622），遭日本官方緝捕的閩南人顏思齊、鄭芝龍等，流亡到臺灣北港一帶，開始從事集體性的墾拓。顏思齊病逝後，鄭芝龍接掌集團的領導權，傳說他鼓勵大量的漳、泉人士渡海前來，每人給銀三兩、牛一隻，致力於臺灣西部嘉義、北港一帶的開發，一直到崇禎元年（1628）接受明王朝的招撫，始返回中國。此時，荷蘭勢力已進入臺灣南部，為了發展蔗糖與稻作的種植，更大量而積極地招徠對岸的漢人前來開發生產，開啟了臺、閩兩地密切互動。

貳、指涉對象與探討範圍

　　這裡所謂「閩」，乃以「閩南」為主，指涉的對象為福建南部，包括泉州、漳州、廈門、金門及鄰近以閩南方言為主的區域。由於地理區隔與文化界限不一定能做全然的劃分，此處探討臺閩關係，不只涉及臺灣與福

建南部，必要時福建其他區域，也會納入本書比較討論的範圍。從歷史發展的角度來看，福建地區原爲百越民族所居，漢代中原人士仍稱之爲「方外之地，劗髮紋身之民」，魏晉南北朝，由於時局動盪，中原漢人不斷往南遷徙，漢文化逐漸與閩地的百越文化糅和；到了唐宋時期，以中原文化爲主流，同時注入了百越文化因子的「閩南區域文化」已基本形成。元、明兩代，福建特別是閩南地區經歷了海洋文化的衝擊，加上明中葉以後求新求變的時代思潮之影響，更使得閩南文化趨向成熟。因此，目前所討論的「閩南文化特徵」，基本上是以明、清兩代閩南地區所表現的文化型態爲代表。[1]

參、主要議題與各章述要

　　本書以「臺灣文化」爲主體，嘗試探討「閩南文化」在不同的歷史階段如何藉由福建移民引入本島？這群移民具有什麼樣的群體特色和精神文化向度？透過什麼樣的方式凝聚彼此間的向心力？與臺灣本地居民產生什麼樣的互動關係？透過什麼樣的網絡，厚植他們在臺灣發展的實力？臺、閩人士的互動、流通，具體表現在哪些面向？彼此在文化內涵上，具有什麼樣的相似與差異性？爲了解答上述問題，本書擬分十六個單元，首先整體性地探討臺閩兩地關係發展、文化交流、族系語言與宗族聚落等背景性的狀況；而後從抒懷敘情、知識的習得、心靈的撫慰……等角度，探討臺閩的文學、戲劇、教育與宗教信仰。接著，從人生命中最重要的大事－出生、成年、結婚、死亡談「生命禮俗」，從一年中與節氣、神誕相關的祭祀活動談「歲時祭儀」。最後，以「物質層面」爲主，探討臺閩地區的飲食文化、工藝技術與建築特色。以下簡介各章大要：

---

[1] 陳支平、徐泓主編，《閩南文化百科全書》，福建：福建人民出版社，2009年10月，頁1。

第二章討論「臺閩關係」，從「擴散」與「流離」兩個視角，探討臺灣從移民社會到定居社會的發展過程，並在討論日本學者濱下武志的「亞洲交易圈論」以及中國「五緣」架構下的「閩臺緣」觀點之後，進一步提出「臺閩社會如何在精神、物質上，透過互惠而持續的交流，建立臺閩關係」才是目前最切要的問題之省思。作者指出，臺閩關係往往會隨著歷史環境的異動而變化，從臺灣的經驗來看，移民社會文化淵源的變化、社會組織形態的轉型、海洋文化的移植這三項應是最值得關注的臺閩關係變化因素。

第三章探討「臺閩交流」。首先從「商品經濟意識」談起，作者指出就臺灣的開發而言，無論是荷西時期發展，還是清領時期出現；無論是官方航路，還是私渡路線，它們同樣是先民渡臺的管道，同樣為漢人在臺灣的生根發展扮演過積極的角色。臺閩沿海商人在選擇船運的時候，基本上是以本家族、本鄉族的鄉鄰、親戚為協作夥伴。除了人際關係的網絡外，臺閩之間能夠維繫長久、密切的經貿往來，關鍵在於兩地可以進行區域分工，亦即新移墾的臺灣適合發展米、糖，閩地發達的手工業產品則可以供應臺灣民生所需。日治之後，臺灣雖然還繼續由閩地進口傳統手工業產品，但臺灣本土所培植的資本家已取代對岸掌控大部分兩岸貿易及所需的金融、航運業務，資本、技術轉而由臺灣回流閩地。

第四章「族群與語言」，語言是族群最能表現自身特徵的文化現象之一。臺閩漢人社會一個顯著的特徵是方言複雜多樣，福建七個方言區中，「閩南方言」的形成與中原漢族遷徒的歷史密切相關，本章概述了閩南方言發展的歷程與類型，並以「泉州音」作為閩南方言的代表。此外，語言是區別福佬、客家的重要表徵，當代的族群想像裡「福佬人」與「客家人」的區別，即是以語言作為判斷的重要依據。至於不會講客語的客籍人士則稱為「福佬客」，福佬客的定義遂成為政治上族群融合的一個典範。

第五章「宗族」，首述漢人宗族在中國的歷代遷徒，而後敘述以閩南為主的漢人宗族在荷治時期曾有少數遷移來臺，歷經鄭轄到清領時期，入臺墾拓與發展的狀況。作者指出：鄉親聚落與同姓聚落為漢人宗親展現的

兩種型態，同鄉或同姓者往往藉由祭祀公會，凝聚力量與財富，以抵抗外姓或土著的威脅，並達到共同開發土地的目的。這種向內凝聚的力量雖可結集宗親族人，卻也可能造成強大的排它性，臺灣早期分類械鬥極多，地方上有許多難以化解的派系之爭，與這樣的社會結構不無相關。

第六章「文學（一）」，本章探討兩種臺閩文學類型之一，亦即口傳與書面文學中的「口傳文學」的部分。它起緣於庶民百姓對宇宙萬物生成的解釋，對神祕世界的想像，更是日常生活的展現。它不是精英階層有意識的創作，而是來自民間活潑潑的心靈之映現。本章以臺、閩關係作為觀照點，主要探討的是閩地漢人的民間歌謠、諺語、神話、故事、傳說……如何傳佈到臺灣，而相同的歌謠套語或故事類型，在臺灣當地因地理、族群、環境的差異而有「在地化」的變異。此外，還有產生於臺灣，屬於本地獨有的民間文學，此尤足以突顯臺閩民間文學的差異性。

第七章「文學（二）」，此章探討臺閩作家以漢文所撰寫的「書面文學」。從鄭氏父子來臺到與清領時期共約二百五十年，其間由閩入臺的文人，如藍鼎元、陳夢林、林豪、楊浚等人對臺灣文學的產生，有著重要的影響。光緒21年（1895）割臺之後內渡居閩的臺灣文人施士洁、林爾嘉等，一方面參與閩地文學的發展，一方也與日本殖民統治下的臺灣文人隔海唱和，造成更密切的臺閩文學之交流。近代以降，受歐美思潮洗禮的閩地知識分子，如嚴復、林紓透過創作與譯介，對臺灣作家與文學，同樣產生了直接的影響。民國34年（1945）8月日本戰敗，國民政府遷臺，大批閩籍作家來臺或經閩入臺，如王夢鷗、余光中，與臺灣文壇產生新的交流與互動，這都是此章關注的焦點。

八、九章皆以「戲曲」為討論對象，因為篇幅較大，分兩章說明。臺灣的傳統戲曲有18個劇種，其中有非起源於福建，但經由福建傳至臺灣，並產生重要影響者，比如崑腔、梆子腔與皮黃，在臺灣可見的有北管、徽班與京班。其次是源於福建的戲曲，比如：布袋戲、南管，包括南管音樂、梨園戲、高甲戲等，這些劇種傳入臺灣後，因風土環境不同，而產生變化。值得注意的是臺灣土生土長的劇種歌仔戲，百餘年來，從民間

歌謠小調，吸收車鼓身段，形成「落地掃」、「歌仔陣」的表演型態，而後走向野臺。日治時期，歌仔戲成為臺灣最受歡迎的劇種，並傳到福建，促使福建歌仔戲的產生。因此，探討臺閩戲曲關係，歌仔戲作為一個縮影，透露了劇種間源源不斷的交流與轉化。

第十章「社會教化」，主要探討漢人政權在臺建立後，官、民兩方在臺灣社會推展教育之概況。以朱子閩學為主的學術思潮，自鄭轄時期引入臺灣，歷經清領200多年，透過科舉考試、書院講學，形塑了臺灣士子既定的價值觀，而聖諭的宣講、鸞堂的降筆會以及齋堂的教化也一定程度影響了臺灣的庶民大眾。及至日治時期，殖民者帶來現代性思潮，影響刺激了臺灣文教。臺灣知識份子基於啟蒙大眾的理想，試圖以講會的方式宣傳新知識新思想。同時，因局勢的變遷，部份臺人前往福州、廈門辦學，文教傳播因此回流福建。

第十一、十二章，同樣因為內容較為豐富，以兩章的篇幅討論「宗教信仰」。臺灣除了原住民的信仰外，大多數民間信仰是由閩粵漢人到臺灣移墾時始傳入，經過數百年的發展，呈現出今日的面貌。漢人社會的民間信仰融合了儒、釋、道各種不同的神明，具有極大的包容性，尤其作為移民社會的臺灣，更鮮明地表現這種兼容並蓄的精神。第十一章首先說明閩地信仰在臺灣傳播的狀況，而後介紹天上聖母、保生大帝、開漳聖王、清水祖師、廣澤尊王、定光古佛……等14位由閩地漢人傳入臺灣的鄉土移民守護神。第十二章首先說明閩地漢人傳入臺灣的傳統中國重要神祇，比如：玉皇大帝、關聖帝君、觀音菩薩、玄天上帝、水仙尊王……等，而後介紹臺灣民間信仰的發展及特色，以及臺灣新祀神，如：開臺聖王鄭成功、施世榜、曹瑾……等開發地方有功者，以及協助官方作戰而犧牲的「義民」、因天災罹難或械鬥死亡的無主之魂……在在可以看出臺灣宗教信仰的多元面貌。

第十三章「生命禮俗」，臺灣早期的原住民從出生、成年、結婚到死亡，依不同族群而有不同的生命禮俗。明清時期大量閩粵漢人來臺，帶來原鄉的習俗，在適應新環境之後，漸漸與各族群的文化相融合，生命禮

俗的在地化自然產生。其間又歷經了日本統治與國民政府遷臺，這兩個時期都因制度、文化的不同，加上現代化所形成的商業化，使得禮俗產生變化。因此臺灣的生命禮俗雖與閩南地區無太大差別，卻也呈現多元族群的些微差異。生命禮俗，可說是臺灣在信仰自由與生活自主的社會生活下，保有的文化資產，相當難能可貴。

第十四章「歲時祭儀」，探討臺閩地區一整年各種節令習俗，與庶民百姓的宗教信仰、社會生活關係非常密切。從正月的春節、元宵介紹起，一直到十二月的臘八、尾牙、送神、除夕爲止，概略說明十二個月中傳統農業社會有哪些節慶活動，或是重要的神明誕辰，使人們配合時序變遷作生活的安排，透過祭儀行爲獲得心理的支持或慰藉，並且透過集體性的祭儀活動凝聚家族成員的向心力，社會秩序亦得以維持，體現出敬天祭祖的宗教感情。

第十五章「飲食文化」，臺灣與閩南地區的飲食文化關係極爲密切，尤其是清領時期，大量閩南人來臺，帶來原鄉的飲食習慣，與臺灣當地原有的飲食文化相融合，產生了臺閩飲食同中有異、異中有同的現象。此章首先概述臺閩飲食文化發展狀況，而後以清領到日治時期爲範圍，從日常飲食、餐宴與精緻料理、節慶食俗三方面談臺灣飲食文化的特色，及其與閩南飲食的關係。

第十六章「工藝」，傳統工藝以日常生活的需求爲主，同時和各地的風土、氣候密切相關，具有地域的特色。臺灣工藝的發展，因漢移民帶來閩南匠師的製作手藝和審美風格，經過與原住民手藝融合之後，產生具有臺灣特色的工藝。本章分從陶瓷、石雕、木雕、建築、刺繡、金屬工藝、漆器……等類型切入探討，並觀察日治乃至戰後，臺灣工藝的多元性發展。

第十七章「建築」，除了早期的原住民以及荷蘭、西班牙統治時期之外、臺灣傳統建築體系主要源自福建地區。此章分別從居民建築、信仰建築、園林建築，三方面探討承襲自閩南的建築特色。而後，觀察咸豐8年（1858）天津條約，開啓了臺灣對外通商後，歐式建築如何與閩式建築

產生融合，並建構出具有閩南建築文化元素的宅院；乃至日本統治後，和風建築如何與閩式建築折衷融合，共存於臺灣社會。

肆、走向多元文化的未來

　　總體說來，閩地漢人大量遷徙到臺灣之後，透過姓氏宗族，整合了移民的能量，這種向內的凝聚力，爭取了族群一定的利益，也因這樣的分類，產生了排它性。四百年來，在臺灣這座島嶼上的閩地移民，有著複雜多變的人際互動、物質文化的交流轉換、精神層面的安頓與撫慰，隨著時間的流逝，異文化之間由衝突逐漸融合，閩地漢人慢慢地在臺灣島落地生根，與當地的原住民、另一群自中國來臺的粵籍人士，乃至先後影響臺灣的西洋和東洋勢力，彼此競爭，也相互融合轉化，將臺灣推展向更多元的面向與更寬廣的未來。

第二章 臺閩關係

學習目標

1. 認識移民因素對臺閩關係的影響。
2. 文化擴散現象對臺閩社會發展有何歷史關係。
3. 從離散社群的議題關懷移民社會的發展傾向。
4. 從歷史物件「安平壺」觀察臺閩關係的擴散性質。
5. 瞭解經濟網絡連結效應對臺閩關係的影響。
6. 認識臺閩關係演進的歷史意義。

關鍵字

移民、臺閩關係、文化擴散、海洋文化、離散社群

　　臺閩兩地自然環境和語言文化有許多相似和相承的關係，在行政建置上，臺灣在光緒11年（1885）建省之前，一直置於福建省轄治下。因此臺閩常被視為一體，移民社會人群的籍貫主要是福建，作為文化載體的「移民」必然帶去祖籍地的文化，而源於祖籍地的文化也必然在移居地的歷史進程和自然環境中發生變化。

　　然而，對於臺灣從移民社會到定居社會的發展過程，確有擴散、流離兩種不同的角度。從文化擴散的角度建構的便是帶有祖根文化意識的移民社會；從離散社群所著眼的卻是如何回到流離者的生命史，從生活的演變推衍出對未來的嚮往。二者最大的歧異在於前者重視母體的淵源；後者關心分株的發展。而本篇則試著從臺閩社會互動的角度建構臺閩關係的內涵，進而關心臺閩關係的演進與變化。

壹、移民與臺閩社會文化的形成及發展

　　文化既是空間的，即從一個地區擴散到另一個地區，也是時間的，即從上一代傳遞到下一代。它既受到地理和人文環境的影響。也受到歷史變遷的左右。這樣，文化傳播這一概念，便包含了擴散、交流、傳承和發展的多重涵義，是指文化在空間和時間上的延續過程。

　　文化的空間傳播，有兩種基本類型，即擴展擴散和遷移擴散。擴展擴散指的是通過社會網絡中人與人的直接接觸或間接的信息傳播，使具有某一特徵的文化，如滾雪球般地佔有越來越大的空間。另一類型的文化傳播，即遷移擴散，則是一種比較特殊的方式。中原文化由河洛地區向南延伸進入福建，再由福建越海東移進入臺灣，主要依靠的就是這種遷移擴散的傳播方式。

　　遷移性的文化擴散。最初可能主要是其常俗文化部分，諸如生活禮俗、聚落方式、語言和信仰等等；但隨著遷徙人群的增加和遷徙者文化水平的提高，文化的精緻部分便會逐漸進入，使得伴隨移民而來的文化擴

散，獲得了更充分和全面的實現。

歷史上中原對福建的移民和福建對臺灣的移民，移民的性質往往兼有政治性和經濟性，且常常互相滲透。福建早期的三次中原移民高潮：永嘉之後的衣冠南渡、陳元光入閩和王審知建立閩國，都屬帶有政治性質的移民，同時也兼有生存和發展的經濟性移民的動機。第一次是政治動亂造成的舉族南遷，第二、三次均是軍事行動招來的移民。但入主福建之後兵民的落籍，推動了福建經濟文化的發展，帶動了更多中原經濟型移民的到來。

至於福建對臺灣的三次移民高潮，都發生在明清時期。第一次鄭芝龍船載災民入臺，主要是生存型的經濟性移民；第二次鄭成功入臺，是軍事行動帶來的政治移民，但同樣也獲得開發性的經濟結果；第三次自康熙至嘉慶百餘年時有起伏的移民潮，則主要是生存和發展兼有的經濟型移民。

鄭成功舉兵反清，大批閩南子弟兵隨鄭氏入臺，本身是一個政治性的軍事行動，但是為了把臺灣建設成反清復明的根據地，維持數萬軍隊在臺灣的生存和發展，又必須對原來比較荒蕪的臺灣進行開發，這是軍事行為所必備的經濟基礎。因此，在鄭成功的船隊中，攜有很多的犁、種子，並有很多從事耕種的勞動力，一登陸臺灣不久，便分派軍隊至汛地屯墾，建立了「官田」、「文武官田」和「營盤田」等各種生產基地，使這一原本只是軍事行動的政治性移民，兼有了開發性的經濟移民的結果。

對於一個移民社會來說，文化的遷移擴散，主要是建立一種隨同移民而來的文化模式。在移民成為社會主體並逐漸走向定居的移民社會之後，這一文化便也成為社會奠立的基礎和未來發展的指向。

移民社會在其初始階段時，對原鄉文化有著強烈的懷祖觀念。他們時時記住自己是從哪裡來的，自己文化的根植在何處。這種強烈的祖根文化意識，是移民社會重要的文化特徵。但隨著移民社會往定居社會發展，對本土的認同，同時也體現為對本土文化——即原鄉文化的本土形態的認同。強烈的祖根文化觀念和本土文化認同，構成了移民社會文化特徵的兩面。如果說文化的遷移擴散，是空間意義上的文化傳播，那麼，文化的本

土化和隨同社會發展的再生，則是時間意義上的文化延續。

貳、「亞洲交易圈論」中的離散社群

　　中國近代經濟史研究者濱下武志，著眼於超越國家境界的移民或商人等在亞洲諸海域的活動，建構了以近代史為中心的「亞洲交易圈論」。濱下武志以「朝貢體系」來形容這種東亞廣域秩序的特徵。他所關注的交易並不只限於伴隨國家禮儀的朝貢貿易，而是包括廣泛的民間交易。濱下武志的「朝貢體系」指的是，沒有明確的國境而多民族可以混雜活動的亞洲這一開放性的廣域秩序，他用這一詞語來強調不同於近代歐洲型主權國家體系的亞洲型秩序的獨自意義。濱下「朝貢體系」的用意在於指出亞洲廣域秩序的開放性、自由以及民間交易網路的靈活性等等，濱下認為依據「朝貢體系」而維持的亞洲交易圈的活力，直至十九世紀中葉西洋勢力進入東亞以後仍未衰退並且繼續存在。

　　就海洋史的研究者而言，「貿易離散社群」與「貿易網絡」都是很有用的概念。而最早把「離散社群」的概念導引進歷史學研究的，是非洲史學者Philip Curtin。透過他的《世界史上的跨文化貿易》[1]一書，「離散社群」這個概念與貿易史緊密結合在一起，並且廣泛地被使用。

　　依據Philip Curtin的看法，當城市生活開始在人類世界出現以後，貿易聚落（trade settlement）也同時出現了。有一些貿易家開始離開自己所屬的聚落，到其他的市鎮或城市，以外地人（aliens）的身分住下來。在該地，這位異鄉商人得以定居下來，學習（當地的）語言、風俗，以及他們的東道主的作生意方式。由於這些旅居異鄉的貿易家熟悉寄居地的交易操作，因此也就能提供服務給來自故鄉的其他商人，成為這些人與寄居地

---

[1] Philip D. Curtin, *Cross-Cultural Trade in World History*（Cambridge: Cambridge University Press, 1984）.

居民的「跨文化」（cross-cultural）媒介人物。Philip Curtin認為十七、八世紀的歐洲人海外貿易公司，包括指許多人耳熟能詳的英國東印度公司和荷蘭東印度公司，也包括時代相近的葡萄牙人、西班牙人所建立的貿易帝國，都可以算是以離散社群建構貿易網絡的樣板。這些歐洲國家，藉諸武力，以建立商館或殖民地的方式，來建構他們的貿易網絡。

至於臺灣方面的研究則有陳國棟教授貿易離散社群（Trading Diaspora）的闡述，他強調近代初期，不同民族的亞洲貿易家都在亞洲境內擁有離散社群，形成貿易網絡，與闖進亞洲的歐洲強權之貿易網絡共同存在相當長的一段時間。事實上，就近代初期的亞洲人貿易家而言，不只華商是「沒有帝國的商人」，其他民族亦復如是。例如，亞美尼亞人、祆教徒以及猶太人在很多港口都建立過離散社群；又如坦米爾人在蘇門答臘的亞齊、馬來半島的馬六甲……等地也擁有離散社群聚落；日本人在十七世紀上半時，一度在越南會安、菲律賓馬尼拉、暹羅大城（阿猶地亞，Ayutthaya）……等地擁有其離散社群，稱作「日本町」（Nihomachi）；至於華人在爪哇的「八芝蘭」（pecinan）、在馬來世界的「中國村」（kampung cina）、在馬尼拉的「澗內」（parian），這些都是他們的離散社群。

當離散社群這個名詞被廣泛用在各種離開家鄉（homeland）居住的人群時，就失去了原來的特殊意義，因此他建議任何人使用diaspora應該明確申述，讓這個名詞確實指涉那些符合或分享部份共同特質的少數離散社群。離散社群的定義，主要特質包含六點：

1. 由中心分散到至少兩個以上邊緣的離家歷史；
2. 家鄉神話／記憶的保留；
3. 在接待國的疏離與孤立的感受；
4. 渴望返回祖先的理想家園；
5. 持續支持家鄉；
6. 以及因以上種種關係所透露的集體認同。

單一中心分離到邊緣的界定不再能充份說明離散的現象，因為晚近的

離散者更多的是由「多重中心」幅射出去的。因此在討論離散社群的時候，已經有不同的強調，來自於各種新興的「越境」現象，用邊緣、雜異、流動來處理現代性的「中心」，與政治經濟權力對於流動帶來的權力以及（不）「整合」的問題。

　　閩南人確實擁有過共同文化圈，閩南人在十六世紀後半至十七世紀中海外營生，曾被中國朝廷視爲「倭寇」，橫遭追剿，但歷史複雜發展，閩南人很難說有命運與共的具體一面。離散社群代表的是在政治經濟脈絡下，歷史化的關於跨國「旅途」的敘事，這個跨國「旅途」充滿了不平等的關係，歷史所要處理的是這種不平等關係，如何創造出獨特的流亡經驗。離散社群也可以是一種研究取向，就是從「旅途」和「歷史化」的過程，研究離散者的生命經驗與世界觀。這個取向，就是朝向生命史中，有關於流動的起源，生活的演變，現在的、以及未來的嚮往的特定論述架構。

參、「五緣」架構下的「閩臺緣」

　　民國95年（2006）4月福建省委書記盧展工基於政治號召的目的，提出了閩臺之間具有地緣相近、血緣相親、文緣相承、商緣相連、法緣相循的「五緣」關係，藉以闡述閩臺關係的源遠流長。概括而言，「五緣」所闡述的內容扼要說明如下：

　　第一，就地緣來講。地質考古發現，一水相隔的閩臺兩岸在遠古時期同屬閩臺半島華夏古陸的一部分，臺灣島和福建沿海島嶼連爲一體，構成廣闊的大陸架平原。在久遠的地質歷史時期中的一次地殼運動，才讓本來合爲一體的閩臺兩地沿溫州至詔安一線產生斷層，彼時的較低谷地成爲以後臺灣海峽的雛形。隨著海平面的上升，臺灣與福建才被一灣海峽相隔至今。

　　第二，從血緣上來看。二十世紀七〇年代，臺灣發現了最早的人類活

動遺存臺南左鎮人骨化石。但臺灣最早人類源出何處仍是兩岸考古專家的最大疑問。隨著福建二十世紀九〇年代三明岩前舊石器遺址及距今一萬年前的「東山人」和「清流人」的考古發現，才將謎底逐漸揭開。兩岸的專家學者研究發現，其基本類型和製作技術與中國大陸南方地區極為相似。「左鎮人」、「清流人」就是跨過如今已沉降於萬頃波濤中的「東山陸橋」從福建到臺灣的，舊石器時代南部地區的晚期智人是他們的祖先。

　　第三，從文緣上來說。福建人移民臺灣，大多是以姓氏宗族聚族而居，或是以同府同縣同鄉聚居一處，建立「血緣聚落」和「同鄉聚落」，因此最大限度地保留了家鄉祖地的傳統文化和風俗習慣，不僅使泉州、漳州的閩南話成了臺灣的主要方言，而且至今在臺灣流行的南音、高甲戲、梨園戲、莆仙戲、布袋戲、木偶戲、東鼓戲、薌劇、閩劇等莫不來自福建。臺灣同胞信奉的神祇，如媽祖、保生大帝、開漳聖王、清水祖師、臨水娘娘等皆是福建傳說中的人物。

　　第四，從商緣上來看。商、周時期，閩、臺兩地的人員交流和生產技術推廣就有所加強，輸入臺灣的青銅工具和青銅武器，提高了當地的生產能力。漢晉隋唐時期，福建與臺灣之間經濟往來日益頻繁，促進了臺灣經濟的發展。宋、元時代，臺灣在行政上開始歸屬福建轄區，閩臺經濟交流更趨頻繁，商業貿易往來日漸繁榮。明、清兩朝，福建向臺灣的移民經久不衰，兩地的生產技術、農業品種交流及商業貿易往來急劇增長。明末鄭成功收復臺灣、清康熙王朝統一臺灣，都進一步強化了海峽兩岸的經濟往來。

　　第五，從法緣上來講。南宋時期澎湖歸福建泉州晉江縣管轄，元代在澎湖和臺灣地區設置「巡檢司」，隸屬福建泉州同安縣，這是中央政權對臺灣實施行政管轄的最早記載。臺灣的名稱最早出現在明朝後期。臺灣建省之前，一直都是作為一個府受福建管轄，因此歷史上就有了「九閩」之稱。即使是臺灣建省之後，仍有一段過渡時間稱作「福建臺灣省」。

　　雖然「緣」在字面上可以解釋成關係，但這個「五緣」與臺閩關係的內涵確實還有著巨大落差。簡單歸納「五緣」的內容，會發現在地緣、血

緣就是一種環境條件；文緣、商緣是臺閩社會交流的現象；法緣則是政治隸屬的關係。在臺閩社會環境迥異的條件下，臺閩社會如何在精神、物質上透過互惠而持續的交流建立臺閩關係才是我們所需要省思的問題。

肆、臺閩物質文化的傳承與發展

一、「器」與「人」的結合──臺閩關係的核心價值

十七世紀流通臺澎的中國陶瓷之中，有一種別具意義的瓷器叫做「安平壺」。安平，四百年前是一座小島。當時稱爲大員、臺灣，與赤崁（臺南）隔著內海臺江。中國人來到這裡，捕魚、做小額買賣；荷人跟著中國人來到，建城堡、大展貿易；鄭成功取而代之，營建王城。安平，是臺灣開拓的起點。安平之名，取自福建南安的安平鎮，因爲這裡的漢人懷念他們的故土。

入清以來，安平居民經常在荷人古堡（熱蘭遮城）附近挖到這種瓷器，灰青色的厚重瓷罐。後來。日本時代以至戰後半世紀，安平人也經常挖到此種瓷器。臺灣其他地方也出土這種瓷器，但數量遠少於安平。

這種器物有過幾種不同的名稱，例如「宋硐」，但是這些名稱的意涵不明，也沒有人知道這種器物的產地、年代、用途，很難適當指稱；後來有人以出土地來稱呼它，得到普遍的認同，一百多年來，人們稱呼此種瓷器爲「安平壺」。

安平壺的產地，早期都以爲來自荷蘭。因爲安平壺出土地點大多與荷蘭人的居住據點有關；也有人認爲安平壺是產自越南。更多人推測安平壺的故鄉應爲中國，以浙江龍泉窯、廣東潮州筆架山窯、閩南等地爲主。成功大學陳信雄教授考察許多窯址，根據窯址出土物判斷安平壺的故鄉是閩北邵武，「見於邵武城內，見於邵武博物館，見於邵武窯址，鐵證如山，邵武是安平壺的故鄉。」

安平壺誕生的年代，歷來說法紛紜，宋、元、明之說都有所聞，也有人主張爲隋代器物。從臺灣、日本、越南、印尼等地出土的現象，可以看出此物與荷蘭人活動的時代關係密切。從日本、越南、印尼各地出土的安平壺，可知安平壺普遍使用於十七世紀前半段；十七世紀後半已少見使用，到十八世紀，使用之例，更爲罕見。

安平壺是平凡而具有獨特風韻的小瓷罐，壺身素雅樸實。胎色灰白，或帶褐點，釉色作灰白、灰青，或灰綠色，以青瓷、青白瓷、冰裂紋爲主。厚度有厚胎與薄胎兩種，壺形則可分成三種：厚胎直筒形、薄胎折肩形、龜卵形。口小底小，身部較大；身部由上下兩部分開製作，再行接合，接合處在上腹部中段，內表有明顯凸起接痕。以瓷土爲胚胎，內外施單色釉，器身少有裝飾。

安平壺地出土於日本九州、越南會安、爪哇萬丹，乃至泰國、馬來半島、菲律賓近海，並常出現於西班牙船隻、荷蘭船隻；因此十七世紀福建、臺灣與亞洲這些地區應有貿易往來。

一般而言，特殊的陶瓷，乃爲特定目的而設計；這些器物都有其特定的生命期、流通的地域以及專屬的用途。安平壺的用途，歷來猜測甚多；安平壺造形奇特，折肩、厚胎、身部接合。如此奇特之造形，燒成不易，卻長期製作，大量生產，或許在實用或製作方面有什麼特別的道理。

安平壺大量存在安平一帶，也存在於澎湖、基隆，可知十七世紀前半漢人主要活動於這些地點。而中國文物大量存在於臺灣島者，以安平壺爲最早，則十七世紀當爲漢人移入定居臺灣的起始階段。安平壺產於閩北，自邵武順富屯江而入閩江，而後或進入臺灣，或經月港而到臺灣。這種流通關係，不同於一般認知的閩南、臺灣的路徑，透過安平壺可以觀察到更深廣的臺閩關係。

二、經濟網絡連結下的臺閩關係

從自然地理上講，福建以境內縱貫南北的鷲峰山-戴雲山-博平嶺爲中

軸線形成最為明顯的地域差別，地貌、地質、土壤、氣候等自然地理要素的區劃均以此為基本分界線，福建政區在歷史上長期存在的上、下四府的區分亦以此為界。

但在河流流域上又有所不同，建溪、富屯溪、沙溪及閩江幹流構成一個完整而獨立的水系單元，整個閩江流域佔福建總面積的二分之一，大致相當於福建北部的建寧府、邵武府、延平府及福州府，還包括汀州府與漳州府的部分地區。

至於福建另外幾條主要的河流，如晉江、九龍江、汀江都分布在南部地區，相當於閩西汀州府與閩南的泉、漳二府。河流交通的人文意義已是眾所周知，福建河流流域這種布局特點已潛在著人文發展南北分化的可能性。

商品經濟的發展對閩北及沿海而言都具有均等的機會，但兩者不同的經濟結構與生業狀況導致了民風的差異。對於資源相對匱乏的沿海地區來說，以農為本的生業結構是不合適的，更需要的是從事手工業、商貿等農工商相兼的經濟產業。到了清後期，靠閩江上游流域物資供應的下游流域農村家庭，工商業的收入已佔較大的比重，相反地，閩北長期作為物資輸出地的社會經濟特徵，卻便其安於土、勤務農、力稼穡，導致商品經濟的萎縮及民風的變化。

對福建各文化區域的發展來說，變化最迅速的區域莫過於閩南了。這一地區主要包括晉江流域和九龍江流域。促成這一盛況最根本的原因在於明清兩代閩南港口貿易的推動。自唐末五代以來，海外貿易已逐漸成為福建發展的一個重要支柱，而明初的海禁政策並不能從根本上扼制當時湧動的走私貿易浪潮，相反地，它卻使走私性的港口貿易集中到政府難以控制的閩南深澳港灣與林立的島嶼之間。

嘉靖年間，遠離廣東、福建省會的閩南：特別是漳州海域反而具備更有利的區位優勢，這一地帶的走私貿易相當頻繁。當海禁政策難以繼續維持的時候，執政者不得不調整措施，在漳州洋面部分開放海禁，而月港則成為當時全國唯一的私人海外貿易港口。

　　專為月港而設的海澄縣不僅已有「小蘇杭」之稱，還帶動了漳屬各縣。尤其是龍溪的經濟文化發展。由月港而帶動起來的私人海外貿易在當時的福建乃至東南沿海都顯得十分突出，濱海之地「泛海為生，由來以久，而閩為甚，閩之福、興、泉、漳，襟山帶海，用不足耕，非市舶無以助衣食，其民恬波濤而輕生死，亦其習使然，而漳為甚」。

　　走私貿易歷來為明清政府所反對，而依靠走私貿易發家致富的海商一直是政府打擊、排斥的對象，即使是具有合法性的月港私人貿易，也反覆遭到政府的彈壓。明代開放海禁並不是為了發展海外貿易，而是為了加強對它的控制。因此，海商經常會被視為海盜而遭到鄙視，以致影響對閩人的評價。然而，對閩南來說，海商及其海外貿易活動確實為該地區帶來了開放的文化。

　　明清兩代，特別是明中葉以後，汀州正是在潮州與漳州的共同拉動下迅速發展起來的，潮州的韓江三角洲與漳州的龍溪月港，明代中國沿海唯一的合法性私人貿易港口，對於此時閩粵地區發展的意義已無須贅言。

　　一方面，漳州之民向閩西流動，據稱，康熙以前，汀州之民僅知「耕耘稼穡」，康熙30年（1691）後，漳州「流寓於汀州之民將煙草移植該地，因其所獲之利息數倍於稼穡」，於是「汀民亦皆效尤」。

　　另一方面，汀州的移民在明中葉以後呈現出汀州→閩南→臺灣或海外的梯級推進的態勢，讓這種雙向流動更利於經濟網絡的迅速整合，泉、汀、漳的一體化進程正是在這樣的背景下展開的。

伍、臺閩關係的演進與變化

一、移民社會文化淵源的變化

　　在臺灣移民社會中，閩粵移民對原鄉的地方神祇的信仰，使得帶有明顯地域性和族群性的地方神，常常成為一種以祖籍認同為基礎的地緣關係

的象徵。如粵東的客家移民信奉三山國王、漳州人信奉開漳聖王、廈門同安人信奉保生大帝、泉州安溪人信奉清水祖師，而來自閩西的汀州客則崇祀閩西的地域神明定光古佛。

在早期從無到有的拓墾過程中，移民長期面臨著許多未知的自然環境威脅，更因不同族群之間的爭水、爭地等利益衝突而隨時有喪命的可能，定光佛信仰在汀州客心中扮演著庇佑與安定的重要角色，而在現實生活中定光佛信仰又發揮著凝聚和團結汀州客的作用。而在與福佬族群的接觸過程中，汀州客與福佬人的信仰也逐漸融合，定光佛信仰為福佬人所接受，奉祀在福佬人的祖籍神廟中。汀州客也對自身文化做了某些適應性調整，接受福佬文化的某些成分，「福德正神」稱呼和諧的出現在定光佛廟中。汀州客與福佬人的雙向性調整，是客家文化與福佬文化在移民社會的環境下相互互動、融合的必然結果。

二、社會組織形態的轉型

臺灣族群的分布特徵大致是，「西面瀕海者，閩漳泉人為多，興化次之，福州較少。近山者，則粵東惠、潮、嘉各處之人，號為客民。」有的地區是閩粵移民爭墾區，有的地區是漳、泉、粵三籍合墾區，有的地區是閩籍拓墾區，有的地區是客民拓墾區。閩粵移民渡海來臺之初，大都缺乏以血緣紐帶作為聚落組成的條件，通常採取祖籍居地的關係，依附於來自相同祖籍同姓或異姓村落，同鄉的移民遷到同鄉所居住的地方，與同鄉的移民共同組成地緣聚落。閩南等地移民紛紛把祖籍地的神祇奉入臺地，作為團結本府、州、縣移民拓殖臺灣的鄉土保護神。

一般以社會組織形態的觀點，將臺灣民間信仰分為個體性的民間信仰與群體性的民間信仰（指地方社區或區域性人群之公眾的祭祀組織與活動）兩大類。群體性民間信仰又包含祭祀圈——地方居民因共同的對天地神鬼之信仰而發展出來的義務性的祭祀組織，和信仰圈——以一神為中心的區域性信徒之志願性的宗教組織。

　　由於臺灣的移民族群呈現出錯雜的狀態，因此臺灣民間信仰不像福建那樣，大致以州、縣為界流行各具特色的民間信仰，即不是以行政區劃地域，而是以族群作為區分臺灣民間信仰的界限。

　　臺灣各類民間信仰廟宇多以主祀神為主，分別組成多種廟團或聯誼會等，以組織各信仰圈的建醮、進香、迎神等民間信仰活動。臺灣有一些歷史悠久的廟宇發展成為進香中心，在各地有很多分香子廟，信徒常來進香，具有觀光廟的性質，譬如北港朝天宮、新港奉天宮、臺南天后宮、鹿港天后宮成為媽祖的進香中心，南鯤鯓代天府是王爺的進香中心，松柏嶺的受天宮是玄天上帝的進香中心。

　　臺灣民間信仰宮廟的分靈與再分靈，基本上是以移民族群為媒介和載體的。福建、閩南民間信仰的祭祀圈與信仰圈基本上是重合的，臺灣民間信仰的祭祀圈與信仰圈則相對分離。

三、海洋文化的移植

　　文化乃人類為求生存而創造發明的一切總和。對於沿海地區居民而言，海洋是他們生存物資的來源，必須出海作業才能維持生活、創造經濟；海洋也是生存最大的威脅，必須有相關的信仰與知識，才能有信心面對海水帶來的危機。閩南與臺灣皆有著與海相鄰的地理環境，兩地人民在求生存的過程中，自然會形成豐富的海洋文化。尤其是融入常民生活的民間信仰，更充滿與海洋有關的神祇、傳說、風俗、儀式等，保生大帝信仰亦不例外。

　　保生大帝雖然是公認的「醫神」，但由於信仰起源並發展於閩南沿海地區，故不可避免地出現「景光照海」、「挽米舟入境」、「跨鶴退潮」、「吳眞人斬蛟鱉」等與海洋有關的神跡傳說，也與「海神」媽祖有許多連結。明、清時期，保生大帝信仰隨著閩南移民傳入臺灣，有許多廟宇的香火是由先民渡海攜來、航海者遺留或海中撈起者，信仰緣起即與海洋結下不解之緣。保生大帝信仰在臺灣的發展歷程中，又出現遷移河道、

開排水路、平息風浪、創造漁獲等神跡傳說，也成為漁民記憶風信氣候的象徵，並產生王醮、「刈水香」、「上白礁」等許多在海邊舉行的祭典儀式，這都顯示保生大帝信仰中亦蘊含豐富的海洋文化，實為王爺、媽祖之外可投入海洋宗教與民俗研究的課題。

海洋文化的流動性、開放性與冒險性，使許多閩地居民勇於走出故鄉，飄洋過海到異地打拼，也將保生大帝的香火傳播到臺灣與東南亞華人社會，並與當地特有的文化與環境結合，呈現出多元不同的面貌。而今散居在海外各地的華人，又再次渡海回到原鄉謁祖進香，不僅重新帶動保生大帝信仰的發展，也更豐富其信仰的內涵，由此亦展現出海洋文化的多元性與包涵性。

從文化擴散的角度來看，歷史上中原漢族移民不斷南遷入閩，融合了土著的閩越族後裔，經過長期定居的本土化發展之後，再度東徙入臺，成為臺灣社會建構和發展的人口主體，而同時由移民攜帶的中原漢族文化，也是經由福建的傳播，以閩文化的本土形態，再隨同閩籍移民東延臺灣，臺閩社會有著文化位階的主從關係。

民國95年（2006）年福建省提出的「五緣、六求」的口號，基本上也想透過軟調性的語言，牽連住臺閩關係。這個觀念下，臺灣社會逐漸文治化的過程中，來自母土的中原文化，也在新土臺灣呈現出某些本土特徵，而成為母根文化的一個次元文化形態。臺灣社會以和福建的同步發展為趨向，完成實現內地化的里程。

離散社群代表的是在政治經濟脈絡下，歷史化的關於跨國「旅途」的敘事，這個跨國「旅途」充滿了不平等的關係，歷史所要處理的是這種不平等關係，如何創造出獨特的流亡經驗。離散社群也可以是一種研究取向，就是從「旅途」和「歷史化」的過程，研究離散者的生命經驗與世界觀。

安平壺產於閩北，自邵武順富屯江而入閩江，而後或進入臺灣，或經

月港而到臺灣。這種流通關係，不同於一般認知的閩南、臺灣的路徑，透過安平壺可以觀察到更深廣的臺閩關係。福建閩江流域的一體化沿海流寓客民向上游閩北地區流動的意義重大，不過，泉、汀、漳的一體化進程中人口的流動卻是雙向的。經濟網絡連結下的臺閩關係，可以觀察到臺閩社會間確實有著深刻的互動影響，這種影響並非只是單向性的，而是雙向性的互動關係。

　　最後，關於臺閩關係的演進與變化雖然會因歷史環境而波動，但從臺灣的經驗來看，移民社會文化淵源的變化、社會組織形態的轉型、海洋文化的移植這三項變化的因素，讓臺閩關係與當地特有的文化與環境結合，呈現出更多元的面貌。

問題與討論

1. 試述臺閩社會發展中移民帶來何種文化擴散現象？
2. 離散社群的觀念對於臺閩關係的認識有何啟發？
3. 臺閩關係的論述多偏重中原文化的擴散影響，是否可以從經濟網絡連結的觀點認識臺閩關係的互動性。
4. 臺閩關係往往會隨著歷史環境的異動而變化，請簡述其趨勢。

參考書目

林拓，《文化的地理過程分析福建文化的地域性考察》，上海：上海書局出版社，2004。

張忠民，《艱難的變遷——近代中國公司制度研究》，上海：上海社會科學院出版社，2002。

劉登翰，《中華文化與閩臺社會——閩臺文化關係論綱》，福州：福建人民出版社，2002。

鄭振滿，《明清福建家族組織與社會變遷》，北京：中國人民大學出版社，2009。

第三章 臺閩交流

學習目標

1. 瞭解臺閩兩地商品流通與人際網絡的互動關係。
2. 認識臺閩區域經濟分工的歷史淵源。
3. 對族商在臺閩交流上所扮演的功能有所認識。
4. 認識開港通商對臺閩交流所造成的影響。
5. 瞭解日本帝國主義如何運用臺閩兩地固有的人際網絡拓展其對岸政策。

關鍵字

臺閩區域分工、族商、開港通商、對岸政策、兩岸交流

　　臺灣與閩地關係，除語言文化相承與社會互動外，臺閩交流是建構在商品流通與人際互動關係上。然而，目前對於臺閩經濟區域往來與分工，多侷限在清領由郊商主導的對口貿易，實則不然。從經濟作物的引進、荷西時代以來的歷史航路、不同政權下的區域分工，都顯示出臺閩交流的多樣性。

　　因此，本篇嘗試從商品經濟意識角度，建構臺閩交流的內涵，進而關心臺閩交流中，人際關係網絡與區域分工內涵的變化。

壹、經濟作物的傳入與臺閩經濟的發展

　　明清之際福建海外貿易的擴張，使閩地商業氣息日趨濃厚，商品經濟活躍的重要表徵是農業、手工業產品商品化的現象，農作物如甘蔗、菸草、柑橘、荔枝等尤為明顯。何喬遠說：「近時天下之柑，以浙之衢州，閩之漳州為最」，海外市場的開關，大大刺激了閩地工商業的發展。

　　據《東西洋考》記載徵稅貨單可知，明隆慶間，進口貨物約50多種，萬曆年間進口最多課稅物品多達110種。至於由美洲經閩地傳入中國內地的農作物有番薯、玉米、煙草、馬鈴薯、花生、西紅柿等。

　　清初周工亮《閩小記》載：「番薯，萬曆中閩人得之於外國，初種於漳郡，漸及泉州，漸及莆……」。明人何喬遠在《番薯頌》中說：「其初入吾閩時，值吾閩飢，得是而人足一歲。其種也，不與五穀爭地，凡瘠鹵沙崗皆可以長；糞治之則加大；開雨根益奮滿；即大旱不糞治亦不失徑寸圍。泉人饗之，斤不值一餞，二斤而可飽矣。於是叁耆童孺行道饗乞之人皆可以食飢焉，得充多焉而不傷；至雞犬皆食之」。學界一直認為番薯、玉米等作物適合山地種植，不與水稻等作物爭地，在中國引發了一波農業革命，清代以來中國增長的大量人口仰食於此。

　　煙草從呂宋傳到漳州後，傳播很快，天啓年間已傳到西北、西南各地，清初成為中國的主要經濟作物之一。清人張岱《陶庵夢憶》提及：

「十年之內。老壯童稚，夫人女子，無不吃煙，大街小巷，盡擺煙桌，此草妖也」，仕宦上流，亦趨之若鶩，看來吸食煙草，已蔚成風尚。

　　由此可見，玉米、番薯、花生、煙草等糧食、經濟作物在當時的福建已廣泛種植，成為人們重要的日常消費品，而番薯、玉米、馬鈴薯尤其成為貧窮人家果腹的食物。濃厚的商品經濟意識是臺閩交流的主要原因，傳統的漢人文化觀念是不主張從商的，重農抑商是幾千年來社會的主流文化。然而，在「三山六海一分田」的八閩大地上，為了生存，面海的優勢、商業交流的可能，使閩地人群產生了經商意識。閩南俗諺：「殺頭生理有人做，蝕本生理無人做」，說的就是這種重商逐利的生意意識。

貳、臺閩經濟區域分工的歷史環境

一、臺閩歷史航路的形成

　　一般而言，人們對於臺閩歷史性航路的瞭解大都侷限在於由清代「一府、二鹿、三艋舺」等城市所代表的南、中、北三條官方核定的對渡路線上面。然而，事實不然，臺閩航路的開發遠早於清代，而且路線也遠多於三條。在荷西時代裡，臺閩之間已經有四條對渡路線的出現，即：南部的大員、廈門；中部的馬芝遴、湄州灣；北部的雞籠、福州以及淡水、福州等路線，而其中的大員、廈門路線更是臺閩之間的首要航路。當清廷取得臺灣的控制權之後，當局僅將大員廈門路線保留下來，並改名核定為鹿耳門、廈門航路，至於橫亙中、北臺灣海峽的對渡路線則在隱匿一個多世紀之後才重新被拿出來檢討，並獲致清廷的認定而轉化為官方航路，即：鹿仔港、蚶江與八里坌、五虎門路線。

　　康熙23年（1684）清廷將臺灣納入版圖後，運用特許航線的規劃，讓臺灣的發展依附於福建，此即「對渡」政策。臺、閩進行對渡的口岸，又稱正口。在對渡政策下，除非從事偷渡與走私，否則船隻都要照規定

航行。由於對渡口岸的規定，清廷才能在正口強制船隻執行「臺運」的任務。

　　乾隆48年（1783）以前，臺閩的對渡口岸有二：福建的廈門與臺灣的鹿耳門。乾隆49年（1784）、乾隆53年（1788）鑒於臺灣中、北部土地漸闢，先後開放泉州蚶江與彰化鹿港對渡，福州五虎門與臺北八里坌對渡。至此，臺閩共有6個對渡口岸。嘉慶15年（1810）清廷下令，臺閩6處正口可自由通航，不拘對渡。因此，從廈門可對渡鹿港、八里坌，其他5個港口也可以互相通航。道光6年（1826）清廷在臺灣片面開放第7、8個正口：雲林的五條港、宜蘭的烏石港。

　　道光至咸豐年間，臺灣各地區陸續開發完成，與對岸進行貿易的需求益熾，西部的竹塹、後龍、大安、北港、鹽水港、東港等陸續開放為對渡口岸，稱為小口。小口雖仍隸屬正口管轄，與其貿易頻繁，但因可以直接與中國貿易，正口貿易因此大受影響。

　　咸豐10年（1860）復因天津、北京條約，開淡水、雞籠（今基隆）、打狗（今高雄）、安平四口對外通商，成為國際港口，康熙末年以後只與對岸貿易的正口，地位更加式微。臺灣開港，外國輪船可在安平、打狗（今高雄）、淡水、基隆入港貿易，使得臺灣航運的主力，逐漸從帆船轉移到輪船。透過輪船航線的開闢，臺灣更可與中國沿海的港埠互通。以往透對過渡將臺閩侷限在一起的作法，也顯得毫無意義。同治13年（1874）牡丹社事件後，在欽差大臣沈葆楨的奏准下，清廷廢除實施近二百年的對渡政策。

　　除這些官方航路之外，民間人士還經常利用多條私渡路線航行於臺、閩之間；這些路線比較不為人們所注意。就臺灣的開發而言，無論是荷西時期發展的，還是清領時期出現的，無論是官方航路，還是私渡路線，它們同樣是兩岸交流的橋樑，同樣是先民渡臺的管道，同樣為漢人在臺灣的生根發展扮演過積極的角色。

二、重儎輕貨、配運生理

　　臺閩兩地從事出口貿易商人或同業商人所形成的商業團體，一般稱爲郊。清領臺灣的郊至少可分成三種：（一）是指往同一地區貿易的郊，如泉郊、廈郊；（二）是指稱某地區的郊，如塹郊；（三）是指同業商人的郊，如藥郊、油郊、布郊、糖郊。郊也是某一種行商謀共同利益的組織，行商間相互扶助，排解紛擾以及保持商人之間的聯繫，較著名的有府城三郊、鹿港八郊。

　　郊的成員稱郊商或郊舖，郊商就是進出口貿易商，自中國沿海、臺灣各港來的船戶和水客取得進口商品，又包買地區性貨物出口。郊商通常在港口市街開設店舖和棧間，規模大者自置船隻出海貿易，稱爲船頭行；規模小者僅接受船戶或水客委託販賣商品，或代爲收購土產，收取2%的傭金，又稱作九八行。

　　郊大都集中在沿海或內河的港口市街，郊數多寡，反映市街集散市場大小。臺灣府城（今臺南市）長期是臺灣政治經濟中心，又是清初臺灣唯一與廈門對渡的正口所在，雍正初年最早出現北郊。乾隆末年，府城南郊、糖郊相繼成立，嘉慶元年（1796）組成三郊，嘉慶23年（1818）擴展成16郊。鹿港於乾隆49年（1784）開設爲正口之前，首先出現泉郊，嘉慶年間已有八郊。北部在嘉慶年間出現新（新莊）艋（艋舺）泉廈郊，之後形成三郊。其他中型以上的港口市街，也有一、二個郊存在。

　　從臺灣出口的米、糖、油、菁等農產品重量較重，通常稱爲重儎。由中國輸入的手工製品，以布匹、雜貨、藥材、菸、金紙等爲大宗，相對於農產品輕，所以稱爲輕貨或輕船貨。民間貿易書信有時也簡稱「輕」。官方文書如陳淑均《噶瑪蘭廳志》記載：「其漳泉來貨，飲食則乾果、麥、豆，雜具則瓷器、金楮，名輕船貨」，或如唐贊袞《臺陽見聞錄》載：「輕貨重儎，皆由鹿港配運」。

　　「輕貨重儎」是形容清領臺閩雙邊貿易商品特色的俗稱。首先來臺開墾的閩粵移民，大半屬於經濟性移民，拓墾土地的目的並非只爲了謀生，

而是重商趨利，農業生產具有濃厚的商品化特性。其次，臺灣資源有限，又開發較晚，並沒有形成中國內地自給自足的經濟體系；而中國東南沿海地區則自明清以來即呈現外向型經濟型態，手工業相當發達。再者，清廷限制兩岸港口對渡的政策，促使臺灣主要與中國地區進行貿易，形成「開發中區域」與「已開發區域」的區域分工現象。亦即，臺灣主要向中國地區輸出農產品，中國地區則向臺灣輸出手工業製品，因此兩地貿易往來非常頻繁。

三、族商的發展與臺閩交流的關係

所謂「族商」，簡單地說，就是那些與本土家族、鄉族保持比較密切關係的商人。這群人一方面是同家族、鄉族的族人、鄉人外出到某地經商或從事傭工，大家可以利用家族、鄉族的關係，相互扶持、相互協作，形成某種形式的內部運作機制；另一方面則是雖然離家千里，甚至遠涉重洋，但是他們的經營範圍，基本上是以本土的家族、鄉族為核心據點的，外出的人不僅與故鄉保持緊密的家族組織、鄉族組織的關係，而且在經濟經營方面也有不可分割的聯繫。

臺閩沿海商人在經營閩臺兩地商業貿易的時候，由於相當注重依靠本家族、本鄉族的資源，這又使得他們之間的經營關係和經濟關係，出現比較錯綜複雜的局面。郊商的資本及其經營，往往摻雜許多家族、鄉族內部以及親戚、鄉鄰的因素。

在經營閩臺海峽兩岸的商業貿易的過程中，家族、鄉族內的不少親人、戚友，或是投靠謀生，或是附貨取利，或是相互借貸，造成許多商人的資本構成及經營團夥的構成也帶有明顯的鄉族聯合的意味。

家族和宗親觀念是框限臺閩交流的一大原因，歷代成批進入閩南的漢人，大多是舉族、舉鄉遷徙，只有依靠完善的家族組織，才能在遷徙過程中、在移入地中獲得相互扶助，鞏固的血緣關係是保證生存和發展的重要條件。因此，往來臺閩兩地的人群喜歡尋根認祖、講究血緣、推崇建祠

堂、修族譜、重祭祀、認鄉族，這種家族觀使移居海外的族人不時眷念故土，一有盈利，便想爲家鄉造福，留取好名聲。這種家族觀同樣會使漢人因爲家族利益而發生械鬥，不容他人利益均霑，不僅在中國，在臺灣、在海外亦如是。

家族、鄉族內的商業糾紛能夠通過公親的調解而得到比較圓滿的化解，一方面固然是因爲家族勢力、鄉族勢力在其中發揮了一定的作用；而在另一方面，在家族、鄉族的框架之下，已經初步形成了族人、鄉人之間的某種商業經營上的誠實信用機制。這種族人、鄉人之間的商業經營信用機制，在臺閩貿易過程中得到了比較良好的發揮。

乾隆49年（1784）開放晉江縣沿海的蚶江港對渡臺灣的鹿港，規定民間去臺灣的船隻必須從蚶江出海直駛鹿港。蚶江成了福建對臺貿易的「泉州總口」，鹿港相應地也成了臺灣對閩商業貿易的最重要的口岸。這樣鹿港自然而然就成了晉江縣沿海地帶商民赴臺活動的首選地點。族人、鄉人們充分利用血緣和地緣的關係相互聯絡，不斷承繼擴展，聚集在鹿港各地的晉江商民越來越多。當時泉州晉江一帶的商人在鹿港等地開設貿易商行、郊行，一般稱之爲「泉郊」。鹿港是泉州府郊商聚集地，泉州郊商多達200餘家。商人們從臺灣運往蚶江港口的貨物主要有糧食、糖、皮革、海產品、硫磺、黃蠟、樟腦、牛黃、冰片、藤、水果等；從蚶江港運往鹿港等地的貨物主要有藥材、香菇、煙葉、紙張、茶葉、瓷器、工藝品以及建築材料等。

臺閩商人以本家族、鄉族爲依託的外出經營方式，不僅可以在經營的過程中相互聯絡、相互扶助，而且即便是發生某種商業上的糾紛，由於有了家族與鄉族的情分與鄉族的協調，也比較容易解決。在家族長輩及鄉親鄰里的幹旋勸說之下，爭議雙方往往能夠達成協議，得到比較平和的解決。如在一些家族協調合約文書中，我們經常可以看到諸如「二比原屬一本之親」、「二比分爭，勢所傷情」，幸得族內公親調解，事情得以解決，「兩無傷情」的記載。甚至在鄉鄰關係的作用下，一些不同姓氏之間的商業糾紛，也可通過鄉族的協調得到比較圓滿的解決。

　　就整體而言，臺閩商人鄉族間的相互合作、相互扶助，基本上還是建立在傳統鄉族、家族制度的觀念之上，臺閩商人在經營商業貿易以及船運業的時候，家族、鄉族的相互扶助、相互協作在其中發揮著重要的作用，這種相互扶助、相互協作的家族、鄉族關係，在一定程度上促進了臺閩商人在經營上的成功。雖然說族人、鄉人之間，難免也會存在某些不信任或者是商業經營上的糾紛，但是與那些沒有血緣和地緣關係的外地商人相比，畢竟有著較好的信用度以及鄉族的約束力。

參、開港通商與兩岸經濟互動

一、新興製茶產業的崛起

　　臺灣開港後，蘇格蘭人陶德（John Dodd）於同治5年（1866）來臺，在臺灣北部推廣安溪茶種，並在淡水設立寶順洋行，將臺茶販運海外。臺茶僅為粗製茶，需運至福州或廈門精製。陶德乃設立精製廠，加工烘焙，同治8年（1869）將烏龍茶直銷紐約，大受歡迎，打開臺茶知名度。茶樹栽培以臺灣北部山區為重心，迅速向南拓展。

　　臺灣茶葉原以半發酵之烏龍茶為主，製作烏龍茶的茶館稱「番莊」。同治11年（1872）下半年大稻埕烏龍茶滯銷，乃運往福州薰以花香，改製為包種茶。

　　光緒7年（1881）福建茶商前來臺北設立茶廠，專製包種茶，業者稱「舖家」。茶業興盛，帶動臺灣北部經濟迅速發展，促使山區大舉開發，每年產茶季節皆有大量的茶工、茶師、採茶女、揀茶女自中國來臺，從事採茶、揀茶、烘焙等工作。洋行也在臺設立媽振館（merchant），借貸資金予茶農。臺茶興起後，也有不肖茶商在加工時摻入劣品，影響臺茶聲譽，遂有茶商同業公會——茶郊金永興的成立，既協調茶業活動，也預防摻假。

二、外國資本介入生產系統

　　道光22年（1842）中國被英國打敗，簽訂南京條約，開放五口通商，洋行紛紛設立。五口通商指中國將五個沿海城市——廣州、廈門、福州、寧波和上海，根據中、英南京條約簽定闢為通商口岸。五口通商以前只有廣州一口有限通商，廣州亦比一口有限通商後繁榮而且貿易量大增，五大商埠則成為中國由清末到民國時期，中國和西方主要貿易而且是中國最繁榮的城市，大量的商貿往來使五大商埠非常繁盛，與內陸以農立國重視農業的城市在經濟上有很大的差距。

　　隨著安平、打狗、淡水、雞籠相繼開港，洋行紛紛成立。其中怡和洋行、顛地洋行（又稱甸德洋行）為香港最大的洋行，扮演先驅要角，首先在打狗、淡水設行貿易。隨後因茶、糖、樟腦大量出口，鴉片、洋貨大量進口，外商競相設立大小洋行，形成多元競爭之局。

　　咸豐4年（1864），打狗有英籍怡和、顛地、天利洋行，以及普魯士籍勒拉士洋行。隨後，淡水有美利士洋行，美商華利洋行、英商寶順洋行。其後，因茶葉出口旺盛，更新增德記、怡記、水陸、和記、嘉士等洋行。同治11年（1872）後，北臺有寶順、德記、怡記、和記、水陸五大洋行競爭茶葉外銷市場。除通商口岸外，內山地區如集集、林圯埔等樟腦產地，亦有洋行之分布。

　　在經營組織方面，外商由於語言、法令、風俗習慣的差異，難以直接與華人貿易，因此雇用華人買辦（comprador），協助買賣。洋行擁有資金、市場、運輸工具的優勢，在某種程度上操控臺灣貿易，尤其是茶與樟腦。

　　在金融方面，洋行引進銀行制度以提高資金的流通效率，推行保險制度以降低風險。因資金雄厚，多採取買青（預付款）方式以低價取得穩定貨源，如茶葉；亦實施賒賣方式以保障市場，如鴉片、紡織品。

　　「媽振館」是清領末期經營茶葉銷售、資金融通的商館。「媽振」為merchant（商人）的音譯。通常由廣東、廈門或汕頭出身的買辦經營，在

廈門、香港或廣東設總公司，在臺北設立分支機構。經營媽振館的商人擁有相當資產，熟識洋人與商務，深獲洋行信任，從洋行貸得大筆資金，經營茶葉販賣。洋行也在臺設立媽振館，借貸資金予茶農；有的將資金轉貸給大稻埕的茶商，成為融資的仲介者。

媽振館並無現代銀行的經營理念與規模，但自洋行吸取資金，辦理放款、匯兌業務，已粗具現代銀行雛型。洋行盛行「買青」方式，即貸款給茶商或茶農預購茶葉，以保證貨源。洋行的融通銀行是匯豐銀行，年利6%，而臺灣民間通行利率是12%，因此洋行可以較低利率貸款貸予媽振館，媽振館再轉貸予茶商或茶農，賺取差額，並確保茶葉之優先購買權。最盛時期臺北約有20餘家，至日治時期，近代銀行興起，媽振館逐漸消失。臺灣成為日本殖民地後，臺灣總督府以補貼政策保護、支持日本企業，外商洋行難與競爭而逐漸衰落。

三、臺閩競逐國際貿易網絡

臺灣位居東亞航線要衝，盛產糖、樟腦、煤，開港前已有洋行來臺祕密進行貿易。如道光18年（1838）三月英商偷運鴉片至雞籠（今基隆）交易樟腦，咸豐元年（1851）洋船以船長總監制（supercargo），依商貿易，而按「官照商船徵稅」方式，在滬尾、雞籠交易，可知地方當局已有限度的容許。咸豐年間，美商羅賓內（William Robinet）獲臺灣道特許，在打狗（今高雄）建館，進行樟腦、茶、豆類交易。

外商洋行對清領末期臺灣經濟的最大影響在於，增加貿易量和擴展貿易地區。一方面茶、糖、樟腦等臺灣貿易商品進入國際市場，茶葉甚至取代糖成為最大輸出品，北部也因而成為新經濟重心。另一方面外國貨如鉛、鐘錶、火柴、煤油等進入臺灣，商品更趨多元化。對於臺閩兩地而言，外商洋行介入兩地的生產活動帶來巨大的變化，過去臺灣物產必須仰賴廈門作為轉口站才能將貨物銷售到世界各地，甚至必須以廈門物產的名義出口；外商洋行直接在臺灣設置據點後，來自臺灣的「Oolong」茶、

「Formaosa Tea」變成了舉世熟知的商標後，福建的「舖家」開始要到臺灣設置茶棧，外商洋行不只帶進來產銷一體的生產方式，也帶來了國際貿易網絡競逐的風氣。

　　當時北部臺灣出口的茶最後要透過外國輪船送到紐約、倫敦、香港、上海、德國、新加坡、澳洲、荷屬印尼、馬尼拉等地。英美洋行多半在世界各地設有分公司，如臺灣最大的洋行怡和洋行，其本店設在香港，其支店則設在廈門、漢口、福州、天津、上海、博多、馬關、長崎、神戶、橫濱、紐約、加爾各答、倫敦等地。事實上，環球貿易航線的拓展成效攸關臺閩兩地經濟勢力的消長，而對新興市場的開拓更是將臺閩兩地既競爭又合作的互動關係拉進下一個世紀。

肆、二十世紀臺閩政經網絡的開展

　　日本政府對於兩岸貿易的開展，先是希望割斷清臺之間的紐帶，後來在南支南洋及南進政策之下，又希望以臺籍人士媒介達成日華親善之目標，也有若干鼓勵政策，尤其在1920、30年代之後。

一、兩岸航權與金融權之競爭

　　日本領臺後，日本資本開始參與兩岸貿易，最重要的是掌握兩岸航權，其次為日商進入福建對岸投資、貿易。在這勢力擴展過程中日商對臺商之兩岸經貿活動固然有其影響，但日商在中國民族主義浪潮高漲的聲浪中並未取得絕對優勢，反而留給臺商若干經營的空間。

（一）掌握兩岸航權

　　日治時期，臺灣對中國的區域別貿易，先是以華南為主，而後有東北代起而居第一位，華中地位居於華南、東北之後，華北一直到昭和14年（1939）以後才漸趨重要。臺灣與中國各個地區之間，都有官方透過航

運補助來拓展並壟斷航線。

與華南之間，由於臺灣人民多自福建移來，很多日用雜貨仍需仰給於對岸，臺灣也有很多商品經閩地轉口，日本領臺後隨即挹注補貼大阪商船公司與英商道格拉斯公司競爭。大阪商船會社在航運補助的優勢下，得以半價運費與道格拉斯公司競爭，致使道格拉斯公司最後於明治37年（1904）退出兩岸貿易航線的經營。

大阪商船公司原來只有香港至福州航線，明治38年（1905）起大幅擴張臺閩航線，增加了福州至上海航線，並由上海連接日本神戶、橫濱或長江上游的各航點。又在淡水、安平的香港線上，加入廈門、福州的航點，大幅提高兩岸港口貨運的機動性。除了航點增加外，亦增購輪船逐漸擴加航班的密度。除了大阪商船公司外，另有民營的山下輪船公司，接受臺灣總督府命令開闢途經廈門、汕頭、香港和北海等地的航線。

（二）對岸金融投資的擴張

當清廷應允日本不將福建割讓他國的要求後，臺灣總督兒玉源太郎隨即積極進行對福建的各項措施，他認為福建的經營方法需在該地設立金融機構以為財經後盾，方利於後續事業之推行，便積極以臺灣銀行拓展與福建地區的經貿關係。

明治31年（1898）臺銀設立，即努力開展與兩岸貿易有關之匯兌與貸款，臺銀服務對象以日人為先，由明治31年至大正7年（1918）華南的日人店舖由80家增為五倍，都曾獲得臺銀貸款資助。例如：明治34年（1901）為疏解生產過剩的臺糖，甚至於上海設分行。臺銀也在明治36年（1903）及明治38年（1905）設分行於香港、廈門，此與臺糖、臺茶之分別出口至廈門、香港有關。

概言之，臺閩航線在20世紀之初便成為日本航運壟斷的局面，臺灣銀行廣設支店擴大金融投資以扶植日本人在福建各地的經濟活動。臺閩兩地的交流在航運壟斷、金融擴張的加成效果下，隨著推昇貿易額，表面上雖然擴大了貿易交流效果，實際上，卻使得臺閩交流逐漸受到政治的影響。

二、臺灣總督府的貿易擴張政策

　　日本在領臺之初臺灣總督府編有「南清（華南）貿易擴張費」，明治35年（1902）該項經費又擴大為「南支那（華南）及南洋貿易擴張費」。雖然為數不多，大部分被用來補助日本政府在廈門、廣州、福州、汕頭等地所設之醫院，以及福州、廈門、廣州等地日本人就讀的小學，臺人就讀的福州東瀛學校、廈門旭瀛書院，臺人及日人皆可就讀之汕頭東瀛書院等所謂的文化設施。

　　鑑於當時排外運動盛行，若以官方機構或官方人員之名涉入對岸經營，恐效果不佳。是故，總督府轉變政策，以民營公司型態出現並積極運用當地士紳，以獲取最大利益。在這波反抗帝國主義的浪潮下，臺商的特殊血緣身份被當成操作的籌碼，臺商開始與日商合資經營對岸貿易。臺商或臺籍紳商因為語言、習俗相近，又可與當地政府深入往來，臺商勢力在昭和13年（1938）年日本佔領廈門以前尚凌駕日商之上。臺商在閩地地位的突出，不僅限於商業領域，在金融、投資、貿易方面，臺商更是箇中翹楚。

　　臺商之凌駕閩商與閩地經濟勢力的衰弛，以及臺灣經濟之崛起有關。閩地原以出口茶葉賺取外匯，這也是閩商於清領末期至臺灣種茶並由廈門出口臺茶的背景。隨著臺茶由廈門轉口改而由基隆直接出口，也有廈門商號移設臺灣。如《海關年報》指出：「廈門昔日為臺灣貨物轉運總口，今日已不復振，甚至廈埠數十年來之華洋巨商亦多有移設臺灣者。」閩臺兩地茶葉出口形成了彼消此長的趨勢，至日治以後，因臺茶轉由基隆出口，廈門經濟備受打擊，臺閩經濟力量乃更為懸殊。

三、產業技術回流閩地之契機

　　由於臺灣是十七世紀以來漢籍移民建立的社會，在甲午戰爭前，臺灣農工商各業的技術，除荷治時期及清領末期英美勢力介入時期有外國技術引入之外，主要都來自中國。技術方面，如稻作所需的耕犁、牛隻、種

子。製糖所需的蔗苗、熬糖技術，其它經濟作物所需的熬製樟腦、種桑養蠶技術。乃至各種水果包括香蕉、波蘿、柑桔、荔枝、龍眼、木瓜、枇杷、芒果、橄欖、檳榔、椰子等均由閩南、粵東傳入。即如清末臺灣開港後，漳泉茶商認爲紅茶更適合歐美人的胃口，在貿易上有利可圖，便紛紛在臺灣新竹一帶投資種植紅茶。

日治以後，每年約有一萬人的勞工來臺，擔任採茶、採礦及金銀工、漆工、鞋工、人力車伕、理髮師、廚師等工作，這是傳統技術由中國流入臺灣的歷史延續。

但與以往歷史不同的是，日治以後，臺灣已有技術回流中國。在大正15年（1926）的廈門，臺商所從事之家庭工商業家數最多的前十名依序爲：雜貨、藥物、海產物、匯兌、服裝布料、煙草、穀物、醫院、酒類、木材。臺商至中國的這些投資，多少都引進了臺灣的新技術。大正8年（1919）臺南資本家在福建設置糖廠即引進臺灣的機器製糖辦法。昭和11年（1936）泉州知名人士與四位臺籍富商引進臺灣機器製糖技術，創設溫陵製糖工廠，至今該廠仍爲泉州最大之製糖廠。昭和8年（1933）泉州華僑在臺灣購置了爪哇蔗苗試種。此外，臺灣的籐器、大甲蓆帽技術也傳入泉州，而改進了當地這些方面的發展。

伍、臺灣經驗的模倣與啓示

第二次世界大戰後，臺灣的經濟經過短暫的戰後恢復期，在民國89年（2000）之前每年平均以8.8%的成長率成長。在長達四十年的特殊政治環境中，政府的施政爲臺灣產業發展提供人力素質提高、資金供應充裕、技術環境改善3項有利因素。本地的勞動力、資本、技術等內在因素讓產業發展得以由內向型轉化爲外向型，成就臺灣的高經濟成長期。

1960年代後半至1970年代，臺灣農業剩餘勞動力大量向工業部門移轉，資本積累率高居世界前茅。工業勞動力的充分供應與資本高速積累，

一方面讓工業生產高速成長，另一方面則讓農業由種植爲主的農業結構轉型爲農漁牧多元結構。此時，國際分工恰巧爲臺灣工業產品提供了廣大的銷售市場，強化了臺灣工業資本的循環。然而，1970年代帶動臺灣農業生產之成長與結構變動的農產品與農產加工品出口，卻因國際市場的競爭和需求波動，致使農產品的生產極不穩定，從而降低了農業在臺灣經濟發展上的重要性。

戰後臺灣工業發展奠基於1950年代的進口替代產業發展策略，來累積工業發展所需的資本，培養民營企業。至民國48年（1959），民營企業在工業生產中的比重開始超過公營事業。隨著企業對海外市場的開拓及因應國內日益高漲的人力成本，美國的大企業在1960年代漸漸將部分生產外移到發展中國家。臺灣適時地開始發展出口導向的產業，創造有利外資（尤其是美國的大企業）設廠生產的環境（如高雄加工出口區），加入以美國市場爲主的生產鏈，以價廉且素質高的勞動力爲生產優勢，吸引來自美、日的直接投資，自日本進口機器設備與零組件，利用臺灣廉價且高素質的勞工在臺灣加工，再銷往美國市場。此種築基在勞力密集的加工出口生產體系的建立，促使由農產品加工業到成衣、紡織、電子代工等勞力密集製造業的快速發展。至民國54年（1965），臺灣紡織品的出口額開始超越農產品的出口額。

1980年代中期，隨著外商將勞力密集型產業遷往中國或東南亞等工資更爲廉價之國家的同時，臺灣在政策上適時的解嚴與開放赴中國，國內勞力密集型產業爲維持競爭力亦跟隨外資撤資的腳步而開始外移，民國77年（1988）之後，國際生產鏈中的臺灣，隨著臺商的腳步，進一步擴張到中國與東南亞。

傳統上，福建地區是家族觀念和鄉族觀念比較濃厚的區域，從漢唐以來北方士民的南遷一直到福建的開發，各個家族和鄉族內都形成了相互扶助、相互依賴的習俗傳統。到了明清時期，隨著福建泉州沿海地帶商品經

濟的發展和經商人數的增多，這種家族和鄉族內相互扶助、相互依賴的傳
統也隨之滲入到商人的群體中去。

　　清領時期臺閩之間的商業貿易往來，船隻無疑是最重要的運輸工具。
郊行主要是自中國、臺灣沿岸各港來的船隻、水客以及行舖取得進口商
品，又包買地區性物產出口的進出口貿易商人。他們通常在港口市街上設
置店舖、行棧，規模大者或兼營水客，或僱佣船隻，甚至自置船隻出海貿
易，一般稱為船頭行；規模小者則僅接受來港船隻或水客的委託販賣商
品，並代為收買土產，而收取2%的佣金。然而無論是商郊行自置船隻也
好，還是委託他人船隻載運貨物也好，接受委託和委託他人，都是具有一
定的經濟風險的。因此，臺閩沿海商人在選擇船運的時候，也基本是以本
家族、本鄉族的熟悉鄉鄰、親戚為協作夥伴的。

　　福建沿海居民移居臺灣以後，從來沒有中斷過與祖籍地的各種聯繫。
清領臺灣的商業中心有：府城（今臺南市）、鹿港、艋舺（今臺北市萬
華）、淡水、滬尾、大稻埕、竹塹（今新竹市）、彰化、嘉義、鳳山等，
其中尤以「一府二鹿三艋舺」最繁榮。

　　濃厚的地緣、血緣關係，誠如一般所認知的「完全是基於早期移民彼
此間互相合作的需要。」對於開拓事業以及加強移民的自衛力量和鬥爭力
量等等，都曾起過關鍵的作用。此外，臺閩兩地密切的經濟往來，使「海
隅彈丸，商旅輻輳，器物流通，實有資於內地。」在兩地商品流通中，移民
所築起的人流的作用是非常大的，臺閩交流便是立基於這樣的人際關係上。

　　臺閩之間除了人際關係的網絡外，兩地之間要維繫如此長久、密切的
經貿往來，關鍵在於兩地之間可以進行區域分工。新移墾的臺灣適合發展
米、糖等農作物，閩地相當發達的手工業產品可以供應臺灣民生所需。日
本統治之前在這個區域分工的範圍內，大致上資金、技術是由閩地流向臺
灣；臺灣生產的農產品則回流閩地。日本統治之後臺灣雖然還繼續由閩地
進口傳統手工業產品，但臺灣本土所培植的資本家已取代對岸掌控大部分
兩岸貿易及所需的金融、航運業務，資本、技術轉而由臺灣回流閩地。

　　1980年代以後，國際生產鏈中的臺灣，隨著臺商的腳步，進一步擴

張到中國與東南亞。臺灣在實踐外向型經濟的經驗也隨著臺商外移的軌跡而擴散，福建也提出了「五緣六求」甚至是海西經濟區作為發展與臺灣關係的媒介。臺閩間的文化交流無可避免地染上了政治統戰的陰霾，借鑑過去臺閩文化交流的經驗，秉持平等互惠確實是維繫交流長遠的最大原則，也唯有一步一腳印地務實交往方有眞切地感情交融。

問題與討論

1. 簡述臺閩經濟區域分工的歷史意義？
2. 族商的人際網絡關係對臺閩交流帶來什麼影響？
3. 開港通商的歷史變局對臺閩交流帶來怎樣的變化？
4. 開港通商時洋行和媽振館在臺閩交流上扮演什麼作用？
5. 日本帝國主義的對岸政策對臺閩交流產生什麼影響？
6. 兩岸開放交流「臺灣經驗」在對岸產生什麼效果？

參考書目

林滿紅，《四百年來的兩岸分合──一個經貿史的回顧》，臺北：自立晚報，1994。

梁華璜，《臺灣總督府的「對岸」政策研究──日據時代臺閩關係史》，北縣：稻鄉，2001。

陳支平，《民間文書與明清東南族商研究》，北京：中華書局，2009。

第四章　臺閩族群與方言

學習目標

1. 族群與民系的立論基礎及其價值差異。
2. 方言與民系生成的歷史發展關係。
3. 臺灣關於族群問題關懷的目標為何？
4. 臺灣北部地區原住民的山西傳說反映出哪些族群互動的歷史現象。
5. 彰化平原福佬客的自我認同價值所反映的族群意識。
6. 屏東六堆客家聚落的形成有何歷史意義。

關鍵字

民系、族群、福佬客、祖籍認同、六堆客家聚落

　　臺灣住民大部分的祖籍都在大陸，這是一般認知的概念。臺灣移民的原鄉集中於閩南、閩西及粵東的閩南方言和客家方言區亦是不爭的事實。臺灣大多數人口姓氏人群帶有祖籍色彩的特殊現象，使得姓氏與家族的傳統文化倫理風俗，有了不同一般零星的移民以血緣為媒介的特殊移植情形。臺灣的開發衍生而來的便是氏姓家族的聚居發展，移民以姓氏血緣為單位重建聚落與整套傳統姓氏血緣文化，簡言之，臺灣的開發過程移植了祖籍地的文化傳統。然而，臺灣族群關係的演變卻又不是那麼單一、不變，臺灣的族群互動經驗混雜諸多歷史的變因，在此意義上，正可以提供我們思考臺閩間族群因素在兩地發展過程中的可能作用。

　　事實上，族群文化在現代社會中依然有其重要的作用，例如，帶有族群色彩的節慶活動，除了對大眾有吸引力，也有其文化傳承、族群認同與經濟活化等多層面的意義和作用。正因為如此我們需要瞭解族群在臺閩歷史發展中的生成起源的歷史過程，也需要理解臺灣歷史上的族群衝突可以給我們帶來有意義的啟發。

壹、福建地區語言分化與民系生成的歷史過程

一、方言與民系生成的關係

　　二十世紀以前，關於漢族差異性的研究非常有限。1930年代，廣東學者羅香林意識到，漢族這樣龐大的民族，會因為時代和環境的變遷，逐漸分化，形成微有不同的亞文化群體。羅香林為了研究客家人的來源和屬性，描述這些亞文化群體，便創造了「民系」這個詞彙。「民系」，指一個民族內部的分支，分支內部有共同或同類的語言、文化、風俗，相互之間互為認同，如說客家話的客家民系等。民系的認同一般有三個標準：語言、文化、地域。在華語區內，中國的學者較喜歡使用「民系」（sub-

nation）的概念，而臺灣、香港、東南亞等地則是使用「族群」（group）
的概念。

語言是族群、民系最能表現自身特徵的文化現象之一。臺閩漢民社會
的一個顯著特徵，是方言複雜多樣，比較主要的方言區就有7個。

閩東方言區：又稱福州方言區，包括福州市各轄縣及寧德地區，共
17個縣市。

莆仙方言區：又稱興化方言區，主要通行於莆田、仙游二縣。

閩南方言區：包括廈門、泉州、漳州三市所轄各地，以及龍岩、漳
平、太田、龍溪等縣市的部分區域。

閩中方言區：主要流行於永安、三明、沙縣等縣市。

閩北方言區：又稱建州方言區，通行於建南平（大部分區域）7縣市。

閩贛方言區：主要是邵武、光澤、順昌、將樂、明溪、建寧、泰寧7
個縣市。

閩西客家方言區：即長汀、上杭、武平、永定、連城、寧化、清流7
縣市。

在這7個主要方言區的內部以及它們的交接處，往往又存在著大大小
小的方言孤島。在方言區的邊界，由於受到別區方言的影響，往往又形成
了區別於本區方言的語言特點，使得同一個方言區的兩極相差也很大，以
至於到了不能通話的地步。

二、閩南方言的形成與發展

閩南方言的形成與中原漢族遷徙閩南的歷史密切相關，中原漢人入
閩，大概始於秦漢，盛於晉永嘉之亂後，大批漢人為避亂從中原遷移入
閩，他們比較集中地定居在建溪、富屯溪間閩江上游和晉江流域。這批漢
人帶來的中州（今河南）一帶的漢語用為閩南方言形成的基礎。唐代武后
時期，朝廷派遣光州固始陳政、陳元光父子率眾將士南下「征蠻」。這批
漢人後來定居於閩南，並開發了漳州。他們帶來的是7世紀的中州話，反

映著隋唐漢語的特點。唐朝末年，中州人王潮、王審知率大批兵馬入閩，之後又在福建稱王。他們帶來的10世紀的中州話，給福建方言包括閩南方言帶來了很大的影響。

學者從人文歷史和閩南方言語音、詞彙和語法的特點等幾個方面，認定閩南方言在漢魏已現胚胎，到南北朝已經形成，及至唐宋時期走向成熟。隨著宋元時期泉州海外交通的興盛，泉州人出國經商謀生者日益增多，足跡遍及世界多個國家和地區，而以東南亞爲最多。因此，閩南方言流布海內外，分布地域廣闊。除閩南地區之外，臺灣省的大部分地區，廣東省的潮州、汕頭、雷州半島以及海南、廣西、江西、浙江和江蘇等省的一些地方，都有閩南方言；國外包括新加坡、菲律賓、馬來西亞、印度尼西亞等東南亞華裔居民所使用的語言，也無不與閩南方言有著千絲萬縷的聯繫。

閩南話可分爲泉州音、廈門音和漳州音，宋元時期，由於泉州港一直是中國海外交通的重要中心，地方經濟十分繁榮，所以泉州音一直是閩南話的代表。在泉州方言裡有一整套複雜的文白兩讀系統，其文讀音與早先官場中通用的官話有密切的關係。在基本詞彙裡，仍然保留著許多古代漢語常用附單音成份，語法上也有不少特殊之處。因此，這支方言可爲我們今天研究漢語發展史提供許多活生生的有力證據，故被稱爲古漢語的「活化石」。

三、民系文化的空間實踐

從福建漢民社會方言的複雜多樣，及其區域分布與經濟區域分布是互爲影響的。

就地理環境來講，福建無疑是一個單獨的經濟區域，福建的地理特徵是背山面海，其北部和西北部的武夷山脈，把福建與其他省份阻隔開來，在古代交通閉塞的情況下，福建省與其他省份的經濟聯繫是不方便的。而背山面海所形成東南走向的江溪布置，則溝通了福建沿海與山區的經濟聯

繫以及與海外的經濟聯繫。從漢晉以來，福建就是作爲一個比較獨特的經濟區域而與國內的其他大經濟區共存，並發揮著其應有的經濟作用。北方漢民入遷閩中後分爲幾個不同的支系，這些民系對於福建的開發做出了各自的貢獻。因此，北方漢民的入閩開發對於福建各經濟區的形成也是產生了直接的作用。

　　然而，當我們進一步考察福建省內的經濟布局時，則又可發現，北方漢民入遷福建的歷史過程又造就了福建內部的若干個小經濟區域。

　　閩江及其上游，是北方漢民入遷閩中的主要通道，故整個閩江上、中、下游區域，經濟聯繫比較密切，可以看成爲一種山海聯繫的經濟區域。木蘭溪流域的莆仙平原，是興化人的聚居地，這一帶雖然地域不大，但民風勤勞聰秀，以其優良的農業傳統和魚米之鄉而自成體系，形成莆仙平原經濟區。

　　閩南人聚居的晉江平原和九龍江平原，面臨大海，富有商業傳統，故經濟活力比較強盛，民間的交往比較頻繁，形成了另一個經濟區。

　　閩西的客家人，由於其遷徙是沿汀江流播的，客家人的分布也是沿汀江進入粵東，所以客家人的閩西經濟區比較特殊，它雖屬於福建的八閩之一，但在歷史上從經濟往來上說，則較少與福建的其他經濟區聯繫，而是自成系統，向粵東拓展，與粵東形成一個經濟聯繫比較密切的經濟區域。

　　民系分化原因有二，一是地理河流的走向，另一則是民系的聚居與方言的認同。這二項因素與民系生成其實是互爲表裡，空間環境的形塑創造了民系的地域邊界，方言的流通使用亦標示著人群的生疏。福建地區民系的生成便是一種在地域範圍內語言實踐的歷史經驗；那麼臺灣各地互動頻繁的族群關係又有何歷史意義？

貳、族群生成研究之理論基礎

在政治學與社會學的界定上，形成族群意識的「族群」，乃指的是國家內部一群群不同的共同體（community）。他們的成員除了在客觀上具有（或想像出來的）共同的血緣、語言、宗教、文化或共同的歷史經驗，同時在主觀上具有福禍與共的集體認同（collective community）。根據Barth所編著的《族群與劃界》指出，族群的成立有四項條件：

1. 具有相當的人口，可繼續不斷的繁衍；

2. 成員間彼此共享特定的文化價值；

3. 形成一個彼此溝通與互動的群體；

4. 具有我群的認同，有別於其他群體。

至於族群之成因，在人類學中主要區分為兩大派別，包括強調先天存在的「原生論」（即primordialism，與「本質論」essentialism看法類似）以及強調後天塑造的「建構論」（constructivism）的區別。譬如，臺灣的社會學學者張茂桂認為，族群的意義在於它被當成一個社會的、歷史的建構。它不是明顯關於出生地，而是關於互動、與關於想像共同體的塑造。它不是自然誕生的，而是經過歷史過程、競爭（對立）的社會關係而建構出來的身分認同。

而因為族群而生成之「族群意識」（ethnicity），也曾引起許多學者的研究興趣，並試著給予這個抽象的概念做出定義。Keyes等學者特別強調那是一種族群認同感（ethnic idenity），而這樣的認同感乃起自族群成員們操作某些文化特質所產生之作用。亦即將語言、宗教、族稱、地域性或美學形式等文化特質組織起來，成為一組用來識別族群的表徵。

族群是一個集體性的抽象概念，它與實質的人際互動及認同，有層級性的差異，也會產生不同程度情感的涉入。這種社會情境層級性的親疏遠近，包含了親族、鄉里、部落、區域、國家或超越國家的民族等不同層次的認同。人們因著情境與關係連結的遠近，可能在不同層次採取不同的態

度。例如，具有不同國家認同的人，可能具有相同的鄉里認同。

因此，如果人們忽略層級性的差異，均質地以集體性的族群範疇去解釋較親近的層次時，則容易產生激烈的情緒或衝突。因此，有人說臺灣平常沒有族群衝突，但選舉時就容易挑動族群的敏感神經，因爲在選情造勢情境中的語言，很容易使集體性抽象的族群概念介入生活，用來解釋不同層次的認同與互動，進而被沒有警覺的激情所驅使，陷入族群的羅網（ethnicity trap）。

參、臺灣族群的祖籍分布與原鄉生活方式

一、臺灣族群分布的概況

日治時期臺灣總督府曾於大正15年（1926）調查臺灣籍漢人的祖籍。比較這個調查與大正14年（1925）國勢調查的結果，可發現祖籍廣東省者未必就是戶口制度中的廣東人。彰化平原、嘉南地區、屏東平原潮州裔比例大於10%的街庄，其戶口中廣東人的比例以及祖籍廣東的比例或多或少都被低估了。顯而易見，員林街、坡心庄（今埔心鄉）、溪口庄、古坑庄、潮州庄、萬巒庄、新埤庄的潮州裔大多未被認定爲廣東人。無論這些潮州裔是潮州福佬人的後代、或是潮州客家人的後代，他們在二十世紀初時可能以「福建語」爲常用語而被認定爲福建人。反之，竹塘庄、鹽埔庄的潮州裔大多被認定爲廣東人。事實上，桃竹苗地區與東勢一帶的潮州裔也大多被認定爲廣東人。同樣是潮州裔，有些被認定爲福建人、有些被認定爲廣東人，這印證戶口制度中的福建人、廣東人並非祖籍的區別。

語言是區別福佬、客家的重要表徵，而祖籍地是福建、廣東的分野。日治時期的戶口制度與戶口統計採用福建——廣東的分類，戰後的兩次戶口普查也調查祖籍福建省與祖籍廣東省的人口。然而，當代的族群想像重視福佬——客家的區別。從表面上來看，臺灣的族群分類似乎發生時間的

斷裂。事實上，語言是日治時期區別福建人、廣東人的重要依據。以福佬話為常用語的人口當中，96%被認定為福建人；以客家話為常用語的人口當中，98%被認定為廣東人。因此，無論是日治時期的福建人、廣東人，或戰後戶口普查中的「祖籍福建」、「祖籍廣東」，其實質內涵比較接近福佬、客家的區別。來自地名的訊息也印證這個事實：具有廣東沿海來源的地名與廣東人比例無關；但客家話發音的地名則與廣東人比例的分布一致。

二、祖籍分布與原鄉生活方式的聯結

　　早期渡臺移民常是同姓氏或同祖籍的鄉親結伴搭船前往，到達臺灣落腳於語言、民情熟悉的村落也是人之常情，時間久了，渡臺移民因語言、風俗的不同自然出現依原鄉籍貫聚居的現象，同一姓氏自畫地盤居住的情況也不在少數。

　　在福建、廣東一帶的華南社會，原先就有家族、族群械鬥的傳統。因為就業困難來臺發展的青壯移民——特別是後來者，又不能充分就業。臺灣社會於是出現了大量遊民，或所謂的「羅漢腳」，各種叛亂、械鬥及暴力活動層出不窮。好勇鬥狠的精神，一方面表現在強悍的民風上，一方面也可以從不拘成規、四處開拓的商業活動中窺見端倪。

　　回顧清領臺灣各地分籍械鬥的現象，可以發現下列的事實：

　　第一、分籍械鬥的規模。頻率及對祖籍分布的影響程度各地不同。濁水溪以南的地區。雖曾發生分籍械鬥事件；但對居民的祖籍分布影響甚微。濁水溪以北的地區，雖然分籍械鬥的發生次數較多、規模較大、持續的時間較久。影響的範圍亦較廣，但就祖籍分布的影響而言，大部分亦僅屬交換性的地區調整。調整的結果，僅使原就分籍劃地而居的形態，更趨凸顯和集中而已。換言之，分籍械鬥對祖籍分布的基本形態，即濱海多泉，平原內緣多漳，沿山或丘陵臺地多粵的分布形態，就未發生根本的改變。

　　第二、少數看似發生根本改變的地區，如霧峰、東螺西堡、金包里、水返腳、甚至八里、新莊等。其範圍不但有限，而且若從遷徙的方向來看，亦僅屬「同質」地區的交換。如粵人只是由一個沿山地帶遷至另一個沿山地帶，或由平原內緣地帶遷至丘陵、臺地或另一處平原內緣地帶；事實上，除竹塹客雅溪流域以南一帶外，幾未發現有粵籍居民由沿海遷至內陸或由內陸遷至沿海的現象。另一方面。也未發現泉人因分籍械鬥而被迫由沿海遷往內陸。所看到的總是一些由內陸向沿海遷移的例子；同時，漳州人亦大部分只轉徙於平原內緣一帶。

　　上面的事實充分說明了一點，即遠在分籍械鬥盛行以前，泉州人的根據地就是在沿海一帶，粵籍居民在沿山一帶，而漳州人則佔居兩者之間的地帶。盛行於乾隆末年以來的分籍械鬥，只是在某些地區，促使建莊於異籍村落佔多數的居民向其同籍村落的主要分布地帶遷移，而局部性的調整了臺灣的祖籍分布形態而已。

　　如果來臺先後和祖籍分布並無明顯的關係。官田、官莊的建立以及早期客籍移民的移墾方式對祖籍分布的影響僅及於嘉南平原，而分籍械鬥又只是局部性地調整了祖籍的分布。那麼究竟是什麼因素決定了清領臺灣漢人祖籍分布的基本形態呢？這個因素我們認為是：移民在原鄉時的生活方式，亦即移民東渡來臺以前，在原居地所養成的生活方式和技能。移民來臺以後，就是以其所偏好和熟悉的生活方式認同人群，而建立同籍村落；同時，也以其所擅長的生活技能，選擇適合的居住地以從事適當的行業。移民在原鄉的生活方式決定其選擇新鄉區位的傾向，在文盲普偏存在而缺乏行業自由轉移的傳統農業社會中。

　　一地人民的生活方式和生活技能，是該地人民長期與當地地理環境相互調適下的產物。因此，探討清領臺灣漢人的原鄉地理環境及其適應此一地理環境所產生的生活方式，特別是維生方式，應有助於了解各籍移民來臺後將選擇何種居住地，以遂其謀利求生之志。

肆、臺閩移民系譜與民系文化研究

一、臺閩族群遷徙的歷史動因

　　康熙22年（1683），清帝國打敗鄭氏東寧王國，將臺灣西部沿海納入版圖。清廷隨即頒佈渡臺禁令，嚴格控管並禁止男性攜眷赴臺。然而，閩粵人民仍偷渡大量移居臺灣，並逐漸以農地租佃、商業交易、利益籠絡或與原住民族女性通婚等方式獲取土地，混居於部落內。

　　原漢人數懸殊，利益衝突日增，清廷將向其納稅輸誠的部落稱為「熟番」，給予賜姓、教育（如：麻豆四大社、岸裡社、竹塹社等），不服從者稱之為「生番」，並劃定「番界」或修築地表「土牛溝」界線，隔離原漢雙方。「番界」生番的存在甚至被北京的皇帝當作是統治臺灣漢人族群的「外衛」，天真地認為漢人無法越過番界。然而，隨著前仆後繼渡海來臺的漢人，不斷越界向內陸逼進，致使原住民族反亂事件頻傳。

　　由於清軍調派來自福建之「班兵」人數不足，有時必須結合「熟番」部落軍力來制服漢系移民的叛亂或械鬥紛爭。十九世紀起，漢人征服宜蘭平原之噶瑪蘭族諸社，大量入殖開墾，造成該族往南遷徙四散流離。同治13年（1871）爆發的牡丹社事件，更是讓清廷束手無策。事實上，清廷對臺灣族群的統治政策，不但認識不清，甚至意圖以族群制衡的方式加以平衡操縱，致使臺灣的族群不合的問題雪上加霜，幾乎成了各族群難以化解的世仇心態。

　　對於原住民族而言，漢人的大舉擴張，幾乎滅絕原住民族的生機，許多族群甚至開始編造漢人模式的祖先來歷，例如：臺灣北部地區平埔社群有關祖先來源的傳說，幾乎一致指稱「故地」是一個叫做San-sai、Soan-sai，甚或漢字「山西」的地方。Sanasai在北部，掉字轉音成為San-sai，更進而文字化成為「山西」（福佬話唸），進而和中國產生「原鄉」的連帶關係。不僅如此，有的甚至還直接指出Sansai就在「唐山」。換句話

說，大臺北地區的Sanasai傳說，反映的是二十世紀初北部原住族群與漢人社會交融的歷史狀態。

二、福佬客的族群互動經驗

　　早期移民來臺開墾，福佬人亦稱「閩南人」最早來臺，客家人次之，外省人最後來臺，加上原本住在臺灣島上阿美族、魯凱族、布農族……等原住民族群，一同生活在這塊土地上，但是從古自今族群的鬥爭總是不斷的上演，臺灣在這塊小小的土地上，族群的紛爭、械鬥亦不能倖免，族群之間經常發生械鬥，其中就有一段福佬人結盟漳州客家人對抗粵客家人的事件，在這事件之後中，由於福佬人人數數量多，在此強勢下導致客家人被同化了，南彰化和雲林的西螺、二崙、崙背是典型的例子。

　　全臺現在除了客家族群較集中的地區苗栗、新竹兩地仍保有以客家話和族人溝通，其他地區的客家人分布不集中被同化甚為深入如建築、飲食、服飾、語言，尤其是語言被完全同化，福佬話成為這群客家人的溝通橋樑，失去原有的語言文化的客家人，稱之為福佬客。

　　彰化平原的福佬客，同樣是由海邊上岸後，再逐漸遷徙到八卦山麓，沿著舊濁水溪北岸，有幾個重要的據點，在交通要津，在水圳道邊，再到地形交接處，因此同一籍貫的血親宗族，會有幾個分開的小族親凝聚性村落，像芳山堂劉姓，在社頭北邊的新厝、枋橋頭有「公厝」，繼而往東擴散，形成湳雅、漁池內、崎腳、崎腳內、月眉池、北勢頭、田中央、湳后仔……等，總共十幾處的多護龍多院落住宅群；另員林的林順德族支、南邊田頭賴家……等，也都先在八堡圳邊落腳，之後再移轉到山腳路一帶，並進一步分化成幾個小族支，於是彰化平原東南邊的福佬客地域，即形成一種「匯聚」性的同宗族親的凝聚，不祇是互為照應，也形成另一種勢力的集結。

　　「福佬客」原祇是中研院民族所濁大計畫研究學術討論上的一個定義，作為界定歷史拓墾上人群的移轉或失憶，近年來，臺灣研究的深化，

逐漸從不同學科彙聚過來，然而解釋的方式卻不斷擴大，使福佬客的認定範圍加大，變成祇要是不會講客語的客籍人士即是福佬客，於是福佬客的定義轉爲政治上族群融合的一個典範。

三、六堆客家的族群生存問題

　　十八世紀初，閩浙總督覺羅滿保就曾發現屏東平原的居民傾向於以語言相似來進行族群的分類。

> 查臺灣鳳山縣屬之南路淡水，歷有漳、泉、汀、潮四府之人，墾田居住。潮屬之潮陽、海陽、揭陽、饒平數縣與漳、泉之人語言聲氣相通，而潮屬之鎮平、平遠、程鄉三縣則又有汀州之人自爲守望，不與漳、泉之人同夥相雜。

　　由此可見，來自廣東潮陽、海陽、揭陽、饒平的人群傾向跟「語言聲氣相通」的福建漳州人、泉州人結盟。來自福建汀州的人群則跟來自廣東的客語人群結盟，而不是跟同樣來自福建的福佬人在一起。顯然，當代閩南人、客家人的族群想像並非憑空出現，而是有數百年的歷史淵源。早在十八世紀初，福建福佬人、福建客家人、廣東福佬人、廣東客家人這四種人群在臺灣相遇時，已有根據語言相似性分類的情形。

　　康熙60年（1721）的朱一貴事件被平定之後，藍鼎元以其對臺灣人群分類的認識寫了〈諭閩粵民人〉：

> 今與汝民約：從前之事盡付逝流，一概勿論；以後不許再分黨羽，再尋仇釁。漳、泉、海豐、三陽之人經過客莊，客民經過漳、泉村落，宜各釋前怨，共敦新好，爲盛世之良民。

　　文中的「三陽」指的是廣東海陽、揭陽、潮陽三縣。根據藍鼎元的觀

察，來自廣東海豐（含陸豐）、海陽、揭陽、潮陽等縣的人群與來自福建的漳州人、泉州人同類，都跟「客民」有嫌隙。所謂客民，就是使用客語的人群。當時還沒有「客家人」的觀念。

　　客家人在向臺灣的遷移過程中，一方面由於遷入地人口及經濟發展狀況的不同，另一方面也由於其大本營向臺灣遷移的路線的差異，從而導致其在臺灣各地的分布及形成村落的時間也不盡相同。

　　客家人移民來臺，最初也散佈在臺灣西部，後因受到福佬勢力的影響，部分被同化，部分聚集山區，形成方言島。早期的客家人從原鄉來臺，大都在打狗港、下淡水港或東港登陸，然後沿著下淡水溪入據屏東竹田、萬巒、高樹、高雄美濃……一帶。稍晚之後才有其他的客家人從鹿港、笨港登陸，墾拓彰化、雲林及南投等地，或從崩山港、大安港登陸，入墾大甲、豐原、東勢；或從房裡溪、吞霄溪上岸，墾拓房裡、通宵、白沙屯等地區；或從中港、後壠港登岸，散居在苗栗一帶；或從竹塹港、紅毛港登陸，開發新竹地區；或從南港、觀音登陸，入墾大園、桃園一帶。故以目前的現象來看，臺灣的客家區可分為北、中、南、東四地區。

　　現今臺灣最大的客家分布區域如果是桃竹苗地區的客家族群，那「六堆」客家人則是臺灣歷史最悠久的定居者了。客家移民來臺最早的應該是南部的「六堆」地區。六堆客家人，此乃因朱一貴起事時，聚居高屏溪沿岸的客家人組織成鄉勇，以居住地為單位，分成六堆以進行保鄉為里的重任，此組織後來繁衍為平常的團練組織，六堆乃漸轉化為地域的稱呼。

　　「六堆」之名從何而來？康熙60年（1721）朱一貴起事時，客家發跡地濫濫庄大受威脅，他們趕緊向其他客家庄求救，此時，朱一貴黨羽又威脅濫濫庄加入反清行列，這些純樸的客家庄民，既不願參加，又不敢反抗，進退維谷之際，只好請求清廷派兵保護。但隨著臺灣府被朱一貴攻陷，客家庄民只好自行派遣代表在內埔媽祖廟商討因應之道，進而決定組織義勇民團。

　　六堆共分為中堆、前堆、後堆、左堆、右堆以及先鋒堆；中堆位於現今的屏東縣竹田鄉，前堆包含長治、麟洛兩鄉，後堆則在內埔鄉境，左

堆含括最南的新埤、佳多，右堆爲高樹及高雄縣的美濃鎮，屏東的萬巒位於這些堆的大後方，鄉勇留在當地無用，大都被徵調爲先鋒部隊，故稱先鋒堆。

早期六堆客家先民由於遷徙來臺的時間晚於其他民族，以致於可選擇的居住地點所剩無幾，只好往南臺灣東岸的原始森林開墾，在那樣的惡劣的環境下求生存，想當然其團結一致的精神力量自然就表露無疑，可能在此影響之下，六堆客家聚落多屬於集居型態，也相當注重以人爲中心的族親概念。

彰化平原東南邊的福佬客地域，即形成一種「匯聚」性的同宗族親的凝聚，採取的是一種非常自由的自我認同意識，不祇是互爲照應，也形成另一種勢力的集結。六堆不是行政區域的名稱，所以從古到今的臺灣行政區域圖都沒有「六堆」這兩個字，可是六堆卻是臺灣歷史上光榮的民間戰鬥組織。在臺灣三百餘年漢人的開發史上，絕對不能刪除「六堆」這兩個字。

從六堆與福佬客的族群互動經驗來看，臺閩間族群與民系的分別在於語言作爲標誌的工具，六堆表現的是一種防衛聚居的外顯樣貌，福佬客則是在族群互動過程中隱化了語言因素卻保存了文化內涵，無所謂對錯，都是臺灣歷史經驗的產物。

早期渡海來臺的閩地移民想要在荒僻之地立足，便需仰賴群體的力量，或是和同族住在一起，或是和同鄉匯聚。移民離鄉背井之後，在人地兩生的環境遇到操著同樣口音的鄉親，便有一種親切感。鄉音成爲移民結合聚居的基礎，形成以祖籍居住地關係爲紐帶的聚落。清領時期頻繁發生的械鬥，進一步強化這種祖籍地聚居發展，衍生出許多以祖籍府縣來命名的地名。

然而，臺灣地名的祖籍化現象其實是外貌形似而內涵不再。以福佬客的聚族而居的現象爲例，採取非常自由的自我認同意識，雖有尊卑、親疏

等傳統位序觀念，然幾代下來，幾次激烈的動盪下來，也逐漸失掉秩序，且互不熟悉，尤其外圍，「暫住」變成「佔住」，不斷融進新來的族群，轉化成新的社區。

　　就臺灣社會結構的發展過程來看，原屬不同地區的民眾，都已經在這塊土地上生根立基；這裡的人民，不管其祖籍是原住民、閩南、客家或大陸各地，都已經鎔鑄為生命共同體；大家所共同經歷的過往歷史和情感交融，早已把我們融化成為血肉相連及休戚與共的一家人。

問題與討論

1. 試述閩地方言依其地理環境特徵，大約可分成幾個方言區。
2. 閩南方言在漢語研究中有何特殊意義。
3. 臺灣社會對族群意義的論述，多著重於日常生活的實踐範疇，試論述該理論內容，並舉例說明。
4. 試述福佬客的族群現象的形成原因及客家族群播遷的趨勢。

參考書目

林拓，《文化的地理過程分析福建文化的地域性考察》，上海：上海書局出版社，2004。

施添福，《清代在臺漢人的祖籍分布和原鄉生活方式》，臺北：國立臺灣師範大學地理學系，1987。

陳支平，《福建六大民系》，福州：福建人民出版社，2001。

葉高華，〈再探福建 ── 廣東與福佬 ── 客家的關係〉，第九屆語言文化分布與族群遷徙工作坊，臺北：師大地理系，2012。

鄭振滿，《鄉族與國族 ── 多元視野中的閩臺傳統社會》，北京：三聯書局，2009。

第五章 宗族

學習目標

1. 了解早期大陸漢人移民移墾福建省的發展與經過。
2. 認識臺閩地區漢人宗族在荷治時期、鄭轄時期與清領時期的遷徙與發展。
3. 知道宗族文化入臺後，在地化所發展演變出的鄉親聚落與同姓聚落的特色。
4. 對臺灣宗親會組織的類別與功能有所了解。
5. 了解宗親文化與分類械鬥的關係。
6. 對臺、閩宗族的交流與互動有所認識。

關鍵字

宗族、宗親文化、祭祀公會、鄉親聚落、唐山祖、
開臺祖、聯宗宗親會

漢人由閩不懼任何險阻來臺謀求更好生計，家族與血緣是維繫安全、傳承最有效的憑藉，尤其是透過宗族力量在臺灣建立祭祀組織，更是有效且可行的方式。但卻也造成臺灣族群對立衝突的社會現象。爲瞭解臺灣漢人的宗族發展歷程，本篇將從漢人宗族在中國的遷徙、臺閩地區漢人宗族的遷徙與發展、宗族文化在臺灣發展、宗親文化與械鬥、宗親文化與原鄉的交流等面向，加以陳述，以期能對臺閩兩地宗族文化交流歷程能有更深入的討論。

壹、福建地區漢人宗族的遷徙與發展

福建位於中國東南沿海地區，早先福建的土著居民──閩越族有獨自發展的文化體系。秦漢以後，中國漢族政權透過不同的政治手段，逐漸強化本地的統治權。漢人宗族在福建的遷徙與發展中，深受中原地區戰禍的影響，大致上分成四個時期遷徙入閩。

一、秦漢時期至隋代

福建原爲閩越土著居民活動的區域，秦始皇統一天下後雖在此設置閩中郡，但實際上是採用以閩人治閩地的方針，漢人勢力還未能深入福建。西漢開始對閩地採行分化政策，分封閩越、東甌、南海等3王，使越人自相攻伐而削弱其力，再一一加以消滅，澈底破壞閩中土著文明，漢人政權則逐漸強化了閩地的控制。東漢末年群雄並起、西晉永嘉之禍後五胡亂華等事件，造成中原地區動盪不安，大批的漢人爲了躲避戰禍，紛紛遷徙入閩，不僅帶來了中原漢民族的文化與農業技術，更促進了閩中地區土地的開發，成爲閩地的新主人，而爲了在新天地開墾生存，血緣家族的關係在此時相當重要。此爲漢人遷徙入閩的第一個時期。

二、唐朝初年對閩地的開闢

　　唐代是中原人士遷閩開拓的第二個高潮期。唐初中原人士移居閩中，主要分布在閩江流域與沿海平原一帶，山區仍為閩越土著所控制。唐高宗時，陳政、陳元光父子率眾入閩防戍，據當時的記載隨陳氏父子入閩的人數即多達了5,600人，包括了許、盧、沈等58姓，並在漳州落籍定居，促進了閩地西南山區的開發，陳氏父子因此被尊為「開漳聖王」。故自唐代中葉以後，閩地開始又有大量中原人士遷入定居。此為漢人遷徙入閩的第二個時期。

三、唐末至五代時期

　　中原人士移居閩中的第三個高潮期是唐末至五代。隨著唐朝政府權力的減弱，地方割據勢力紛紛出現，閩地也不例外成為割據軍閥覬覦的對象。當時河南光州固始縣的王潮、王審知兄弟趁唐末大亂，組織鄉兵入閩，割閩地自立而統治之。在王潮、王審知兄弟的治理下，福建成為中原落難士人與文士避難聚居的場所，人文薈萃。王潮、王審知以武力據閩立國，追隨王氏兄弟入閩的固始同鄉，也就形成了閩中的統治階層，門閥宗族的誇耀尤為必要。故在政治上，為了適應新統治者，許多前期進入閩地的漢人家族紛紛開始附會固始祖籍，藉此取得政治社會的一席之地。

四、宋末、元末時期

　　宋末、元末中原地區動亂紛乘，許多北方的宗族遷徙入福建。他們既有來自河南等中州地區，也有從兩湖、江、浙、江西等地轉徙而來。福建固有的土著居民完全融入了中原文明之中，閩地的主人則由中原各地與大江南北遷居而來的世家宗族所取代。

　　漢民族在不斷移居福建並取得生存空間的同時，以宗族的實力做為在新天地活動發展的後盾是有其必要的。在漢人宗族渡江南遷的過程中，他

們率領了同鄉宗族的子弟，舉族、舉鄉遷徙，在兵荒馬亂的惡劣環境下，更加強了互相扶持的需要，鞏固了血緣關係。所以在福建的聚落型態中，地名以塢、堡、屯、寨為名者甚多，正反映出北方漢人遷徙入福建時，那種濃厚的軍事戰鬥性質，紛紛反映在聚落的型態上。這些屯堡寨塢中，有的是一村一姓的村落，也有一村多姓的村落，從而形成了牢固的聚族而居的社會習俗。（陳支平，2004年，頁10）

貳、臺閩地區漢人宗族的遷徙與發展

　　明清時期是閩南漢人遷徙臺灣的主要時期，具有時間長、規模大、自發性等明顯的特色，為閩南宗族在臺灣的播遷奠定了基礎。歷史上有關閩南人遷臺的階段，學者們各有論述。中國學者劉登翰在《中華文化與閩臺社會——閩臺文化關係論綱》中認為：明代福建向臺灣移民可以分為三個階段，一是萬曆中期至天啟初年，二是荷治臺灣時期，三是鄭氏治臺時期。根據廈門大學臺灣研究中心學者的研究認為：清朝移民可以分為三個階段。一是康熙22年（1683）到雍正10年（1732），二是雍正10年到光緒元年（1875）。三是光緒以後。福建師範大學徐心希教授在《近600年來閩人遷臺相關問題研究》一書中，認為明代至第二世界大戰中，閩人遷臺的發展可分為六個時期。

　　故就上述現今大陸學界的研究成果來看，閩南漢人宗族向臺灣的遷徙大致上有三次的移民高潮，即明末鄭芝龍據臺時期、清初鄭成功據臺以後的鄭氏政權時期，和清政府統一臺灣以後的康、雍、乾、嘉時期。在此研究成果之上，本文擬將福建地區漢人遷臺的過程，分成兩個時期：一、荷、鄭治臺時期漢人宗族向臺灣的遷徙活動；二、清領時期漢人宗族入臺的拓墾與發展。先就閩省漢人遷臺的過程進行論述。

一、荷、鄭治臺時期漢人宗族向臺灣的遷徙活動

中國的人口在明代有了長足的增長，1550年代福建地區的人口壓力已高，明末清初政治社會崩解，壓力尤為大增。當時福建移民多以菲律賓與臺灣為拓殖的目的地。就史料的記載，明季末期顏思齊即已登陸臺灣，當時登陸時間有明萬曆年間、萬曆47年（1619）、天啟元年（1621）、天啟4年（1624）等多種說法。旅居日本的海澄人顏思齊駕13艘船艦在臺灣笨港（今北港）登陸，帶領的閩南鄉親中有海澄人陳忠紀、南靖人李俊臣、南安人鄭芝龍等，在臺灣中部建立山寨，招募漳州、泉州等地的青壯年3000多名入墾中臺灣，《臺灣通史》稱附者「凡三千餘人」，到臺灣從事捕魚、農墾及海上貿易，這是閩省早期大規模向臺灣地區的遷移開拓。

天啟5年（1625），顏思齊病逝，眾推鄭芝龍為首。明崇禎6年（1628），鄭芝龍受明廷招撫，組織閩南人向臺灣移居，這也是由官方組織的一次移民潮，其中以泉州人為多。據楊彥傑推論，這段時間移民臺灣增長數大約是每年1,300人。這時有族譜記載渡臺的漳州人主要是龍溪、海澄、漳浦等沿海縣份。其後，鄭芝龍將根據地遷回閩省，臺地也進入了荷蘭人統治時期。

荷蘭人治理臺灣時，為了增加糧食的生產，提供在臺防戍的軍民食用，當時以免費提供牛隻、種籽、土地為由，大力招攬了閩省的漢人入臺墾荒，而大陸因明末政局動盪不安，許多居民紛紛遷往海外發展，臺灣也成為移民移居的新天地。

明末鄭成功以閩南地區為中心，屯兵廈門，開展反清復明的軍事活動，兵源以閩南漳、泉地區的居民為主。漳州百姓隨鄭氏入臺者不計其數，僅龍海市角美白礁村就有300名青年隨軍入臺。龍海浮宮邱厝邱姓鴻德部分裔孫分乘十三艘大船隨鄭成功赴臺定居。平和人劉成求隨之入臺，開墾臺南柳營。據大陸學者劉登翰估計，隨鄭氏入臺的將士及其它人等當在四萬人以上。這是以軍隊形式組織的移民入臺。明清交替之際，漳州的

遷臺人口約占清代遷臺人口的八分之一，大多屬鄭成功時期遷臺的。

鄭氏治臺時期中國與臺灣分屬兩個不同的政權，清政府爲了嚴密對臺灣進行封鎖，在沿海地區大規模實行了「遷界」和「海禁」，迫使沿海民衆斷了生計，流離失所。但禁者自禁，渡者自渡。許多人只好鋌而走險，偷渡到臺灣去謀求生路。鄭氏政權也因此大量招攬流離失所的人民來臺，當時「招沿海居民之不願內徙者數十萬人東渡，以實臺地」。據史學家估計，閩南人前往臺灣有十萬以上、十二萬、十五萬等多種數字。

二、清領時期漢人宗族入臺的拓墾與發展

清康熙22年（1683），福建水師提督施琅攻臺，鄭克塽出降。翌年，設立臺灣府，將其劃入福建省進行管理，到臺灣建省爲止，是中國歷史上長達二百年之久的「臺閩合治」時期，移民進入新的階段。特點是從定期往返於閩臺間候鳥式的季節性居住移民到單身入臺定居。當時清廷早期的治臺政策，移民只准單身男子入臺，不可以攜帶或招攬家眷來臺。而閩南地區的漳、泉系移民，漳州之寧洋、漳平、華安、龍巖州及南靖、長泰、龍溪、海澄、漳浦、雲霄、平和、詔安等縣移民，大多順九龍江而下，抵廈門後再渡海入臺：泉州府之德化、永春、安溪、南安、惠安、同安、晉江地區，移民多順晉江而下，先集中於泉州灣，再由金門或小蚱港出海渡臺。漳、泉兩府所屬各縣移民，因出海路線大致相同，抵達口岸自然沒有差異。初期登陸口岸以南部的安平、打狗、北港及布袋港爲主，而後登陸地點漸往北移，在鹿港、梧棲、淡水等港口登陸。

（一）康熙、雍正年間漢人宗族的遷臺

平臺將軍施琅是晉江人，其將士大多是閩南人，以漳州人爲主。隨著臺灣平定，他們之中有人陸續攜帶家屬定居臺灣，許多貧苦百姓也隨他們入臺。清初朝廷嚴禁閩人入臺的種種政策法規，一些地方官員紛紛上書表示反對。雍正末年，曾任臺灣知府的沈起元力主福建大量移民臺灣，他在《條陳臺灣事宜狀》中認爲，「漳泉兩地無籍之民，無田可耕，無工可

傭，無食可覓。一到臺地，上之可以致富，下之可以溫飽」。既可解閩省人多地少之虞，又可化臺灣人少地多之憂，他認爲閩人入臺是大勢所趨，無法阻擋。沈起元「開臺」的慷慨陳詞得到一些官員的支援，禁令有所鬆弛。這期間，目前已知的漳州遷臺姓氏有王姓、楊姓等49個姓氏。

　　清政府統一臺灣後，先後開放了福建泉州、福州等地港口與臺灣對口通航。閩南人前往臺灣持續不斷，幾乎遍佈全島。在實施「海禁」期間，又有數萬漳州青壯年，先後以偷渡和合法途徑移民臺灣。由於只允許單身男姓青年從官渡去臺耕作，不得帶女眷，造成臺灣人口比例失調。藍鼎元在《東征記》中記載大埔莊人口比例失調狀況「今居民七十九家計二百五十七人，其中有女眷者一人」。後來清廷廢除「海禁」，開放對臺貿易，海峽兩岸經濟來往頻繁。特點是從單身入臺定居發展到舉家合遷入臺，從允許帶家眷渡臺到設定官渡，官渡和私渡相接合。這時大批早期單身去臺的漳州人，紛紛回鄉攜帶妻室兒女到臺灣安家落戶。這時渡臺的漳州人中的南靖、平和等山區縣份大量增加。清乾隆15年（1750），平和九峰楊厝坪十三世楊國策攜妻、嫂、子、侄等遷往今臺北市士林區開基。

　　清政府統一臺灣後，爲了政治上的需要，從大陸閩粵沿海調派班兵戍守臺、澎，實行「以內地水師營分兵丁輪班戍守」的班兵制度推沿200年有餘。銅山至少有四萬餘名官兵分別先後赴戍臺澎，僅澎湖一處就有16,000餘人，清廷准許班兵「年逾四十無子者」搬眷隨軍，又許兵丁就地娶親，據余文儀《續修臺灣府志》所錄〈恤賞條例〉中規定「兵丁娶妻及子女婚嫁各賞銀三兩。」許多退役班兵遂因家口在澎而定居於澎。澎湖成了清代銅山移民臺灣的主要流向之一。

（二）清乾隆、嘉慶至光緒年間（1736－1894）

　　受到乾隆晚期林爽文事件的影響，清廷開放了海禁，希望加強臺灣與大陸間的聯繫，解決臺灣與中央之間的諸多隔閡，以避免林爽文事件的重演。因此自乾隆晚期到道光年間，清廷調整了臺灣的行政體制，「凡安分良民情願攜眷渡臺者，由地方發給文件，准許渡臺，單身亦可」。此作法的目的，在於以移民實邊的辦法，迅速穩定一個初經大亂的社會。故根

據陳紹馨的估計，臺灣人口從康熙19年（1680）年的12萬，在130年間增加到嘉慶16年（1811）的250萬，年增加率為2.2%，十分快速，其中又以漳、泉人為最。

　　清光緒以前，大陸移民赴臺的主要方式是偷渡，政府是封鎖、半封鎖的。清光緒元年（1875），臺灣欽差大臣沈葆楨因牡丹社事件來臺進行善後措施，極力向中央建言開放人民渡臺入山之禁，准許福建人民自由入臺，之後清政府正式開禁，「所有從前不准內地民人渡臺各例禁，著悉與開除。其販買鐵、竹兩項，並著一律弛禁，以廣招徠」。清政府在廈門等地設招墾局，正式招募福建人民赴臺開墾，還採取十分優惠的政策，規定提供開墾者的口糧、土地、耕牛、種子、農具等必備物質三年之後才開始徵收賦稅。因而吸引了大批福建漢民前往耕種。光緒12年（1886）臺灣建省後，清政府在臺灣設立招墾總局，全臺分南、北、東等三路招墾。但此時福建民眾轉而大量流向南洋謀生，入臺人數急劇下降。

參、宗族文化在臺灣的發展

一、鄉親聚落與同姓聚落的形成

　　福建省的宗族制度是隨著北方士民不斷移居，所逐步建立起來的，這些北方宗族在進入福建省後，其聚居的型態有一村一姓的村落，也有一村多姓的村落，這種聚族而居的社會習俗，成為閩南宗族制度的基礎。

　　這些閩南的宗族文化，隨著閩省移民遷徙入臺後，也對臺灣土地開發與聚落發展產生相當大的影響。移民們為了在陌生新闢的土地上生存，多會依靠鄉親，共同開發土地，建立休戚與共的村落。在這過程中，聚落的形成也受到宗親文化的影響，發展出鄉親聚落與同姓聚落兩種類型的村莊。

（一）鄉親聚落

　　閩省來臺的開拓者，初期多為流民或季節性移民，少有強大的宗族存在，鄭轄時期在臺灣許多地方設立軍屯時，曾存在著一些強大宗族，但當鄭氏降清後，鄭氏官員將領多被遣回大陸，在臺宗族勢力也被剷除。清領初期唯恐臺灣成為叛亂的據點，嚴格限制大陸人士渡臺，臺地社會也就不容易形成強宗豪族。

　　當大陸人士入臺從事土地的拓殖時，通常會和同族的人住在一起，當同族的人太少，不夠形成一個聚落時，就會和同鄉的人住在一起，因彼此間的關係形成同鄉聚居的村落，他們不僅排斥外地人，並把思念家鄉的情懷寄託在新闢的聚落地名上，使臺灣出現不少冠以大陸地區的地名，即所謂的籍貫地名。這些以祖籍居住地名稱命名的地名，大多為小型的聚落，乃因大型聚落擁有眾多人口，地緣成分複雜，居民難以保存單一地緣特性。故鄉親聚落的地名，多數其尾字為「寮」、「厝」、「宅」、「店」，多以小型聚落或大型聚落內一部分存在為特色。

　　茲根據《重修臺灣省通志・地名沿革篇》統計，將臺灣地區以閩南地緣為祖籍居住地命名的冠籍地名，列於下表：

臺灣地區冠籍地名聚落分布表

冠籍地名	聚落分布	附註
泉州厝	包括有臺北縣淡水鎮忠寮里、新竹縣竹北鄉斗崙村，彰化縣線西鄉泉州、曾家、蚵寮村等地	主要指的是福建泉州府所在地的晉江縣
安溪寮	新竹縣竹北十興村、彰化縣彰化市安溪里、嘉義縣義竹鄉平溪村、臺南縣後壁鄉頂安、長安、福安村等地	
同安厝	臺中市南屯區春社里、臺中縣烏日鄉溪尾村、雲林縣東勢鄉昌南、同安村等地	另有銅安厝，在臺中縣大甲鎮銅安里；同安寮在彰化縣芬園鄉同安村；同安宅在高雄縣永靖鄉同安、同仁等村

冠籍地名	聚落分布	附註
南安寮	高雄縣田寮鄉三和、南安、大同、田寮村等地	
南靖厝	臺北縣鶯歌鎮南靖里、嘉義縣水上鄉靖和、南和、美源村等地	
漳州寮	臺北縣林口鄉一部分	另有樟普坑，在臺北縣鶯歌鎮內；樟普寮，在南投縣南投鎮鳳鳴里
平和厝	雲林縣虎尾鎮平和里	
詔安厝	彰化縣和美鎮詔安里；臺南縣白河鎮詔安、廣安、蓮潭里等地	
雲霄街	臺南市北區崇安街等地	

（二）同姓聚落

　　福建移民遷居臺灣後，相對集中的聚居宗族形成另外一種聚落型態。形成的原因包括清代臺灣是移民社會，由於治安不穩，因此多以地緣或血緣相互集結，形成社會結構的要素，藉以共同防禦外敵，並合力開拓土地。所以移民具有相同血緣關係者，常結合形成一個聚落或聚落的一部分，臺地許多的冠姓地名因而出現。後世雖因異姓遷入形成街鎮聚落，但仍有部分會保留其地名。同姓聚落地名大致分為下列幾類：一是開發者經過幾代繁衍，形成家族群居聚落；二是同族共同開發，形成宗族聚落；三是同姓認宗共同開發，形成同姓聚落；四是大姓占絕對優勢，以大姓姓氏為聚落名；五是以開發者的姓氏為聚落名。現今臺灣地名中，有不少姓後附加「厝」的，即為閩南籍移民聚落，茲將部分冠姓地名列舉於下表：

臺灣地區冠姓地名聚落分布表

冠姓地名		聚落分布
陳	陳厝坑	林口臺地西側；大屯山西北側斜坡，陳厝坑溪中由東岸
	陳厝	桃園縣大園村、彰化縣永靖鄉
	陳厝寮	嘉義縣新港鄉
林	林厝	臺中市西屯區；臺中盆地西緣
	林厝坑	八卦山臺地東北坡，東南距社口約2.5公里
	林厝里	彰化縣員林鎮
	林厝寮	雲林縣四湖鄉
許	許厝	嘉義市西北，牛稠溪南岸
	許厝港	桃園市西北海岸，大園村西北3公里
	許厝湖	臺南縣關廟村東北3.3公里
	許厝寮	雲林縣麥寮鄉
吳	吳厝	南投縣集集鎮、雲林縣西螺鎮、嘉義縣朴子鎮
	吳厝寮	彰化平原西南端，大城鄉附近
劉	劉厝	臺南縣佳里鎮
	劉厝莊	屏東縣潮州鎮
蘇	蘇厝	臺南縣佳里鎮、安定鄉
	蘇厝寮	雲林縣北港鎮

在拓墾社會下所產生的臺灣鄉親聚落與同姓聚落，是臺灣文化的特色之一，但就鄉親聚落與同姓聚落進行比較，同姓聚落的數量比鄉親聚落來得多，說明姓氏、宗族比鄉親的凝聚力更爲強烈，而從兩者的數量進行考察，也可發現閩南人十分重視宗親文化。

二、宗親組織的建立

漢人在移墾臺灣初期，墾民爲了互相合作，常以同姓、同宗的關係來

凝聚族人的團結，以抵抗外姓或土著的威脅，甚至藉此達到共同開發土地的目的，祭祀公業的組織因而出現。臺灣祭祀公業的組成，根據戴炎輝的研究可分為兩種基本型態：合約字祭祀團體與鬮分字祭祀團體。兩者雖均係以祭祀祖先為目的所組成的團體，但設立的方式卻不同。

（一）合約字祭祀團體

主要成員多為來自同一祖籍地的墾民，以契約認股的方式共同湊錢購置田產，組織的成員僅限於有出資的族人，故有些學者稱之為「契約宗族」。此類祭祀團體所奉祀的大多為遠祖，為了讓組織能夠包含更多的成員，通常會以大陸地區的「唐山祖」為共同奉祀的對象。合約字的祭祀團體成立的時間較早，大多是在清乾隆、嘉慶至道光年間就已出現。此類祭祀團體的出現，與漢人移墾臺灣的發展過程有關。早期來臺開墾的漢人，大多係單身或為各別家庭，由於個人的力量有限，因此墾民在面對艱難的開拓社會下，必須彼此互相合作，方得以獲得生存，而基於血緣關係所組成的開墾團體也就應運而生。故而他們會選擇較為遠世的同姓「唐山祖」作為共同祭拜的對象，藉此凝聚勞力與資本，積極從事墾闢的工作，合約字祭祀團體也就成為拓墾初期宗族團體發展的主要模式。

（二）鬮分字祭祀團體

在鬮分家產之際，抽出一部分來做為祭祀公業，成員持份的分量則以家產應分份額來分配。奉祀的祖先多為世代較近的祖先，或為來臺開拓的第一代，故學者又稱此種祭祀為「開臺祖宗族」的奉祀。鬮分字所組成的祭祀公業或蒸嘗（客籍人士稱祭祀公業為蒸嘗）成立的時間較晚，大多在同治、光緒年間才逐漸形成，乃因移墾社會漸趨開發，社會經濟逐漸繁榮，在事業上有所成就的家族，當子孫鬮分家產之際，特別保留一部分田業充作祭祀先祖的經費，逐漸形成鬮分字宗族團體。隨著時代、環境等主客觀條件的改變，宗族團體的型態亦漸趨於複雜。

（三）聯宗宗親祭祀團體

宗親會的組織型態，除了一般較常見由同一姓氏的人結合而成的團體外，尚有兩姓或數姓人士聯組成立的宗親會。此乃因聯宗者在大陸時期原

本源於同一祖先，後祖先在時空環境的轉變下，因封地、遷徙、避難、婚姻等緣故而分成若干異性，後代子孫為了慎終追遠、敦睦族誼起見，乃共同組成宗親會。在臺灣常見的聯宗宗親會，根據《重修臺灣省通志卷三‧住民志姓氏篇》的記載，現存的聯宗祭祀團體包括有柯蔡聯宗、曾邱聯宗、錢彭同祖等十九個。

　　設置公業的目的，許雪姬認為有二，一是為了使祖先在後世子孫中保持鮮明的記憶而不被遺忘，一是使後世子孫緊密結合。而祭祀公業的主要功能雖在支付祖先祭祀的經費，但亦有提出部分財產充做子女婚嫁費、長孫額或養贍費等。臺灣地區祭祀公業的數量，最早有宗親團體的統計資料，為日治時期明治41年（1908）臺灣總督令臺灣舊慣調查會所作的調查，當時發現臺灣祭祀公業的總數為22,199個，其中以嘉義地區的公業有6,309個，為當時各地公業數量最多者。而祭祀公業的組織在日治時期明治年間達於鼎盛，乃因當時臺灣為日本殖民統治，臺民回大陸祭祖困難，於是祭祀開臺祖或上一兩代祖先漸為普遍，數量因此有大幅度的增加。後來日本政府鑒於臺灣祭祀公業擁有廣大土地，又有眾多的派下，對社會、政治、經濟影響很大，乃有解決祭祀公業的打算。大正年間，臺灣總督府評議會就祭祀公業存廢的問題激烈爭論，後因臺籍評議員力爭，祭祀公業得以繼續存在；然而自大正12年（1923）一月頒布敕令第497號，禁止設立新的祭祀公業後，傳統拓墾的家產管理組織受到國家機器的禁止而衰退，大正14年（1925）的祭祀公業因為漸已處分，只剩14,722件，即在日本殖民政府之管理政策下，公業之設置平均數較前減少許多；其後在日治晚期時，受到日本政府推動皇民化運動，以及戰後政府遷臺初期實施土地改革的影響，導致組織走向衰微的命運，宗族的祭祀公業無論在管理、規模與數量等方面，現今皆已大不如前。

肆、宗親文化與械鬥

　　閩南文化重視宗親文化，強調親疏層次、內外差別的觀念，在清代臺灣的開發中引發了各族群間錯綜複雜的矛盾，各族群間因利益衝突爆發各種形式的械鬥，在社會上產生相當大的影響。清領時期閩、粵移民進入臺灣拓墾，各族群間爲了爭奪生存空間與經濟利益，利用了宗親文化的排他性，進行相互械鬥，結果失敗者被迫離開，使各族群的分布更加明顯，也使宗親觀念更加盛行。從各族群利用宗親關係進行械鬥的歷史可以看出，閩粵械鬥多發生在清領早中期，到道光以後逐漸減少。漳、泉械鬥延續的時間較長，在嘉慶、道光、咸豐年間達到高峰，並發展到同府不同縣的械鬥。

　　地方宗族大姓在臺地逐漸開墾完成後，在競逐土地經濟利益的過程中，也會產生嚴重的械鬥事件。以臺灣南部的曾文溪流域爲例，因河川沖刷使下游地區浮覆的土地增多，在乾隆53年（1788）林爽文事件結束後不久，邱姓、方姓兩大家族，串連蚶寮莊的黃姓大家族，利用沿海插標、搭寮，截奪各莊採捕，幾致釀成械鬥大禍數次。嗣後因地方官員在司法處理的程序及作法上，引起向忠里地方仕紳及民衆不滿，以致上訴到福建巡撫，在重新立碑示禁後，才弭平此次的紛爭。

　　但隨著曾文溪改道，下游出海口處浮覆的土地增多，官方在道光7年（1827）時就對臺江內浮覆的土地出示招墾。之後此區域在開墾的過程中，再次因土地糾紛而引發西港地區聚落族姓的械鬥。西港鄉的郭姓先民渡海來臺後，在曾文溪旁的大竹林（今西港鄉竹林村）落地生根，子孫人數逐年增加，漸漸形成一股不小的族群勢力。郭姓族群因爲拓墾問題，時常與西港鄉另一黃姓族群產生土地的糾紛，雙方長期不睦、關係緊張，甚至產生嚴重的族群衝突。黃文博在《南瀛地名誌》中，敘述了原因與當時對立的狀況：「遠因是道光年間的開墾問題，大竹林、大塭寮、郭份寮（來自布袋郭岑寮）的郭姓墾戶，不願與樹仔腳、溪南寮、埔頂、蚶

寮（含塭仔內）、七十二份的黃姓墾戶併墾，致結下恩怨，時有土地之糾紛，而經常引發黃郭械鬥。」雙方的紛爭雖然經官方勘查界線後暫告一段落，但爭執仍然未獲得圓滿的解決。到日治初期，終於爆發曾文溪溪埔地開發史上有名的「黃郭械鬥」之歷史悲劇。

現在西港鄉故老相傳的一句諺語「西港仔黃郭相剖十三冬」，就是在描述這場日治時期維持了十三年之久的械鬥。事件發生之後，黃、郭雙方雖然達成了和解，但雙方對立的氣氛仍然高漲，使得西港地區各姓村莊更加聯繫，產生結盟的現象，戰後更因此形成了地方「派系」。

伍、宗親文化與原鄉的交流

一個移民家族在移民社會中，建立起自己的祖祠與祭祀公業，可視為定居過程已經完成的表現。而來臺開拓的移民，有些本為原鄉望族，來臺開拓基業後仍與閩省家族有所交流。如清代康熙42年（1703）渡海來臺謀求功名的張士箱，在臺灣獲得功名後，參與臺灣土地的拓墾，張姓族人也相繼來臺參與開發。張家在臺灣開拓的事業始於濁水溪南的荒埔，招佃開墾之後，聯合佃戶與其他早期拓墾者，陸續開鑿陂圳，成就良田萬頃。張士箱族人在臺經營所得財富，與到南洋發展功成名就的前人一樣，大力的回饋原鄉家族，不僅回鄉興建宗祠、設立祭田，廣置田宅，更精心經營閩臺兩地，使張氏家族經濟急速成長。

張家子孫在此基礎下，於臺、泉兩地創建基業，後世慎終追遠，堅持兩岸產業各房均分，這也是當時閩南社會容易遇到的問題，就是家族如何管理兩岸產業，既要公平，又不致於使家道中落。張氏家族的產業管理體系是在第一次分家之後逐漸形成，其特點在於同時簽訂管理合約，並將各鬮所需承擔的權利義務在合約中說清楚講明白；屬於共同分攤的負擔支出，如訴訟案件費用，也在合約裡記載清楚；對於容易引起糾紛的公共用水，則採用「不得私截阻扼」的規定。

　　張家財產遍佈臺、泉兩地，子孫在分家時，家產則採取兩地均分的模式進行。然而由於財產在分割之後，部分產業與產業持有者居所地區距離遙遠，管理上相當不方便，就出現各房相互委託就近代為管理的情形。隨著時空演變，產業不斷再分割，到最後一些定居於大陸的族人，就只能夠委託在臺灣的族親管理所分得的臺灣物產，這種代管模式，張家人都會給予代管者一定比例的金額，充當代管的管理費用。此外，張氏家族因為事業遍佈臺、泉兩地，所以非常重視記錄產權的分家鬮書和契約文書的保存。也由於張家族人重視契約文書資料，故在臺、泉兩地都會存留一份文書以備查考，家族產業買賣檔案管理完善，若不幸發生天災或人禍，也不致於危及家族產業權利。

　　隨著中原地區戰亂紛擾與政權輪替，閩省成為中國漢族發展的新天地，漢人紛紛渡江入閩，逐漸取代了原本生長在此地的越族土著文化，成為閩省的新主人。而由於移墾社會不確定的社會與環境，移居者為了確保生存的安全，以及拓墾社會下互相扶持的需要，鞏固了血緣關係，使宗族的力量在閩省扮演著重要角色。

　　明清之際，隨著外來作物的傳入，使中國人口大量增加，閩省面臨人口過剩的壓力，向南洋地區移民拓墾者甚眾，而臺灣也逐漸成為閩省移民拓墾的重要地區。清領時期是閩省移民入臺的關鍵年代，然而早期受到政策的規範，入臺者多為單身男子，移民們為了在陌生新闢的土地上生存，多會依靠鄉親，共同開發土地，建立休戚與共的村落。在這過程中，聚落的形成也受到宗親文化的影響，發展出鄉親聚落與同姓聚落兩種類型的村莊。此外，墾民為了互相合作，也常以同姓、同宗的關係來凝聚族人的團結，抵抗外姓或土著的威脅，甚至藉此達到共同開發土地的目的，此現象反映在臺灣地區特殊的祭祀公業組織上，按照性質與特色，祭祀公業可分為兩種基本型態：合約字祭祀團體與鬮分字祭祀團體。

　　宗族文化對臺灣社會雖然有助於土地的開發拓墾，但因強烈的排他性

格，加上各族群間錯綜複雜的矛盾關係，因利益衝突爆發各種形式的械鬥時有所聞，在社會上產生相當大的負面影響。

　　而入臺拓墾的移民，並未因在臺建立了基業，而與大陸的家族完全切斷關係，閩省入臺移民在新墾社會功成名就後，仍有許多衣錦還鄉回饋原鄉家族的案例，就現今泉州張士箱家族資料的分析可以看出，至少在日治時期以前，臺民與大陸宗族間的互動仍然是相當頻繁的，直到日本統治臺灣後，兩岸的往來受到限制，戰後國共內戰又造成兩岸的分離，家族間的交流才逐漸趨於平淡。

問題與討論

1. 試詳述中國漢人宗族在福建遷徙與發展的四個時期。
2. 請論述臺閩地區漢人宗族的遷徙與發展歷程。
3. 宗族文化在臺灣的發展對漢人聚落的形成有很大的影響，試論述與宗族有關的聚落種類與特色，並舉例說明。
4. 宗族在臺灣所形成的宗親組織與類型有哪些？試論述之。

參考書目

王連茂，〈明清以來閩南海外移民家庭結構淺析：以族譜資料為例〉《傳統與變遷——華南的認同和文化》，北京：文津出版社，2000。

王連茂、葉典恩整理，《泉州臺灣張士箱家族文件匯編》，福州：福建人民出版社，1999。

林洋港，李登輝，邱創煥監修，《重修臺灣省通志‧卷三住民志姓氏篇》，臺中：臺灣省文獻委員會，1997。

林洋港，李登輝，邱創煥監修，《重修臺灣省通志‧卷三住民志聚落篇》，臺中：臺灣省文獻委員會，1997。

涂志偉，〈明清以來漳州姓氏向臺灣遷移的四次熱潮〉《臺灣源流》，42，2007。

張炳楠監修、李汝和等修，《臺灣省通誌‧卷二人民志氏族篇》，臺北：臺灣省文獻委員會，1970。

張素玢，陳鴻圖，鄭安晞著，《臺灣全志‧卷三住民志第三冊姓氏

篇》，南投：臺灣文獻館，2004。

陳支平，《五百年來福建的家族與社會》，臺北：揚智文化事業股份有限公司，2004。

陳正祥，《臺灣地名辭典》，臺北：南天書局，1993。

陳名實，〈從清代臺灣的開發看閩南的宗親文化〉《2007年閩南文化學術研討會》，金門：金門縣文化局，2007。

陳英珣，〈清代臺灣閩南移民家庭從暫居到定居的過程分析——以《泉州臺灣張士箱家族文件匯編》為討論中心〉《2007年閩南文化學術研討會》，金門：金門縣文化局，2007。

楊書濠，〈清代西港地區人文聚落的發展與變遷〉《臺灣文獻》，61：3，2010。

第六章 文學（一）

學習目標

1. 增進民間文學的基本知能。
2. 瞭解臺灣民間文學的特質。
3. 統整臺灣民間文學與閩南文化的交互影響。
4. 洞察民間文學與在地文化的關係。

關鍵字

民間故事、歌謠、歌仔冊、變異性、傳承性、程式套語

　　民間文學又稱口傳文學、口述文學、口語文學，也就是口口相傳、流傳於民間的故事、歌謠。它與作家文學成一對比，是一個民族集體創作、口耳相傳的語言藝術。

　　它產生於人民的生活中，是人民生活的寫照與投射。因而在流傳的過程中會因不同時代、不同區域，甚至不同族群展現出該時、該地、該族群特有的文化與知識。它是一個民族世代傳承的文化遺產，也是民族文化傳統的重要元素，同時也具有新鮮生命力與靜態的歷史文物不同，是活的文化現象。

　　有關民間文學的範疇，大體上可分為散文和韻文兩種體裁，散文類包含神話、傳說、民間故事（含笑話），韻文類含有歌謠、諺語、謎語和歌仔冊等等。其傳講方式也是有敘事體（故事體）和歌謠體兩種，只是故事的傳講不單單用散文敘事，也是可以用歌謠的體裁來說唱。

　　至於民間文學的特徵有口傳性、集體性、匿名性、變異性和傳承性。首先講述和傳承過程中，它不封閉也不孤立，更不會受制於傳統。通常會因著傳講人記憶問題及個人的性別、學養、性格氣質的不同及講述情境的差異而有所不同，尤其講述者和聽眾彼此間的互動往往形成了講述氛圍的改變，而使講述的內容有了變異性。其次，口耳相傳之際，它融入集體大眾的智慧和才能，它沒有特定的作者，所反映的是集體群眾的共同意識和願望。因此在民間文學口耳相傳的「口傳性」上，伴隨而來的是「變異性」；至於它不斷地累積各時代、各講述者的經驗，自形成一種集體創作的「集體性」。

　　雖然它是如此地靈活、變異，但在不斷變化中，仍有一個穩定的因素存在，若禁得起時間的考驗流傳下來，則逐漸形成約定俗成的傳統。這也就是民間文學代代流傳的「傳承性」。

壹、傳播與傳承——臺灣民間文學與閩南關係

　　臺灣民間文學被採記主要始於明、清兩代間，從清代志書及其他文獻記錄臺灣的民情風俗，傳統文人就以一種娛樂性或觀察民俗習性的態度來看待臺灣民間文學，將它們視為軼史、雜錄的一部份，如郁永河《裨海記遊》、江日昇《臺灣外記》、黃叔璥《臺海使槎錄》、朱仕玠《小琉球漫志》、吳子光《一肚皮集》、林豪《東瀛紀事》、唐贊袞《臺陽見聞錄》、王蘭泩《無稽讕語》等等文集皆記載了一些民間文學資料。但是這些書面文獻紀錄還是遠遠不能反映當時臺灣民間文學的全貌。

　　日治時期，除了一些鄉志記載外，部份傳統文人仍是抱持同樣的態度。另外，一些新文學工作者也開始關切這塊領域，開啓臺灣知識分子對臺灣民間文學新的認知與定位。當時對臺灣民間文學的來源有了如此的認知：除了原住民族的神話、歌謠，大部分的內容大都是來自中國的移民所帶來的，以福建系（泉州與漳州）為最多，其次為廣東客家系，因此可以發現很多故事的源頭都是出自同一淵源的。

　　就民間故事而言，鹿港作家一吼（周定山）他指出臺灣民間故事有兩個根源：其一，從中國大陸漳州、泉州移民所帶來；其二，則是臺灣本地發生，其言「我們故鄉的民間故事，也可算得不少了。像邱罔舍、蔡六舍、許獬……都很膾炙人口。雖然那是泉州的專有物，先民帶來的，其餘如菊娘、訬憨長、林四舍、憨光義……這都是我鄉的特有的，用時行話來說：國產。」其中「先民帶來的故事」即指從中國大陸隨移民而來，如〈陳三五娘〉、〈山伯英臺〉等等以及昭和7年（1932）的刊物《南音》刊物中曾有無署名作者〈鄭板橋的故事（9則）〉中記載，昭陽鄭板橋當濰縣知縣時如何處理家務事、與山東鹽運使求畫等等，都可以很明顯地從內容得知故事發生在中國大陸；這些原是流傳於中國大陸的傳說故事，隨著移民而傳播到臺灣。

　　除了民間故事，還有以通俗漢字記敘閩南民間歌謠的小冊子「歌仔

冊」。「歌仔冊」產生於清乾隆、道光年間（1736-1795），如：薛汕的《陳三五娘之箋》中有一本乾隆44年（1779）刊刻的《繡像荔枝記陳三歌》、道光6年（1826）刊行的《新傳臺灣娘仔歌》及《繡像王抄娘新歌》、道光7年（1827）刻印的《初刻花會新歌》。清末時被往來於臺灣海峽的商人引入臺灣，初期臺灣市場充斥著閩南地區發行的歌仔冊，直至日治大正時期（1912-1926）臺北市北門町的黃塗活版所以鉛字活版大量發行臺灣版的歌仔冊，於是臺灣版的歌仔冊才大量發行。至1930年代是臺灣歌仔冊的黃金期，除了黃塗活版所的歌仔冊被廣泛翻版盜印外，其他書局也大量發行歌仔冊。（王順隆，1993年，頁109）這些歌仔冊的內容多為敘述歷史故事的敘事詩，或是與當時社會風俗有關的勸世歌文。其中有些是改編家喻戶曉的歷史故事、民間傳奇，如：《孟姜女哭萬里長城歌》、《忠孝節義白狀元新歌》上本、《周公桃花女鬥法新歌》上下本等等；或是以勸化社會為宗旨的勸世歌謠，如：《花花世界勸善歌》、《勸世青年了改自由戀愛歌》及敘述當時的社會事件，如：《基隆七號房慘案歌》、《中部地震勸世歌》、《過去日本戰敗歌》、《臺南運河奇案歌》等等，不勝枚舉。

戰後時期，有一批中國大陸學人來臺，不僅帶來既有的民間文學觀念，也積極和本地學者一起採錄、整理、研究臺灣民間文學，如婁子匡、江肖梅、朱介凡便和本地的作家施翠峰、陳紹馨、廖漢臣、吳槐、吳瀛濤、林衡道等人共同合作。其中婁子匡於《臺灣民俗源流》提到：「中原的民俗自然而然的傳播到臺灣，是毫無疑問的，如果再加證明，閩南和粵東的民俗，大量的甚至加強了的民俗行事，處處時時都能見之於臺灣……」同樣地，也在《臺灣俗文學叢話·前言》提及「……因此我可以就臺灣民間流傳的故事的內容來說，由考證他們的源流，看到臺灣與大陸底關係確確實實不能分隔。……。」並且實際地比對臺灣與大陸各地同類型的民間故事，發現彼此間的聯繫關係，提出「同一類型故事必然有一個源頭故事，經由傳播而在其他地方也可找到類似故事的『轉播（傳播）律』以及不同族群、不同地區卻產生相雷同的故事的『巧合律』」觀

念[1]。另外，施翠峰也於《臺灣民譚探源》中提出「……臺灣的民譚與大陸華南一帶的民譚是出自同一淵源的。」這些都在在說明了臺灣民間故事的源頭有一部份源自閩南地區。在他們所編著的作品中，如婁子匡《臺灣俗文學叢話》、《臺灣人物傳說》；江肖梅《臺灣民間故事》；朱介凡《中華諺語志》、《中國兒歌》、廖漢臣《臺灣兒歌》、施翠峰《臺灣鄉土神話與傳奇》等等都可看到如此的材料。至1980年代解嚴之後，在學者胡萬川的推動之下，臺灣民間文學進入了科學化的調查、記錄及整理，20年間完成臺灣各縣市的民間文學集已超過百冊，在這些資料中，除了有著臺灣獨特的在地性外，依然可以發現閩南民間文學的素材。

　　因此不論是在明清之際、日治時期或戰後至今，透過先民的遷移、商人的往來，從閩南至臺灣，總是會把流傳於家鄉的民間故事、歌謠隨之傳播傳講，代代相傳。

貳、接受、融合至轉化 ── 從閩南至臺灣民間文學的軌跡

　　如前所述，臺灣民間文學透過傳播管道和巧合原理與閩南文化有著密切關係。這種情形也可以從民間文學的內容得到印證。

一、接受者的意識

（一）人民共同的主觀意識

　　當民間文學的內容能反映人們共同的思維和願望時，往往是被廣泛傳

1　婁子匡，〈臺灣俗文學研究，下〉引言，《臺灣俗文學叢話・前言》，國立北京大學民俗叢書第52冊，頁73。「如果從民族學的觀點來說，可能和大陸少有轉播的關係，但是從民俗文藝的發展，除了轉播律之外，還有巧合律，所以我認為埋葬遺屍，點石成金這兩個故事，如果不是大陸轉播而來，便是兩地的巧合了。」

講的要素之一。因為口傳文學主要產生於下層階級，所反映出來的價值觀，可以看出無文階級的傳統和一些底層平民百姓的心聲。因此在故事、歌謠、諺語的內容中經常有群眾共同的主觀意識為人們所傳講。

就民間故事而言，當民間故事的結局常常是由一無所有者獲勝，弱者勝於強者，這無不投射出貧窮農人的白日夢及這一階層的人生觀和願望。這也是廣被群體接受、為大眾所樂於傳講的話題故事。

歌謠是抒發情感最直接的表達方式，《詩經》〈魏風‧園有桃〉：「心之憂矣，我歌且謠。」明、清時期一些離鄉背井移民至此的人民，自然而然藉用自己家鄉歌謠詞調〈五更調〉、〈十二月調〉、〈七字調〉、〈雜念調〉配合當時的情境隨口吟唱來抒發自己思鄉之情。

同理，透過由先民帶來的民間文學之所以能於當地繼續流傳，除了共同的思維願望、抒發情感之外，還有著共同的生活經驗、道德觀也是常常被直接接受，運用日常生活上，如廈門一帶的俚諺：「無食五月節粽，破裘無通放。」「三人共五目，日後無長短腳話。」「別人囝死餲了。」「一草一點露。」「一樣米飼百樣人。」「仙人拍鼓有時嘛餲彈。」「細漢偷挽匏，大漢偷牽牛。」「江湖一點訣，講破不值錢。」等等，這些在臺灣也都是被琅琅上口地運用在日常生活中。

（二）固定的程式套語——相同的故事類型

人們的記憶是片斷的，當人們處於藉由口傳來傳遞知識、傳講故事或吟唱歌謠時，實際上是有個程式（Formula）可套用。這種程式最常運用於民間故事的開頭和結尾，在故事開頭是「古早古早的時候」，結尾是「這是較早時代的事了，也不知是真是假，這是一個故事。」這幾乎成了傳講故事時必套用的程式語言。

運用歌謠方面則是歌謠的定格聯章，如「五更調」、「十二月調」、「四季調」、「數目調」、「名目調」等，其格式不變，易於記憶，即使內容多變化，只要掌握其固定程式即可擅於因應各種情境所需。如此一來，固定的講唱格式，往往是傳播接受民間文學的重要載體，如《六十條手巾歌》以六十條手巾貫串為歌詞，每句起首皆以手巾開始，先敘述手巾

樣式或形狀，後三句皆可套用接著唱歷史故事、戲曲典故或民間故事，如陳三五娘、三國故事、西遊記、八仙過海……等，形成一個廣被接受、大同小異的傳講（唱）模式。

除了「固定的程式套語」易於被大眾接受套用外，「相同的故事類型」也是易於被傳承的。例如同一文化圈的「機智類型」故事，有〈邱罔舍〉、〈呆女婿〉、〈陳大憨〉、〈憨光義〉、〈白賊七〉等，都是強調故事中的主角發揮高度智慧或採用出人意料之外的方法解決問題，或以機智去捉弄人等等。其實這類型故事大體是由「徐文長故事」輾轉衍化而來。只是在各地講述時，或多或少被增添一些當地的民情風俗。就像流傳於福建省的〈白賊青仔〉故事，主角青仔經常巧妙運用智慧，欺騙別人，自始至終害慘他人。此類故事傳播到臺灣之後則演變成〈白賊七仔〉的故事，兩者大同小異，只有在結尾部分有顯著的差異，臺灣白賊七最後終於說了實話不再欺騙他人，有別於福建的白賊青仔。

進一步地，故事若被傳播到另一個文化圈（或次文化圈），則會因為文化或自然環境背景的差異，有了較大的變異。例如在臺灣耳熟能詳的〈虎姑婆〉故事，在臺灣地區無論是客家人或閩南人，流傳的大都相似，但在中國大陸華中、華北，或其他地區，故事的主角則因應當地環境有所改變，野獸就會從「虎」變成當地動物「狼」的〈狼外婆〉或「熊」的〈熊外婆〉。所以，這種「功能不變、角色變化」的同類型故事，不論任何時空被傳講，都是被群眾接收運用。

二、臺灣民間文學的獨特內容

民間文學是以某一地域共同體為前提，與當地的生活融為一體，因此它的「在地性」「獨特性」自是從當地的生活中產生。民間文學透過當地語言替當地人說話，為講述者提供一套特定的地方術語，讓講述者來表達自身經歷，同時也讓聽者深刻地融入當地文化。所以當地的語言是形成民間文學「在地化」的首要元素，除此，還有當地特有的「時空」、「人

物」、「風物」亦是造就「在地化」、「當地性」、「獨特性」的重要因素。

　　就臺灣而言，除了受到漢文化、日本文化的影響之外，還交織著本地的山川、氣候、人情、風俗，產生臺灣本地獨有的特殊文化。臺灣民間故事、歌謠在這個獨特文化環境下，以本地的特有語言為傳播載體，自然成了表現「臺灣獨特性」的最佳作品。像清領時期，黃叔璥〈蕃俗六考〉其中的34首記錄著臺灣原住民的歌謠，反映出當時臺灣平埔族獨有的「冬春捕鹿採薪」、「收粟時則通社歡飲歌唱」、「飲酒即高歌」等等生活形態。

　　日治時期，當時知識分子強調臺灣文化的獨特性。於是當時的昭和9年（1934）《第一線》「臺灣民間故事特輯」和昭和14年（1939）李獻璋編《臺灣民間文學集》以刊登「臺灣獨有」的臺灣民間故事為先決條件。在《第一線》「臺灣民間故事特輯」中，有十四篇故事：〈頂下郊拼－稻江霞海城隍廟由來〉、〈鶯歌庄的傳說〉（樹林）、〈陳化成〉（新莊）、〈許超英〉（下港）、〈憨光義〉（鹿港）、〈邱懷舍〉（臺南）、〈過年的傳說〉、〈領臺軼事〉、〈賊頭兒曾切〉、〈水流觀音〉、〈王四老〉、〈碰舍龜〉、〈洞房花燭的故事〉、〈圓仔湯嶺〉、〈離緣和崩崁仔山〉。李獻璋《臺灣民間文學集》有二十三篇故事：〈鴨母王〉（赤崁）、〈美人照鏡〉（彰化）、〈林大乾兄妹〉（鳳山）、〈林道乾與十八攜籃〉（打鼓）、〈石龜與十八義士〉（諸羅）、〈林半山〉（鳳山）、〈一日平海山〉（諸羅）、〈無錢打和尚〉（笨港）、〈鄭國姓打臺灣〉（打鼓）、〈國姓爺北征中的傳說〉（臺北）、〈葫蘆墩〉（豐原）、〈善訟人的故事〉（彰化）、〈媽祖的廢親〉（諸羅）、〈憨光義〉（鹿港）、〈張得寶的致富奇談〉（艋舺）、〈陳大憨〉（大料崁）、〈過年緣起〉（大料崁）、〈汪師爺造深圳頭〉（彰化）、〈林投姊〉（赤崁）、〈賣鹽順仔〉（赤崁）、〈郭公侯抗租〉（赤崁）、〈壽至公堂〉（彰化）。這些故事旁邊皆分別註明故事採錄的地點，皆是臺灣的鄉鎮，用以強調採錄自臺灣地區。藉此區別出臺灣本地原生的故事

與從福建流傳至臺的故事是有所不同。其中，唯獨「邱罔舍」是福建和臺灣兩地共有的。

　　仔細追究當時所蒐羅的故事，實在很難嚴謹地切割哪些僅是臺灣獨有的，像〈陳大憨〉李獻璋認為是臺灣獨有的，實質上，它也流傳於福建一帶；莊松林的〈憨虎〉，大陸學者周作人也有蒐集並加以討論。同樣地，在歌謠方面有時候也很難切割，就像一直被視為臺灣在地歌謠〈天烏烏〉，實為通行泉州廈門一帶。如此一來，故事、歌謠本身真實的來源並非那麼重要，重要的是臺灣「獨有性」「在地化」觀念的建構。以下幾個要素可以凸顯出臺灣的在地化。

（一）臺灣歷史上的真實事件

　　如前所述，要將臺灣民間故事清楚區隔出哪些從大陸傳播過來？哪些不是？實在很困難。除非是發生在臺灣當地的事蹟，後來被口耳相傳廣為流傳成故事或謠諺，即可明確界定它的在地性。廖漢臣《臺灣三大奇案》內記有〈林投姐〉、〈周成過臺灣〉、〈呂祖廟燒金〉，若加上〈瘋女十八年〉則有《臺灣四大奇案類》，這些都是發生在臺灣的事件。其中〈林投姐〉故事流傳於臺南赤崁一帶，〈周成過臺灣〉則發生於臺北大稻埕西南一處，這兩則同是傳講負心漢的故事及後來演變成女鬼復仇的故事類型。另外，〈呂祖廟燒金〉和〈石仔蝦殺弟案〉這兩篇都是有關府城的命案傳說。〈呂祖廟燒金〉故事「相傳於清朝末年，府城有位屠夫之妻與呂祖廟內法師暗通款曲，經常假借到廟裡上香燒金名義，與情郎幽會。因屠夫之妻每次都以忘了帶供神的糕餅回家為藉口，多次重返廟宇，因而行跡敗露，屠夫憤而將這對姦夫淫婦殺死在廟後廂房。」後來即流傳「呂祖廟燒金，糕仔忘記拿回來」及「攢籃假燒金」俚諺；至於〈石仔蝦殺弟案〉相傳「石仔蝦和石仔同兩人為同父異母兄弟，石仔蝦誤聽信讒言以為石仔同非禮有染於自己的妻子，狠心將石仔同殺死。」於是民間流傳著「心肝較硬石仔蝦」俚諺，這兩則故事中的地點至今仍有跡可循（見彩頁圖6-1），具有很濃厚的臺灣本地的地方性，是為「臺灣獨有」的。

（二）臺灣特有的時空背景

　　臺灣歷經了不同時期的時政，在不同時期的時政下所反映出來的也最具有當時性及在地性。尤其歌謠本是人民有所感，最直接的抒發，往往抒發著人民共感的情緒。像以抗清的〈辛酉一歌詩〉和抗日的〈臺灣民主國歌〉是民族鬥爭中碩果僅存的歌謠作品，濃厚呈現出反抗異族統治下的臺灣民族意識，如此「表現抗暴的民族意識」是臺灣在地居民獨有的情感意識。

　　另外，流傳日治時期的歌謠「杏仁茶，杏仁茶，警察掠去警察衙，雙腳跪齊齊，大人呀！我後擺不敢賣。」這不僅說明了職業的辛苦，也歷歷重現了臺灣在日治時期日本警察對待小攤販的情景。

（三）在地的歷史人物傳說

　　歷史人物傳說是關於歷史人物的生平事蹟加以傳奇化的故事。在臺灣所發生的歷史人物事跡，往往成了在地的人物傳說。婁子匡編有《臺灣人物傳說》其中有關民間傳說的人物有〈鄭家姑爺瑞璉〉、〈萬華馬俏哥〉、〈黃仔祿嫂〉、〈林金蓮〉、〈張百萬〉、〈義賊曾切〉、〈鴨母王朱一貴〉、〈捉狹鬼邱罔舍〉等。其中朱一貴和邱罔舍是大家耳熟能詳的；曾切、廖添丁是臺灣劫富濟貧的傳說人物；除此還有發生在臺海沿岸的海盜傳說，都是為在地人所津津樂道的，如，林道乾的「無意中獵得帝王象徵的錦雞」、「三枝箭欲奪王位」、「以劍喝開打狗山逃逸」、「以身試鑄銃」、「埋金山傳說」等及蔡牽的「生平傳說」、「為何當上海盜的傳說」、「與神明之間的傳說（犁麥大王、媽祖）」、「人髮製成的錨繩傳說」及「寶藏傳說」等傳說，都是發生在臺海一帶特有的歷史人物故事。

（四）在地的地形地物傳說

　　地形地物傳說，是指對某種特定的地理形勢和地上物（不論是自然的或人工的），針對它們的由來、命名或形狀加以解說的傳說。所以這些傳說必然與當地的地形地物有著密切關係。

　　就像與石頭有關的〈鶯歌石傳說〉述說著「三百年前，鶯歌一帶，一

日狂風怒起，村子裡突然增添了兩塊巨大的石頭，一塊好像栩栩如生的鸚鵡，一塊好像振翼欲飛的鳶鳥，常在天氣陰沉的時候，吐出毒霧，帶給村民極大的災害。一日，鄭軍至此，爲煙霧所困，失蹤了許多士兵。於是，國姓爺命令部下攻擊之，也有去無回，只好以龍煩（大砲）射擊，打中鸚歌妖石的頭和鳶鳥妖石的嘴，自此妖石不再興風作怪，就成了現今所看到的兩塊巨石。」類似這一類的傳說，還有〈龜山島〉、〈蟾蜍山〉、〈拇指山〉等傳說。這種傳說大都傳講某石動物，常於晝間或夜間出來損傷鄰近居民。最後爲有超自然威力的英雄所征服，形成一個殘損的地形地物。這些都是針對其實體實物的特殊外型加以附會說明的。除此，還有〈劍潭〉（臺北）、〈濁水港〉（臺北）、〈劍井〉（大甲）（見彩頁圖6-2）、〈半屏山〉（高雄）等等都是附會於臺灣特殊地形地物的傳說。

　　另外，流傳臺南一帶「上帝廟埊墘、水仙宮簷前」（見彩頁圖6-3、圖6-4）諺語則指出上帝廟的石階高度和水仙宮的屋簷一樣高，說明著臺南市原是一塊丘陵地，地形上高低差距所造成的諺語。「好柴沒流過安平鎮、美查某沒留在四鯤身」從地理位置而言，臺南港道由五條港（新港墘港、佛頭港、南勢港、南河港、安海港）後至安平港出海，於是上游如果有好東西早就被撿走了，說明著臺南市的地理形勢。

三、融入──轉化的當地特色

　　一個外來的民間文學之所以能成爲當地的民間文學，一定是外來生疏的事物改換成當地的熟悉事物。故事中不同信仰、不同文化的價值判斷，也一定會轉而合乎於當地信仰與文化的價值判斷。於是當講述者與聽眾的呼應，其實就是對當地文化的呼應。從一個地區的觀點來說，某一故事的流傳到最後，終究會趨於穩定，這就是文化傳統制約的結果，也是從外來融入成本地的特色。

　　其一，是原封不動的被接受，如前所言的丘罔舍故事，並無多大的變化。例如邱罔舍於福建省一帶流傳邱蒙（邱罔舍）有〈邱蒙放大炮〉、

〈邱蒙請墓客〉、〈邱蒙伏虎〉、〈邱蒙買鴨蛋〉、〈邱蒙請半仙〉、〈正月初一鬧公堂〉等，而臺灣的邱罔舍大都是由中國大陸各地方邱蒙故事的組合。

其二，則是套用某種形式，加入當地的民情風俗，甚至加以轉化成當地的民間文學。例如在臺灣一帶甚爲流傳的兒歌「月光光，秀才郎，騎白馬，過南塘」本是出於原漳州府的七縣下洋村，也就是今日的廈門市杏林區霞陽村。這是當地的方言時詞。傳說明朝末年，漳州府七縣下洋村有個楊舉人，聘來河南馬秀才到村里教書。到了臘月發薪之時，楊舉人有意和馬秀才比試比試，口吟一對引「月光光，秀才郎，騎白馬，過南塘」馬秀才不慌不忙答對：「日炎炎，舉人兄，挑紅洋，上京城。」從此變成歌謠，農民又編爲童謠。流傳閩南至臺灣一帶，而在臺灣「月光光」歌謠是頗爲流傳的兒歌，隨著當地的特色有了在地化的改變，如在臺中石岡鄉，有「月光光，秀才郎，騎白馬，過蓮塘，蓮塘後，種韭菜，韭菜花，結親家，……。」「月光光，好種薑，薑發芽，好種竹，竹開花，學種瓜，瓜未大，摘來賣……。」在傳唱過程中，「月光光」則轉化成歌謠起興的引子，以引導出後來眞正要表達的含意。黃得時認爲「月光光、秀才郎、騎白馬、過南塘」經常出現於不同類型兒歌的起首，屬於歌謠形式的一種，除此以外，主要是「進秀才、騎白馬」是件神奇的事，是大人給小孩的人生理想，這也呼應平民百姓生活中「升官發財」的人生目標。

另外，在福建省南安縣石井鄉的江口，有五塊巨石兀立在江上，形狀像馬形。其四昂首作奔向海外狀；其一卻是翹首回望石井鄉。因此當地有「五馬朝江一馬回」的諺語。俗傳：「假如五馬齊奔海外，那鄭氏便成帝王大業。可惜地靈所鐘，氣數天定。爲了祇有四馬奔海，就感應了鄭氏四代的榮顯；因爲一馬回頭，所以鄭氏柞業不能續到第五代。」如此更將五代的地靈說，配合著特殊地形而加以附會鄭氏的棠柞，卻由於「一馬回」，因而鄭氏王朝不能延續到五世。只有鄭芝龍、鄭成功、鄭經、鄭克塽等四代。而此諺語流傳到了臺灣，隨著地理環境的改變，融入當地轉化成傳講臺南市五條港附近一帶廟宇諺語，意指大部分的廟宇都是朝著西

向（水仙宮、小媽祖廟、廣安宮、小關帝廟、開山宮）只有藥王廟向著東方。因此「五馬朝江一馬回」的「一馬回」在臺南轉化爲「藥王廟」（見彩頁圖6-5）。

以上這些故事、歌謠、俚諺都是在傳播過程中融入當地的色彩，成爲當地的民間文學。所以它不僅是空間的轉移，同時還融入當地的實地實物或民情成爲具當地獨特性的民間文學。

四、書寫——口傳的交流互滲

民間文學長期以來，歷經學者調查、採集、整理、改寫，仿作甚至成爲文學創作的素材，其影響甚廣。這種改寫、仿作實爲一種「僞民間文學」[2]。在這種「改寫」、「仿作」及「創作」的過程中，往往形成的民間文學與作家文學（俗文學、作家文學）之間的互滲。作家吸收了民間文學的素材加以創作，讀者閱讀作品，再加以傳講，形成了新的口傳文學，如此彼此互滲交流造就另一種傳播接受的途徑。如此，民間文學和作家文學是對比而又互補的存在，二者互相滋潤流傳。就像《詩經》裡的歌謠和《三國演義》中的故事本是流傳於民間的作品。後經由文人作家的編輯加工，成了經典文學，反過來又影響著民間文學，如此互相滋潤相互影響。

婁子匡提及臺灣民間故事有些故事與《聊齋誌異》的相似，如：臺灣民間故事中的〈紙妻〉、〈聽香習俗典故〉、〈栽桃故事〉、〈酒友故事〉和《聊齋誌異》的〈鬼妻〉、〈鏡聽〉、〈種桃〉、〈狐友〉故事相似。探究其因，此即閱讀和傳講之間的交流，因著《聊齋誌異》在大陸或臺灣皆爲人所津津樂道，於是使故事在流傳、採錄、改寫、創作間形成一個彼此的循環交流。這種現象在當今的創作和民間故事亦可見，如，李昂

---

2 「僞民間文學」（Fakelore）凡爲迎合大眾口味而文人編寫出來的作品，也就是民間故事的母題有些還依然保留，但大部分的文字卻更像是作家的創作書寫，缺乏口傳民間故事的原有情趣。詳見胡萬川，〈真假之辨－有關民間文學流傳與研究的一個論辯〉，《民間文學的理論與實際》（新竹：清華大學，2004），頁113、135。

藉由臺南奇案傳說〈林投姐〉及對故鄉鹿港記憶著每一條小巷、每一個街道的轉角，都有一隻鬼魂盤踞。借託故鄉鹿港為「鹿城」，編寫成小說《看得見的鬼》，即是將民間文學轉化為小說，相對地，當書本上故事被閱讀、被流傳傳講則又形成了流傳於民間的鬼故事。

同理，歌謠方面，除了口傳方式之外，知識份子整理歌謠時，通常有原音原語的紀錄、加以潤色修飾及個人的模仿創作三種模式，原音原語的紀錄即是保存歌謠的原貌，至於「潤色修飾」及「模仿創作」即是仿作、創作工作。一旦進入仿作、創作模式則又形成了作家文學。就像楊德音仿作歌謠〈阿里山姑娘〉：「腳踏手舞嘴唱歌，胸前現顯無穿衫，樹葉作裙真好看，跳高跳低弄雨傘，屁股（方言）吹風真快活，較好洗冷泉，身軀若是再流汗，親像甘露滴心肝。」是以七字仔的形式，來描寫臺灣原住民唱歌跳舞的情形。賴和以懶雲之名所做的〈相思歌〉：「前日公園會著君，怎會知溫存，害阮心頭拿不定，歸日亂紛紛。飯也懶食茶懶吞，睏也未安穩，怎會這樣想不伸，敢是為思君。批來批去討厭恨，夢是無準信，既然兩心相意愛，那怕人議論。幾回訂約在公園，時間攏無準，相思樹下獨自坐，等到日黃昏。黃昏等到七星出，中無看見君，風冷露涼艱苦忍，堅心來去睏。」此首仿作歌謠雖跳脫民間七字仔的形式，但是其內容與他隨筆所紀錄下來的民間歌謠「相思歌」相似，同是兩位戀人偷偷相愛深怕為人所知以及思君待君的情懷，這些都說明了知識份子運用了歌謠元素，仿作成民間歌謠。

如此一來，書面文學與民間文學之間互滲交流則成為民間文學被傳播及被接受的另一管道。

民間文學產生於民間，以神話、傳說、民間故事、歌謠、謎語、諺語等不同形式投射出最真實的民間生活與群眾情感。由於它以口傳為傳播媒介，流傳過程中自會不斷地衍生變異性、集體性及傳承性。於是它的「變」與「不變」特質與內容自是它被流傳、被傳播、被接受於不同文化

圈的重要元素。

　　隨著時空的轉移，流傳至今的臺灣民間文學與閩南文化有著密切關係。除了臺灣原住民的神話歌謠是最早、最原始深植於臺灣一地外，臺灣的民間文學的生成脈絡大體上可分兩個面向：首先是從閩南一帶移民帶來的民間文學。這些民間文學透過傳講者的傳播，或因觀念相同、或因敘事套語相似，以致有的內容全然地被接受，或部分內容被接受，或融入當地特色形成在地的臺灣民間文學。當然還有產生於臺灣本有的，獨具在地特色的民間文學。其次，即是由書寫文本和口傳之間互滲，使得菁英文學、通俗文學和民間文學相互影響。也就是書面文學借用民間文學再創作，一旦被傳講又形成被傳播者的角色，得以廣為流傳，如此不斷地循環、不斷地被傳承。因此透過這兩個面向的交融，從閩南流傳至臺灣的民間文學，也逐漸從原有的中國傳統文化、閩南特色轉化成臺灣獨特、在地的臺灣民間文學。

問題討論

1. 何謂民間文學？民間文學的特徵為何？
2. 臺灣民間文學與閩南文化有何關係？其生成與發展又為何？
3. 有哪些因素形成臺灣民間文學的在地特色？
4. 民間文學與作家文學的差異為何？其相互交流的關係又為何？

參考書目

中國民間文學集成編輯委員會，北京：《中國民間故事集成》福建卷，
　　1998。

王順隆，〈談臺閩「歌仔冊」的出版概況〉，《臺灣風物》43卷3期，
　　1993。

朱介凡，《中國歌謠論》，臺北：臺灣中華書局，1984。

朱自清，《中國歌謠》，上海：復旦大學出版社，2004。

李獻璋，《臺灣民間文學集》，臺北：臺灣文藝協會，1936。（今：龍
　　文出版社，臺北，1989.2）。

胡萬川總編輯，《臺灣各縣市民間文學》，臺灣各縣市政府文化局，
　　1980-2012。

胡萬川，《民間文學的理論與實際》，新竹：清華大學，2004。

東山縣民間文學集成編委會，福建：《中國民間故事集成》福建卷東山
　　縣分卷，1992。

周長揖，《廈門方言熟語歌謠》，福建：福建人民出版社，2001。

施翠峰，《臺灣民譚探源》，臺北：漢光文化事業公司，1988。

洪淑苓，〈試論戰後遷臺學人對臺灣民俗之研究及相關著作成果──以
　　婁子匡、朱介凡為例〉，《2011海峽兩岸民俗暨民間文學學術研討
　　會論文選》，臺北：文化大學，2012。

婁子匡，《臺灣民俗源流》（國立北京大學民俗叢書64冊），臺北：東
　　方書局複印，1970。

陳慶浩、王秋桂主編，《中國民間故事全集》（福建、臺灣），臺北：
　　遠流出版社，1989。

陳煒萍編《廈門的傳說》，上海：上海文藝出版社，1988。

陳益源，〈明清時期的臺灣民間文學〉，《中正中文學報年刊》，嘉
　　義：中正大學，2000。

曾永義，《俗文學概論》，臺北：三民書局，2003。

彭永淑整理編輯，《廈門的歌謠》，廈門：鷺江出版社，1992。

彭衍綸，《漫談白賊七故事》，臺北：雲龍，2001。

廈門縣民間文學集成編委會，廈門：《中國民間故事集成》福建卷廈門縣分卷，1991。

廖漢臣，《臺灣兒歌》，臺中：臺灣省政府新聞處，1980。

臧汀生，《臺灣閩南語歌謠研究》，臺北：臺灣商務印書館，1980。

劉守華，《故事學綱要》，湖北：華中師範大學出版社，1988。

鍾敬文主編，《民間文學概論》，上海：上海文藝出版社，1980。

第七章　文學（二）

學習目標

1. 了解臺灣古典文學生成與發展之歷程。
2. 了解明清時期閩籍人士在臺灣的文學活動。
3. 了解乙未割臺後臺灣文人在閩地的文學活動。
4. 探討臺閩兩地的文學共通性與差異性。

關鍵字

臺灣文學、臺灣古典文學、遊宦文人、內渡文人、
擊缽吟、閩籍作家

　　文學的範圍，若以文字書寫的角度來分類，可概分為沒有文字記錄的民間文學和以文字寫就的作家文學；前者依賴口耳相傳，沒有特定作者，後者則是特定作者以文字書寫創作的作品，因此稱為作家文學；民間文學的部分已另有專章論述，故本章所敘述乃以作家文學為限。

　　以臺閩文化的互動交流過程來說，閩地的作家文學，自是中國文學史中的區域文學，有其淵源與流變；而臺灣的作家文學，則因為17世紀大量漢人移民的到來，鄭轄時期正式拉開序幕，此後隨著清領、日治、戰後各時期的統治勢力，和完全異質的文化政策，使臺灣文學的面貌也因此豐富多元，其中，閩籍人士的貢獻舉足輕重。以下首先將依循臺灣文學的發展脈絡，舉出各時期臺閩作家的交流互動，說明文學層面之影響，其次討論臺閩兩地文化的共通性。

壹、臺灣古典文學的發展及其與閩地的交流

一、初相遇──鄭轄之前的文獻記載

　　漢人來臺開墾之前，臺灣已有原住民居住，臺灣的南部與東北角也曾歷經過荷蘭人與西班牙人的統治，就「書面文學」而言，雖有用荷、西文字記錄的文獻，文學性仍嫌不足。真正具有文學意義的的書面文學是跟隨漢人來臺開墾才開始的，因此，臺灣文學的發展，其實就是漢文學在臺灣的發展演變過程。

　　閩人陳第的〈東番記〉向來被公認為是中國文士親臨臺灣土地後，所撰寫的第一篇文獻。陳第（1541-1617），福建連江縣人，明萬曆30年（1602）跟隨沈有容來臺剿倭，滯臺僅二十餘日，離臺後以其在臺見聞撰成〈東番記〉，記錄了臺灣原住民部落、衣著、外貌、曆法、農耕、飲食、生活習性等內容；由於陳第留臺時間很短，文中所述，有部分內容為作者親見親聞，但也有部分內容應為間接聽聞而來。然而，〈東番記〉仍

可視爲17世紀初以臺灣爲對象的首篇報導文學。

陳第之後，古典文學與臺灣未再有任何交集，直到五十年後的永曆5年
（1651），沈光文漂流抵臺[1]爲止，才開啓了臺灣古典文學的新頁。

二、萌芽與紮根——鄭轄時期

　　1661年，原本在福建沿海堅持反清復明大業的鄭成功（1624-1662），
一舉驅逐荷蘭人，成爲臺灣歷史上第一個漢人政權，可惜來臺次年即猝
然病故；嗣位的鄭經（1642-1681），接受陳永華（1634-1680）建議，
建聖廟、立學校以振興文風，漢文化及漢儒學在官方力量的支持下，
首度在臺灣紮下根基。但在鄭氏勢力來臺之前，早有明遺寧波沈光文
（1612-1686）於明永曆5年（1651）因颶風漂流至臺灣，此後直到清康熙
25年卒於善化爲止，居留臺灣長達三十餘年，是第一位在臺灣長期居留
的中土文士，後人稱之爲「海東文獻初祖」。除了沈光文之外，跟隨鄭氏
父子來臺的寧靖王朱術桂（1622-1683）、徐孚遠（1599-1665）、王忠孝
（1593-1666）等漢文士，共同開啓了鄭轄時期在臺灣的文學序幕。

　　康熙22年（1683），清廷將臺灣納入版圖，終結鄭氏三代對臺灣的
治理。此二十三年間的文學風貌，最重要的主題是明遺民的去國懷鄉之
情，由於來臺的文士們共同經歷了國破家亡的的時代傷痛，因此作品的內
容，經常描寫顛沛流離的生活和濃厚的家國之思；對於新來乍到的臺灣，
則表達出退居孤島的無奈心情。值得注意的是，鄭經的《東壁樓集》是永
曆28年（1674）西征時，在福建泉州刊刻的詩集；而當年隨鄭氏父子來
臺的諸臣中，金門盧若騰、惠安王忠孝、同安陳永華、南安沈佺期、同安
郭貞一、晉江諸葛倬等亦皆爲閩人。因此，臺灣漢文學的開端，福建人士
佔了極大的比例。

---

[1] 關於沈光文正確的來臺時間，歷來說法不一，有1649年、1651年、1652年、1662年諸種
　說法，但不管採取何種說法，沈光文皆爲最早定居臺灣且居住時間甚長的漢文人。

三、深化與繁衍——清領時期

（一）宦遊文士的臺灣閱歷

　　清朝領有臺灣之後，基於治理上的需要，開始設府置縣，派任行政及軍事官員駐臺，隨同這些官員入臺的，還有為數不少的幕僚；官員之外，還有來臺擔任府縣學的教諭、教官，以及少數來臺旅遊者。其中，閩籍人士依然佔有相當大的比例。這些宦遊人士來臺之前，本來就是飽讀詩書的科舉士子，多數能詩善文，抵臺後或是透過府學、縣學、書院、義學傳播漢文化，或是藉由編纂地方志、藝文志，以裨益吏治（黃美娥，2004年，頁436），這些文化措施推動了漢文學在臺灣的深化；而宦遊文人在公務之暇所撰寫的來臺閱歷與觀察記錄，也成為此時期臺灣文學的重要內容。

　　就文學特色而言，來到臺灣的清國官員，初來海島，往往以其帝國中心的視角，帶著統治者居高凌下的姿態，記錄在臺灣的生活與對邊陲新土的認識，於是此時期作家筆下的臺灣，常常充滿了異國風情與異域想像。被後來的研究者稱為「清代隨筆雙璧」之一的《裨海紀遊》，就是很明顯的例子，作者郁永河（1645-？）為浙江仁和縣人，康熙36年（1697）向福州知府自請前來雞籠、淡水採硫磺，後將其在臺的所見所聞寫成《裨海紀遊》，內容涵括臺灣歷史、原住民論述、風俗物產、黑水溝的險惡風浪等，通篇帶著漢文化的優越視角觀察書寫臺灣。另一位重要作家孫元衡，來臺擔任臺灣海防同知，所撰《赤嵌集》裡，最為精彩的作品，也是海洋歷險與異域蠻荒的發現之旅，此書同時留下許多臺灣草木鳥獸、風俗民情之記載（黃美娥，2004年，頁436）。總體而言，海洋、原住民、臺灣風物三者，是此時期文學作品最常見的主題。

　　以下按照時間先後，列舉閩籍出身的宦遊文士，及其與臺灣有關的文學創作，可約略看出閩地文人此時期在臺灣的文學耕耘：

　　1. 惠安江日昇的《臺灣外記》　　是此時期頗為奇特的作品，本著閩人說閩事之立場，以歷史章回小說小說之筆，詳述鄭氏四代家族史，將鄭

芝龍、成功父子塑造爲海國英雄，成書時間據推斷爲康熙47年至康熙57年間（1708-1718）。

2. 漳浦阮蔡文（1666-1715）　康熙54年（1715），由福建廈門水師提標中營參將轉任臺灣北路營參將，常自備乾糧，親往巡視南北番社。途中，吟詩記述各地山川、氣候、風土、民俗，抒發感想，完成〈大甲婦〉、〈大甲溪〉、〈竹塹〉、〈吞霄道中〉、〈虎尾溪〉、〈後壠〉、〈淡水〉、〈後壠港〉等著名巡守紀行詩。

3. 漳浦陳夢林（1670-1745）　康熙55年（1716），應周鍾瑄之聘，來臺纂修《諸羅縣志》，爲了搜集資訊，陳夢林遍遊全縣境，輾轉於沿海、高山和平原，費時八個月，以嚴謹態度撰成《諸羅縣志》，全書共十五萬言，記錄極其豐富珍貴的臺灣文化、歷史、語言、民俗、宗教等資料，學者認爲此書是臺灣地方志中優秀之作。陳夢林另著有《臺灣後遊草》、《遊臺詩》等詩作。

4. 漳浦藍鼎元（1680-1733）　康熙60年（1721）跟隨南澳總兵藍廷珍，來臺平定朱一貴起事，離臺後寫下《平臺紀略》、《東征集》，詳細記錄平定朱一貴事件之過程。

5. 侯官貢生鄭大樞　乾隆初年來臺，作〈風物吟〉12首，詩中記錄臺灣節慶之風俗，如七夕、上元等。

6. 建寧朱仕玠（1712-？）　乾隆28年（1763）來任鳳山縣儒學教諭，撰有《小琉球漫誌》共10卷，乃追記道途經歷及在臺聞見，有詩有文，內容涉及臺灣名勝、古蹟、風土、民情，其中卷十是研究臺灣南部平埔族語言極爲珍貴的資料。

7. 侯官謝金鑾（1757-1820）　嘉慶9年（1804）來任嘉義縣教諭，撰有《蛤仔難紀略》，爲現今宜蘭開發史之重要文獻。

8. 侯官劉家謀（1814-1853）　道光29年（1849）來任臺灣府學教諭，在臺四年的劉家謀，所寫《海音詩》及《觀海集》，是關於臺灣社會習俗、風土民情的觀察與省思，爲臺灣文學的重要著作。

9. 詔安謝琯樵、金門呂世宜、海澄葉化成　道光、咸豐年間，此三

位閩籍著名書畫家,先後應聘於板橋林家爲西席,人稱「林家三先生」,對於北臺灣詩文、書畫之發展助益良多。

10. **金門林豪**(1831-1918) 同治元年(1862)應淡水族人之邀請來臺,後又受新竹林占梅延聘爲潛園西席,居留臺灣40餘年,十分熟悉臺灣歷史、地理、民俗,曾三度纂修方志:《淡水廳志》、《澎湖廳志》、《金門志》,成果備受肯定,亦曾主講於文石書院,是閩臺文學交流過程中之重要人物。

11. **侯官楊浚**(1830-1890) 同治8年(1869)應淡水同知陳培桂之聘,來臺纂修《淡水廳志》,在臺期間又受新竹鄭用錫之子嗣鄭如梁邀請,編纂《北郭園全集》,這是清代北臺灣最早出版的詩文集(1870)。

12. **侯官王元穉**(1843-1921) 光緒2年(1876)來臺,歷任鳳山縣學教諭、臺灣府學訓導、臺灣縣學教諭、臺北府學教授等,其所輯成之《甲戌公牘鈔存》,乃抄錄日軍入侵臺灣南部牡丹社事件之原始文件而成。

13. **侯官馬清樞** 光緒3年(1879)前後來任臺灣府學教諭,馬氏與詩友唱和之作,成〈臺陽雜興〉30首。

14. **侯官周莘仲**(1847-1892) 光緒11年(1885)前後來任彰化縣學教諭,後因施九緞事件爲民請命,得罪當道,棄官潛逃,以致落拓終身,彰化人士感念不已,數度鳩金助其會試,死後助其子娶婦。光緒21年(1895),《周莘仲廣文遺詩》在福州刊行,所收近半爲周莘仲在臺之作。

15. **侯官陳衍**(1856-1937) 光緒12年(1886)隨劉銘傳入臺招撫原住民,在臺年餘,撰成《旅臺詩鈔》,收有詩文百餘篇,是晚清「同光體」閩派的代表人物,所編修之《福建通志》,被評爲完備之佳作。

(二)**本土文人的在地書寫**

清領初期,臺灣本土文人鮮少;中葉以後,文人紛起,開始發出屬於臺灣在地的聲音;至光緒年間,能執筆爲文,參與著述的文人數量更

達到高峰，著作之質與量皆頗有可觀。本土文人的作品，在內容上，雖也不乏複製統治者的意識型態之作，但仍有許多寫景詠物詩或反映時局的社會寫實詩，可以呈顯出在地文人觀察角度的差異。前者例如鄭用錫（1788-1858）〈北郭園新成八景答諸君作〉一詩：「笑余買山太多事，新築小園喜得地。迴環曲折略區分，編排一一增名字。小樓聽雨足登臨，曉亭春望堪遊憩。蓮池泛舟荷何裳，石橋垂釣香投餌。深院讀書一片聲，曲檻看花三月媚。小山叢竹列箐篁，陌田觀稼占禾穗。週遭八景繫以詩，題箋滿壁群公賜。……」將目光聚焦於他最熟悉的北郭園，為北郭園之特色逐一命名（施懿琳，2000年，頁90），是在遊宦文人所定義的「臺灣八景」之外，重新命名自我的生活空間。

後者如彰化陳肇興（1831-1866？）《陶村詩稿》中卷七、卷八〈咄咄吟〉，詳錄同治年間戴潮春事件的經過（黃美娥，2004年，頁438），追悼陣亡戰士。陳肇興在避難途中遇到同鄉，著急詢問尚在城內之母親與弟弟消息，但「客言賊如毛，揭竿萬萬行。紅旗蔽白日，刀戟相低昂。前頭載婦女，後頭括金璫。殺人但聞聲，烏能審其詳。」詩句中描繪出當時彰化城內燒殺擄掠的混亂場景。另如彰化洪棄生（1866-1928）《謔蹻集‧催科役》：「門前咆哮鳴，屋後鋃鐺聲。父老不敢出門視，催科到處雞犬驚。催科猙獰如虎狼，催科震怒如雷霆。不為爾曹賄賂至，菽粟豈能生公廳。前者催科歸業戶，業戶自知辛苦情。今者催科歸我曹，我曹惟有醉飽行。某月某日下新令，新供舊供火速清。老農聞此語，方知前日是太平。」以嚴厲筆鋒批評官員貪污殘酷，導致民不聊生，流露出濃厚的同情與關懷。

此時期臺灣文人赴閩地者多為應試所需，少數前往任官職。最為人所熟知者是淡水廳大龍峒人陳維英（1811-1869），原籍福建同安，是清領中期北臺灣知名文士，以善製楹聯著稱。陳維英在臺以教讀為業，先後掌教於明志（新竹）、仰山（宜蘭）、學海（艋舺）等書院，人稱「陳老師」。道光27年（1847）前往福建任閩縣教諭，甫到閩縣，即遭當地士子譏以「臺灣蟳，無膏」（意指臺灣人腹無文才），陳維英心中不服，於

是偕同行之張書紳，連夜合做十數對聯，遍貼於縣學，文字典雅，閩縣人士於是心服其學。

（三）詩社與擊缽吟

早在康雍時期，文人集體的文學交流活動即已開始，「東吟社」是目前所知臺灣文學史上第一個詩社[2]，東吟之名，根據來臺任諸羅縣令的季麒光在〈東吟詩序〉裡所說，乃是「紀異也」，因為清國輿圖廣大，而臺灣「地盡東南，遠接扶桑，不入職方，我國家廓清張瀚，設官分邑，肇造洪荒，記載所未有也」（《蓉洲文稿》卷一），正因為邊陲海島原屬化外蠻荒之地，因而集結文士，以文會友，可使荒島臺灣獲得文化啟蒙，因此，「東吟社」之成立與運作，可以說是含有政治意義的文學活動。其後，雖陸續有「斯盛社」、「潛園吟社」、「竹社」、「梅社」等詩社成立，但各社僅有零星活動，影響不大。直到光緒年間「詩鐘」從福建傳入之後，加以唐景崧的推波助瀾，促成了臺灣文學結社聯吟之風氣。

「詩鐘」與「擊缽吟」源於古代的「刻燭聯吟」、「擊缽催詩」，兩者都是具有遊戲競技性質的集體文學活動，詩人須在規定的時限內，依照題目、體裁、押韻等規範完成作品。閩地沿海區域本就十分盛行擊缽吟，近代福州名人沈葆楨就極為愛好此道，擔任船政大臣期間，經常在公餘之暇，聚集文人雅士以詩鐘競賽，積稿之後匯編成《船司空雅集錄》傳於世。本節前段曾提及的文士——侯官人周莘仲，也善於詩鐘，唐景崧稱譽他為「閩中作手」。

光緒12年（1886），唐景崧（1841-1903）任臺灣兵備道時，在臺南創立「斐亭吟社」，成員兼有宦遊文士與本土文人，在臺南郡治道署之斐亭雅集酬唱，採擊缽聯吟方式，是為臺灣第一個擊缽吟社，作品後由唐贊袞輯為《澄懷園唱和集》。同年，「竹梅吟社」成立於新竹，成員多為新竹本地人士，同樣也採用擊缽聯吟之法，此社作品總集便直接命名為《竹

---

2 流寓文人沈光文邀集諸羅縣令季麒光等14位在臺人士成立「福臺閒詠」，為臺灣第一個漢詩人結社，後來改名為「東吟社」。此吟社存在時間不長，吟社之作也大都失傳。

梅吟社擊鉢吟》及《臺灣擊鉢吟集》。光緒16年（1890），福建晉江文人蔡德輝設帳於彰化，邀集門人及教育界人士共組「荔譜吟社」，以「鬮詩會」爲活動形式，此亦爲擊鉢吟社。光緒19年（1893），唐景崧又在臺北成立詩社，因福建安溪人林鶴年送來數盆牡丹，因名「牡丹吟社」，此詩社之成員數量龐大，涵括內地與本土文士，而且全臺北中南各地皆有入社者，詩社活動也極爲頻繁，作品仍以詩鐘爲主，後來收入唐景崧所編《詩畸》一書。據研究者指出，《詩畸》作者共55人，其中閩籍人士有26人，臺籍5人，閩臺合計即超過半數，可見閩臺之間擊鉢吟風行之盛況。

四、應變與新貌──日治時期

　　日本治臺五十年間（1895-1945），世變與時變接踵而來。初時，因爲統治者攏絡社會領導階層的文化政策，加上臺灣文人延續漢文命脈的使命感，一度造成全臺詩社林立的盛況，創作人口與作品總數都大爲領先清領時期。其後，隨著現代性元素的注入，臺灣文學生態開始產生質變：新式報刊傳媒的引入，則顛覆了文學的傳播型態。此時活躍於文壇的作家群體，往往與報社有密切關係；而現代化生活的新思想與新事物，則成爲文學的新鮮主題與內容。以白話文書寫的新文學，在新舊文學論爭後，也逐漸取代漢語古典文學，成爲文壇主流。因此，日治五十年間的臺灣文學，與先前二百多年的清領時期相較，時間雖短，但發展出更多元而複雜的樣貌。

　　面對乙未割臺的變局，受到最大衝擊的當屬傳統文人。科舉之路從此斷絕，黍離之悲與青雲無路的茫然之感，交織爲棄地棄民的心情，充斥於作品的字裡行間。臺灣民主國曇花一現，保臺既已無望，臺灣文人只得寄情於創作，誠如連橫〈臺灣詩乘序〉所述：「輿圖易色，民氣飄搖，侘傺不平，悲歌慷慨，發揚蹈厲，凌轢前人，臺灣之詩今日之盛者，時也，亦勢也。」（《臺灣詩乘》）點出了時代鉅變下，文人藉由文學創作以抒發

心中愴痛的無奈。

　　殖民既已成定局，臺籍人士欲尋身心之安頓，只得選擇西渡中國或留居臺灣。當時許多重量級文人內渡歸籍或寄居閩地，例如施士洁、許南英、汪春源、陳浚芝、林爾嘉、林景商、鄭鵬雲等皆是。其中林爾嘉（1875-1951）是臺灣板橋林家族人，乙未內渡後隨父定居於廈門鼓浪嶼，大正元年（1912）倣林家花園格局，在鼓浪嶼興建菽莊花園（菽莊為爾嘉別字），此舉是有意的將臺灣舊景「搬移複製」到福建居所，透露出林爾嘉思念家鄉之情感。大正2年（1913）創立「菽莊吟社」，邀請當時流寓閩地的臺灣詩人施士洁、許南英、汪春源、陳望曾等共赴吟會，閩籍人士則有陳石遺、林輅存、林紓、沈傲樵等人。林爾嘉本為擅於經營之實業家，除了以詩人自居外，還擔任諸多重要職務，在鼓浪嶼居留半生，直到戰後才攜眷返臺。由於林爾嘉交遊廣闊，橫跨政商、文化各界，每逢家族紀念日或節慶，即對外公開徵詩，所得數量龐大，略計有：《菽莊主人四十壽言》、《菽莊先生雲環夫人五十壽言》、《廈門菽莊主人林爾嘉結婚三十年紀念詩文集》等等，實為閩臺文化交流互動過程中值得關注之人物。

　　內渡詩人雖遷往文化母國，但倉惶離開故鄉與數世經營的產業，流離歲月，實亦生命之莫大摧折。在施士洁、許南英等人離臺後的詩作中，滿紙流離困頓的哀傷與悲歎。詩句如：「兩字頭銜署棄民，避秦羞見武陵春」（施士洁）；「身世今萍梗，圖書舊刧灰。家山洋海隔，鄉夢又歸來。」（許南英）。施士洁為臺南進士施瓊芳之子，兩人為臺灣科舉史上唯一的父子檔進士，施士洁受臺灣兵備道唐景崧青睞，延聘為海東書院山長，詩才與學養皆備受推崇。內渡後歸籍泉州，但謀生不順，輾轉奔波於衣食，晚年窮厄困頓，最後抑鬱而終。另一位臺南進士許南英之境遇亦相似，內渡福建後，為衣食奔走於新加坡、暹羅（今泰國）、蘇門答臘（今印尼）棉蘭各地，最後病逝於棉蘭。

　　留在臺灣的文人，對於殖民統治，也各有其因應之道。其中，多數文人在現實的考量下，必須迂迴曲折的周旋於日人的文化政策與維繫漢文

的信念之間，王松、謝頌臣、林癡仙、吳德功、莊士勳等人皆是如此。在異族統治下的出處進退與經世濟民的儒士信念之間，必然存在著扞格與衝突，此種糾結複雜的心緒，實非以「御用文人」或「抗日文人」這種簡略二分法可以一語道盡。但也有極少數抗拒殖民統治的姿態十分鮮明者，如鹿港洪棄生在日治後絕意仕進，閉門讀書，不著西服，反對薙髮，拒講日語，拒讓子嗣接受日本教育。在髮辮被日警強行剪去後，以激憤之情寫成古體長詩〈痛斷髮〉：「我生踽踽何不辰，垂老乃爲斷髮民，披髮欲向中華去，海天水黑波粼粼。……」（洪棄生《寄鶴齋詩集》）從此以「不歐不亞亦不倭」的奇異造型招搖過市，表達對殖民統治的抗議。

貳、臺閩文學的文化共性

　　福建是多數臺灣漢人移民的原鄉，其中絕大多數又來自閩南地區漳州、泉州一帶，因此臺閩兩地居民本就語言相通、宗教信仰相同、風俗習慣亦相似。以中國歷朝來看，福建因位處帝國邊緣，在中原發生戰亂時，自然容易成爲中原移民的避亂之地，晚明鄭成功的抗清勢力甚至跨海東移到了臺灣，此一歷史轉折使得閩臺兩地擁有相似的移民經驗與遺民傳統，也建立起兩地的文化聯結。清領臺灣之後，臺灣府長時間隸屬於福建管轄，閩臺同樣成爲清帝國東南海疆之邊陲位置，與海洋關係也同樣至爲密切。基於以上歷史地理的許多共通點，因此臺閩兩地的文化與文學，乃有許多相似之處，以下分別述之。

一、書寫鄭成功

　　清領初期，鄭氏王朝之事跡，一向被統治者認爲是海賊的叛逆作爲，官方的描述語言經常充滿貶抑與否定；但在江日昇的歷史小說《臺灣外記》中，鄭成功之定位已反轉爲「雖逆抗天威」但「不失爲守志之士」，

同時以冠帶騎鯨之傳說，塑造其海國英雄之形象。雖然此種定位之轉化，乃是由於統治者治理臺灣的需要而產生，亦即將鄭成功收編於忠孝節義的名教之中，同時可以順利銜接鄭轄在臺的歷史。此後，有清一代，鄭成功乃在此教化前提下，不斷被強調其夷夏之防的意義。而歌詠鄭成功及其相關史實，此後也一直是臺灣文學的重要主題。乙未割臺前後，更成為臺灣文人不斷書寫致意的對象，因為日本侵臺的現實，文人既無法力挽狂瀾，只得在文學創作中，以鄭成功據臺抗清之相關事跡，寄寓不願束手就縛、不願生活於異族統治下之悲憤心情。

　　同時，因為鄭氏遺跡不僅留存於臺灣，亦有部分保留於閩南地區和鼓浪嶼，如石井、萬石岩、太平岩等，而大量的民間傳說也廣為傳播於兩地。再者，乙未後內渡之臺灣文人如施士洁、許南英等，皆赴鼓浪嶼成為菽莊吟社固定成員，鼓浪嶼又曾為鄭成功練兵之所。因此，此時期，鄭成功幾乎成為閩臺文人共同的文學符碼，與鄭氏歷史有關的詩作達到空前高潮，相關詩作多不勝數。茲略舉數作如：洪棄生〈國姓濤歌〉、連橫〈延平郡王祠古梅歌〉、王石鵬〈遊鼓浪嶼弔延平王〉、許南英〈秋日謁延平郡王祠〉、吳德功〈明延平王〉、林景仁〈詠史三十首〉（包括〈鄭成功〉、〈陳永華〉、〈張煌言〉等）、蘇鏡潭〈訪鼓浪嶼鄭延平水操臺故址〉等皆是。

二、海洋──邊緣──近代知識份子

　　由於臺閩兩地皆處於陸地與海洋的交界位置，兼具戰略地位與商貿地位，自西方世界殖民主義興起以來，即受到海權諸強國之覬覦。

（一）以福建而言

　　福建面向海洋，自古以來為中國東南沿海之門戶。古城泉州早在宋元時代就是海上絲綢之路的起點，商業繁盛，並且素有「海濱鄒魯」之美稱。然而福建地狹人稠，無法單憑農耕為生，於是很早就發展出海外貿易；除此之外，居民大量外移至臺灣和南洋，移民旅途中所遇之險惡風

浪，以及到達新土後之篳路藍縷，造就出閩人強烈的開拓性格與冒險犯難之精神，泉州出身的鄭芝龍、鄭成功父子即爲最佳例證。鄭氏家族善於經商，擁有實力堅強的海商集團，稱霸東南海域。郁永河《鄭氏逸事》中說：「成功以海外彈丸地，養兵十餘萬，甲冑戈矢，罔不堅利，戰艦以數千計；又交通內地，遍買人心，而財用不匱者，以有通洋之利也。我朝嚴禁通洋，片板不得入海，而商賈壟斷，厚賂守口官兵，潛通鄭氏以達廈門，然後通販各國。凡中國各貨，海外人皆仰資鄭氏；於是通洋之利，惟鄭氏獨操之，財用益饒。」以上引文充份體現出閩人出入海洋從事商貿的契機與手段。正因爲此種面向海洋、出入海洋的邊緣位置，必然在外力入侵時首當其衝，同時亦最先接收外來思潮。因此，在晚清的近代化過程中，閩人對於歐美新思潮的接受與適應，遂領先於中國內地各省。

沈葆楨、陳季同、嚴復、林紓，此四位近代名人皆出身福建福州，在西學東來之初，即迅速消化西學，走在晚清文化界、思想界之最前端，而四人之生平與作爲，亦與臺灣文學有或深或淺之關係，以下分別介紹：

1. **沈葆楨**（1820-1879） 是同治洋務運動的重臣之一，與嚴復、陳季同，皆出身於福建船政學堂。同治13年（1874），日軍藉口牡丹社事件，出兵攻打臺灣，清廷緊急派遣沈葆楨前往臺灣籌辦防務。沈在臺期間一改既往「爲防臺而治臺」的消極治理態度，開始積極建設臺灣。其治臺作爲牽涉到原住民教育、交通建設、通訊設施、開採煤礦等等現代化事業在臺灣的施設，在沈葆楨所上呈之奏摺中，可以見到其條分縷析，暢快淋漓的論述風格（參見《福建臺灣奏摺》、《沈文肅公政書》），雖爲公牘，實足視爲文學作品，而其施政則揭開了臺灣近代化建設的序幕。

沈葆楨奏請清廷爲鄭成功興建祠堂並題對聯，是另一件值得注意之施設。聯語爲：「開萬古得未曾有之奇，洪荒留此山川，作遺民世界；極一生無可如何之遇，缺憾還諸天地，是創格完人。」高度肯定了鄭成功在臺功蹟，以及鄭氏忠於舊主之情，同時對於鄭氏開闢草萊的英雄形象亦深表嚮往，爲鄭成功的歷史評價定調。

2. **陳季同**（1852-1907） 沈葆楨籌防臺灣時，曾隨之來臺擔任幕

客：光緒3年（1877），陳季同以文案身份帶領學生赴歐學習，受命進入巴黎政治學堂學習「公法律例」，成為精通國際政治的外交人材，可說是近代中國最早接觸並瞭解西方現代社會的知識份子。甲午戰爭爆發，臺灣巡撫唐景崧調陳季同赴臺，陳抵臺後，曾試圖以其多年來與法國之關係，協議法國水師提督保護臺灣，但未能奏效。馬關約成，陳季同促成臺灣民主國成立，擔任外務衙門督辦，負責臺灣外交事務；唐景崧離去後，陳季同隨之內渡。陳氏後來著有〈弔臺灣〉四律，記割臺事件，讀來悽愴動人[3]。

3. 林紓（1852-1924）　字琴南，號畏廬，是近代中國著名之文學家、畫家與翻譯家，古典文學造詣極深。在西學東漸的晚清文化界，林紓曾發表過許多啓發民智、救亡圖存之改革言論，然而在五四時期，卻又激烈反對新文學、新思想運動，可說是徘徊於新舊文化之間的知識份子。同治6年（1867），林紓曾隨父親來臺經商，但生意不順，滯留淡水的兩年時間，似乎使林紓留下深刻印象，其散文小說作品多次描寫臺灣事情。如其所創作之短篇小說〈謝蘭言〉，其中主要角色即設定為臺灣兵備道之獨生子韓子羽與廣東富商之女謝蘭言；而大正3年（1914）寫就的〈賀林爾嘉四十壽辰〉詩中，還出現「四十年前過板橋」之句，並且可以看出林紓與菽莊主人間仍有詩文酬酢。

4. 嚴復（1854-1921）　是影響後世甚鉅的翻譯家。光緒3年（1877），被派往英國留學，期間廣泛研讀哲學、政治、經濟、法律、社會學等著作，不囿限於船堅炮利之器用西學，嚴氏尤為讚賞達爾文進化論之觀點。回國後，積極倡導西學，其所翻譯之《天演論》，以「物競天擇」、「適者生存」的生物進化論鼓吹自強保種，表達其救亡圖存之觀

3　〈弔臺灣〉四首之二：「金錢卅兆買遼回，一島如何付劫灰。強謂彈丸等甌脫，卻教鎖鑰委塵埃。傷心地竟和戎割，太息門因揖盜開。聚鐵可憐真鑄錯，天時人事兩難猜。」此詩收錄於連橫《臺灣詩乘》，又載於陳漢光《臺灣詩錄》、賴子清《臺灣詩海》。

點，有「中國近代思想界的盜火者」之稱，晚年思想轉趨復古保守。嚴復一生雖未踏足臺灣，但所翻譯的《天演論》，對於與之同時期的臺灣知識界卻有深遠影響。

（二）以臺灣而言

　　臺灣島四面環海，物產豐饒，在西方列強的競逐中，淪為西方勢力的獵場，乃勢不能免。早在康熙23年（1684），施琅攻克臺灣後，在上給康熙皇帝的〈恭陳臺灣棄留疏〉中，即從地理、經濟、國防、財政各方面，指出了臺灣戰略地位的重要性，以及島嶼物產豐饒的特點（參見《臺灣通史》卷三〈經營紀〉）。對照歷史來看，自17世紀至20世紀，荷蘭、西班牙、明鄭、滿清、日本等外來政權相繼統治臺灣，皆與臺灣獨特的海洋位置有關。

　　跟隨統治者來到臺灣的各國傳教士、商人、官員、文人，帶來母國的文化系統，因而臺灣文化乃呈現出紛雜多采之樣貌。例如十七世紀荷蘭東印度公司治臺時期，神職人員即開始教導新港社西拉雅人使用羅馬字拼音書寫、閱讀聖經，是臺灣原住民最早接觸到的基督教系統；再如跟隨鄭成功來臺的明遺徐孚遠，為晚明「幾社」宗師，並創立「海外幾社」；徐孚遠雖非閩人，但長居閩臺達十四年之久，將「幾社」復古通經以致實用的學術精神帶入閩臺。另外，鄭經甚為倚重的陳永華，本即為閩籍人士，與徐孚遠亦師亦友，因此後世研究者認為，陳永華在臺灣立聖廟，設學校，教育人才，「使復社與幾社文化正式進入臺灣太學之始」（盛成，1962年，頁216）；清領時期，透過各級學校與科舉制度推行文教，使臺灣漸由豪強領導之社會，轉變為士紳階層領導之社會，儒學之影響力自不待言；由歐洲傳入的基督教勢力也在清領後期快速在臺傳播，教會在教育、醫療、科學等方面，對臺灣民眾不無啟蒙之功；日治時期透過留學生和翻譯書籍引入臺灣的民族自決、女性地位、左翼文學、白話文運動等等現代思潮，亦皆在臺灣碰撞交會，融合成為臺灣文化的一部分。

　　新學與舊學的兼容並蓄，最深刻體現在跨越新舊時代的臺灣文士身

上，以《臺灣詩乘》的作者連雅堂（1878-1936）為例。連氏漢學根柢深厚，雖以舊文人自居，卻經常援用西方思潮的各式語彙於古典詩文中，例如赫胥黎的「天演論」就是他最常提到的西方思想。在〈詠史〉組詩中，分別題詠三十位歐美歷史人物或思想家，如盧梭、拿破崙、俾士麥、達爾文等，簡略概括這些歷史名人的功業和主要學說，讀來頗似泰西人物小傳之漢詩版。除此之外，還有〈題美國南北戰史〉、〈題印度佛教史〉、〈讀盧梭民約論〉、〈弔李鴻章〉、〈冬夜讀史有感〉等詩作（參見連橫《劍花室詩集》），另有數篇散文〈東西科學考證〉、〈印版考〉、〈自來水考〉、〈留聲器考〉等（參見連橫《雅堂文集》），都展示出連雅堂的西學視野相當廣泛。

被學界視為臺灣第一個思想家的李春生（1838-1924），是另類型態的知識分子。李春生原籍福建廈門，初為英商買辦，後自營茶業致富。身為虔誠的基督徒，李春生駁斥達爾文的進化觀點，而以「上帝」、「博愛」等觀念，強調人世間的生存原則，著有《東游六十四日隨筆》、《天演論書後》、《東西哲衡》等十餘種著作。就其學思歷程與著述來看，以出身貧寒而能熟諳英語，廣交洋人，關心時事世務，實屬不易；在晚清時期就能深刻理解基督教義，並以之力抗主流的進化論觀點，更展現其寬廣的視野與敏銳的思考力，是臺灣社會多元文化融合的時空背景下，極為特殊的作家與知識人。

綜上所論，儘管時代變遷不斷，但臺閩兩地之間的作家與文學，因為歷史、社會、種族、地緣等關聯性，始終有密切交流與互動。鄭轄與清領時期共約二百五十年之間，自閩入臺的文人，對臺灣文學的生發，貢獻良多；乙未後內渡居閩的臺灣文人，亦參與閩地文學的發展；近代以降，受歐美思潮洗禮的閩地知識分子，透過著作與譯介，對臺灣作家與文學，產生直接的影響。民國34年（1945）日本戰敗投降，國民政府遷臺，臺灣文學進入一個全新的時代，大批閩籍作家來臺或經閩入臺，

與臺灣文壇產生新的交流與互動，前者如王夢鷗（1907-2002）與余光中（1928-），後者如覃子豪（1912-1963）、雷石榆（1911-1996）、姚一葦（1922-1997）等，本章因篇幅所限，此處僅再介紹與廈門大學極有淵源的王夢鷗與余光中，並以之作爲本章的結論。此兩位大師來臺後所散發的文學能量，皆如夜空之星光閃爍，成爲臺灣文學史中不朽的成就。

王夢鷗，本籍福建長樂，畢業於廈門大學中文系，國學造詣極深，後負笈東瀛，入日本早稻田大學文學科研究所，與日本師友交遊，亦深研歐美之文學、美學作品，是一位融貫舊學與新知的當代大師，抗戰時期曾任教於廈門大學，同時是十分活躍的劇作家；民國38年（1949）隨中央研究院來到臺灣，其後任教於政治大學。王夢鷗學域寬廣，在《文心雕龍》、《禮記》、唐人小說之研究上，成果斐然；而其文學、美學理論著作，對臺灣文學界及學術界影響至鉅。

余光中，雖出生於南京，但本籍福建永春，民國38年（1949）曾寄讀廈門大學，此時已開始在報刊發表新詩與文學批評；民國39年（1950）來臺，畢業於臺灣大學外文系、美國愛荷華大學藝術碩士，曾任臺灣師範大學、香港中文大學、中山大學等教職，現任中山大學外文研究所講座教授。余光中是詩人，也是散文家、翻譯家與文學評論家，曾與覃子豪、鍾鼎文等共組「藍星」詩社，代表作品有詩集《蓮的聯想》、《白玉苦瓜》、《夢與地理》，散文集《聽聽那冷雨》、《記憶像鐵軌一樣長》、《日不落家》等，臺灣文學研究者陳芳明教授曾如此介紹余光中：「從黑髮到霜髮，從向陽到向晚，從二十歲到八十歲，一甲子風雨，他的詩筆未嘗須臾停頓。鎔鑄文字於股掌之間，鍛造生命於日精月華，他對詩神的緊跟不捨，也許沒有一位前輩、同輩、後輩足堪比擬。」（《余光中六十年詩選》）這段文字適切傳達出大師在臺灣文學界的泰斗地位及文學後輩的致敬之意。

問題與討論

1.　試述鄭轄時期閩籍人士對臺灣文學發展有何重要性。
2.　試例舉清領時期來臺的閩籍人士及其文學活動。
3.　請舉出乙未割臺時期，內渡福建的臺灣文人作家。
4.　試述臺閩兩地的文學有何共通性。

參考書目

朱雙一《戰後臺灣新世代文學論》，臺北：揚智文化事業股份有限公司，2002。

朱雙一《閩臺文學的文化親緣》，福州：福建人民出版社，2003。

江寶釵《臺灣古典詩面面觀》，臺北：巨流圖書公司，1999。

吳文星《日據時期臺灣社會領導階層之研究》，臺北：正中書局，1992。

李明輝《李春生的思想與時代》，臺北：正中書局。1995。

林仁川、黃福才《閩臺文化交融史》，福州：福建教育出版社，1997。

施懿琳《從沈光文到賴和》，高雄：春暉出版社，2000。

施懿琳主編《全臺詩》，臺南：國立臺灣文學館，2008。

施懿琳、廖美玉主編《臺灣古典文學大事年表（明清篇）》，臺北：里仁出版社，2008。

連橫《雅堂文集》，南投：臺灣省文獻委員會，1992。

連橫《劍花室詩集》，南投：臺灣省文獻委員會，1992。

連橫《臺灣通史》（上）（中）（下），南投：臺灣省文獻委員會，1992。

連橫《臺灣詩乘》，南投：臺灣省文獻委員會，1992。

陳慶元《福建文學發展史》，福州：福建教育出版社，1996。

陳昭瑛《臺灣儒學：起源、發展與轉化》，臺北：正中書局，2000。

陳支平主編《臺灣文獻匯刊》，廈門大學出版社、九州出版社，2005。

黃新憲《閩臺教育的交融與發展》，福州：福建人民出版社，2003。

葉石濤《臺灣文學史綱》，高雄：春暉出版社，1993。

劉登翰等著《臺灣文學史》（上下卷），福州：海峽文藝出版社，1991。

臺灣銀行經濟研究室主編《臺灣文獻叢刊》重印本，大通書局，1987。

鄭用錫《北郭園全集》，臺北，龍文出版社，1992。

李毓嵐《世變與時變——日治時期臺灣傳統文人的肆應》，臺北：國立
　　臺灣師範大學歷史所博士論文，2007。

翁聖峰《日據時期臺灣新舊文學論爭新探》，臺北：輔仁大學中文所博
　　士論文，2002。

盛成〈復社與幾社對臺灣文化的影響〉《臺灣文獻》13卷3期，1962年9
　　月。

黃美娥〈日治時代臺灣詩社林立的社會考察〉，《臺灣風物》47卷3期，
　　1997年9月。

黃美娥〈臺灣古典文學發展概述（1651-1945）〉「海峽兩岸臺灣史學術
　　研討會」論文集，2004。

國立中山大學余光中數位文學館：http://dayu.lis.nsysu.edu.tw/

第八章 戲曲（一）

學習目標

1. 了解臺灣戲曲的歷史。
2. 認識福建與臺灣戲曲的關係與差異。
3. 了解清領、日治、民國等各階段影響臺灣戲曲發展的
   因素。
4. 認識崑腔、皮黃、梆子等聲腔流播與來臺概況。
5. 對徽班與京班來臺以及對臺灣劇種的影響有所了解。
6. 認識臺灣北管的歷史、表演形式與劇種概況。

關鍵字

臺灣戲曲、閩南戲曲、白字化、內臺戲、外臺戲、
崑腔、皮黃、梆子、福州徽班、上海京班、北管、
西皮、新路、福路、舊路

在華人文化圈，戲曲曾經是日常生活的必需品，它滿足了民眾娛樂、教化與生命儀式等種種需求。姑且不論戲曲史把先秦的巫覡俳優、漢代的百戲、唐代的樂舞等「初級戲劇」納入論述範疇，戲曲「合歌舞以演故事」（王國維語）表演形式的產生，可追溯至南宋流行於浙江溫州一帶的「南戲」，元明以後，戲曲劇本、理論、記載漸多，因方言與音樂的不同，產生了如弋陽、餘姚、崑山、海鹽等各種腔調[1]，顯示了古代戲曲的豐富多彩。福建地處東南沿海，多山脈阻隔，中古時期中原情勢紛亂，人民避難入閩，帶來了中原文化與娛樂，加以地貌阻隔，長期以來使得福建一地保留了獨特的音樂與戲曲，而臺灣移民多來自閩南，閩地戲曲與演劇風俗，早在明末，便隨著移民來到臺灣。

壹、臺灣戲曲發展與臺閩戲曲的關係

福建向有喜好演劇、觀劇的風俗，最早可見有關於福建戲曲盛行的史料，出自南宋朱熹、陳淳議請禁戲的描述。朱熹的學生、出身福建龍溪的陳淳，在〈上傳寺承論淫戲〉文中提到：「群不逞少年，遂結集浮浪無賴數十輩，共相唱率，號曰『戲頭』，逐家聚歛錢物，豢優人作戲，或弄傀儡，築棚於居民叢萃之地，四通八達之郊，以會觀者，至市廛近地，四門之外，亦爭爲之，不顧忌。」「戲頭」即戲班班主，以收買童伶、組織戲班、承接演戲爲業。這段敘述，提到了地方無賴，聚眾收取戲金，於人潮聚集處演戲的熱鬧盛況，由此可見南宋以來福建便有「好戲劇」的風俗。明代以後，福建一則受到外地傳入聲腔的影響，一則本地戲曲有所發展，表演藝術臻於成熟，特別是泉州一帶，地屬海上絲路重鎮，交通發達，商

---

1 「腔調」一詞，參見曾永義〈論說腔調〉（臺北：國家出版社，2002）頁21-177。簡言之，腔調是語言的旋律，各地方言不同，故有不同特色的腔調，而各地戲曲民歌用方言唱念，故有不同的腔調。

業繁盛，閩南戲曲，由此傳到了東南亞與臺灣。

　　臺灣早期戲曲，與移民密切相關，特別是閩南泉、漳兩地移民，帶到臺灣的不只是信仰與生活習慣，更帶來了「鄉音」。最早見於文獻記載的戲曲，爲南管的七子戲（即梨園戲）。康熙36年（1697）來臺開採硫磺的郁永河，從福建出發，經廈門乘船抵達臺南安平，再由陸路前往北投，沿途所見所聞，寫成《裨海紀遊》，其中一首〈竹枝詞〉描述云：

> 肩披鬖髮耳垂璫，粉面朱唇似女郎。媽祖宮前鑼鼓鬧，侏儺唱出
> 下南腔。

　　這首詩是目前我們所能看到臺灣本島戲曲的第一筆文獻記載，提到的是媽祖宮前的一場演出，透露了兩個訊息：一、演出場所是「廟前」，即今日所謂「外臺戲」或「野臺戲」。在日治初期商業劇場興起以前，外臺便是臺灣戲曲主要演出的場所，其功能兼具酬神與娛人；二、「下南腔」是梨園戲的一個支派，被認爲是泉州土生土長的梨園戲派別（吳捷秋，1996年，頁21），有別於受溫州南戲影響的「上路」與童伶演出的「小梨園」，較具民間氣息，可見廟前演出偏好熱鬧戲文。這是目前可見臺灣戲曲記載最早的文獻。另一條和劇種有關的記載，則是乾隆37年（1772），臺灣海防同知朱景英《海東札記》提到：

> 神祠里巷，靡日不演戲，鼓樂喧闐，相續於道，演唱多土班小
> 部，發聲詰屈不可解，譜以絲竹，別有宮商，名曰「下南腔」，
> 又有「潮班」，音調排場，亦自殊異，郡中樂部，殆不下數十
> 云。

　　朱景英是湖南武陵人，下南腔、潮班所用的閩、粵方言，對他而言自然是「詰屈不可解」。從「靡日不演戲」、「相續於道」、「郡中樂部，殆不下數十云」等形容，可以看出乾隆年間臺灣戲曲演出的盛況。乾隆以

前所能看到臺灣戲曲的記載，有七子戲與潮調，乾嘉之際，攜眷之禁解除，移民大量來到臺灣，此時亂彈戲隨之傳入，聲勢逐漸取代當時流行的七子戲。《臺灣通志》中收錄一條光緒15年9月24日〈宜蘭防勇開山中伏陣亡優卹案〉，提到「該處向有匪類分結黨羽，一曰西皮，一曰福祿」，「西皮」、「福祿」即北管主要兩個派別名稱，二派信仰與聲腔不同，子弟軒社聚眾械鬥的事件，從清領到日治屢見記載，這已不僅是戲曲狂熱，而是社會不同勢力對抗的激化。屬南管系統的高甲戲大約在清代嘉慶、道光年間傳來，高甲戲「南北交加」，用南管唱腔加以北方鑼鼓，較梨園戲熱鬧多變，一時亦受到觀眾歡迎，加上日治以後來臺演出的福州徽班、上海京班；吸收各劇種而壯大的歌仔戲，到了日治時期，臺灣戲曲已是多劇種熱鬧紛呈，彼此競爭的同時又互相學習，逐漸使臺灣戲曲產生了有別於原生地的面貌。歌仔戲在日治時期傳到福建，一時造成風潮，廈門、泉州等地高甲、梨園戲班多有改唱歌仔戲的例子，是臺、閩戲曲交流重要的一章。民國38年（1949），又一波移民潮來到臺灣，此時移民來自中國各省，帶來的劇種包括紹興越劇、廣東粵劇、河南豫劇等，日治時期風行臺灣的海派京劇，隨著京朝派演員與票友來臺，無論是職業演員或業餘票房票友，都有了與日治時期迥然不同的生態與面貌，1950年代，這些劇種不僅公演、勞軍相當頻繁，也推出不少新戲，曾經有過風光的歲月。

一、臺灣戲曲的獨特發展脈絡——從單向接收到獨立發展

除了歌仔戲，臺灣各個劇種，原生地都是中國，隨著移民、官路、商路傳到臺灣，這屬於戲曲單向的傳播。進入臺灣之後，戲曲生存環境與原生地有所不同，直接反映臺灣觀眾語言、娛樂、審美品味，產生有別於原生地的變化，其中漳、泉混居的方言改變、內臺戲與外臺戲所反映民眾趣味等因素、商業競爭使得劇種間互相學習，對臺灣戲曲產生顯著影響。而日治後期的「皇民化運動」與民國38年（1949）兩岸隔絕，是政治力導致兩岸戲曲有了不同的走向，使得閩、臺戲曲產生更大的分歧，以下分別

論之：

（一）白字化

中國幅員廣大，即使概分為七大「方言區」，各方言區仍可細分數種不同的「腔」，甚至同一方言區也有截然不同、難以互通的方言區別。「語言」向來是戲曲傳播首先須克服的問題，為爭取觀眾，戲曲或須有所改變。臺灣的閩南移民以漳、泉兩地為主，兩地居民混居，方言的差異逐漸消失，戲曲適應方言，採用本地口語，即所謂「白字化」。邱坤良認為，所謂白字戲，「應是民眾對使用本地方言的戲曲最直接的稱法。」（邱坤良，1992年，頁147）。白字化是中國戲曲傳到臺灣的普遍現象，梁真瑜梳理了臺灣各劇種白字化的過程，包括布袋戲、南管戲、四平戲、亂彈戲等，皆從原使用的語言，改而適應臺灣本地方言（梁真瑜，2009年，頁35-41）這說明了戲曲的「白字化」，實為適應臺灣民眾語言習慣所作的必要改變。

（二）外臺與內臺

周華斌將傳統戲曲演出場所分為三種類型：開放型的廣場、封閉的廳堂、專業化的劇場（周華斌，1993年，頁5），三種型態並存於世，觀眾類型、功能需求各有不同，表演形態也因適應環境而有所差異。「外臺」為廟前戲臺或街道人行匯聚之廣場，「內臺」則是商業劇場。前者以廟方設爐主一人，統籌酬神演戲相關事宜；後者則是售票演出，劇場經營者與演出團體依合約分帳，為求獲利而迎合觀眾，劇種因競逐流行產生變化。清領時期，臺灣戲曲演出屬外臺戲，在可見的記載中，外臺戲與寺廟歲時節慶、民眾還願等信仰活動密不可分，除了日治後期，從清領到戰後初期，信仰活動頻繁，規模盛大，加以爐主大肆舖張，外臺戲演出一直很熱烈，直到民國41年（1952），政府推動《改善民俗綱要》，規定普渡與各鄉鎮寺廟祭祀、演戲相關措施，對外臺戲產生很大的影響。內臺戲則是到了日治初期方始盛行，明治42年（1909），臺北首座專供戲曲演出的「淡水戲館」成立，大約與此同時，臺南亦成立演中國戲曲的「大舞臺」，直到1960年代，電視開始普及，內臺戲因此迅速沒落。

　　邱坤良認為，觀眾看外臺戲與內臺戲的心態不同，前者老戲文可一演再演，後者則需不斷翻新（邱坤良，2008年，頁92），傅謹亦發現農民為主的觀眾，樂於出資演外臺戲酬神，但「假如這種演出是劇場式的，他們卻不一定願意拿出同樣多的錢，用以買票進入劇場看同樣的演出。」（傅謹，2010年，頁58），因此，如何讓民眾願意花錢買票進商業劇場，戲班必須無所不用其極求新求變；外臺則為酬神，有固定的演出程序與劇目，然有時亦顧及觀眾喜好，演出較受歡迎的劇種或劇目。

（三）市場機制與戲班／劇種界線的模糊

　　「劇種」是戲曲的重要概念，各地因方言、聲腔音樂的不同，而有劇種的區別，據《中國大百科全書・戲曲曲藝卷》在民國72年（1987）的統計，華人地區共存在317個劇種（張庚等主編，1983年，頁587-605），各地聲腔、音樂豐富而多樣。「戲班」是戲曲演出團體，一般情況下，「戲班」等同於「劇種」，如崑班演崑劇、京班演京劇，然為因應市場，不同劇種混於一個戲班的「合班」亦非少見，如京劇在乾、嘉年間，以進入北京的徽班為基礎，加入漢調藝人，兩個劇種合班之始差異甚大，而後進一步融合，才發展成今日所知的京劇，但有時「合班」卻未必「融合」，不同的聲腔在一個「劇種」的概念下，仍是各自獨立，各有唱腔、伴奏樂器亦不同，如臺灣的亂彈戲就有崑腔、皮黃腔的「西皮」、唱梆子腔的「福路」，即使統稱亂彈，西皮、福路的唱腔、伴奏樂器、劇目、戲神信仰都不同。另一種常見的現象則是「改唱」，戲班、藝人在商業競爭的環境下為求生存，有時會改唱其他聲腔劇種以爭取觀眾。例如原為梨園戲班的「小錦雲」，在高甲戲盛行後改唱高甲，更名「泉郡錦上花」（邱坤良，1992年，頁144）是典型的例子。「合班」與「改唱」是戲班與藝人為求生存最直接的反映，而這種戲班／劇種界線的模糊，彼此間的交互影響，使得初成型的小劇種吸收大劇種的養分迅速成長，而大劇種在改變以適應觀眾口味的同時，亦可以某種變異形式保留於其他劇種之中，延續其劇種生命。

（四）政治力與文化政策

政治力是市場競爭以外，左右戲曲面貌與發展的強制介入。在日治以來臺、閩戲曲發展的過程中，有兩次政治力介入的影響，使得兩岸戲曲走向不同的面貌。首先是中日戰爭爆發後，臺灣屬日本殖民地，中國官方禁絕臺灣傳入的歌仔戲，使得閩南歌仔戲發展出「改良調」、「改良戲」，戰後初期由都馬班傳到臺灣；而臺灣則實施「皇民化運動」與「禁鼓樂」，主要目的在於灌輸臺人為日本臣民的思想，包括了語言、信仰、教育與生活習慣，並開始取締、禁絕臺灣戲曲，或輔導臺灣戲班「改良」，演出日本式新劇，不少歌仔戲團為求生存，或用西洋樂器、戲服新舊混搭；或在日人監督時演日本戲，監督一走改演歌仔；或表面上穿著和服演「改良戲」，實質仍是歌仔戲（呂福祿、徐亞湘，2001年，頁58），此種種謂之「胡撇仔戲」，胡撇仔今日仍存在臺灣，是臺灣歌仔戲的一大特色。

兩岸戲曲在戰後初期曾有短暫的交流，然民國38年（1949）國民政府來臺，兩岸隔絕，直到民國81年（1992）恢復交流，兩岸戲曲朝著不同的走向發展。在臺灣，除了京劇被視為國劇，北管、高甲、四平、歌仔戲等劇種，在市場機制下，因環境而改變或淘汰，1970年代末，隨著經濟發展，民眾逐漸感到文化建設的重要，開始立法補助、傳習式微的傳統戲曲，學界也開始重視民間戲曲的調查研究。中華人民共和國則在厲行戲曲改革，推動「改戲、改人、改制」，編劇、導演、藝人名家輩出，一時傳統戲曲有了新的氣象，然民國55年（1966）起的文化大革命卻使得戲曲的傳承出現斷絕，劇目內容、表演藝術等均起了很大的變化。臺灣戲曲因早期較未受政治干預，文化政策亦從保護的角度出發，避免過度干預，反而保留了傳統的演法，成為臺灣戲曲的文化優勢。

二、本文討論的範疇

福建、臺灣的戲曲劇種非常多樣，不同歷史階段，不同的移民來源，

也帶來了不同的鄉音。《中國戲曲志・福建卷》介紹了福建的20個劇種，有些劇種僅流傳於少數區域，有些則渡海來臺。陳芳主編《臺灣傳統戲曲》介紹了18個劇種：梨園戲、高甲戲、北管戲、歌仔戲、客家戲、京劇、豫劇、布袋戲、傀儡戲、皮影戲、崑劇、四平戲、潮州戲、車鼓戲、竹馬戲、越劇、閩劇、粵劇，每個劇種的歷史、表演特徵、交流影響、在地變化，都是龐大的議題，本文限於篇幅難以一一介紹，把討論集中在「福建與臺灣戲曲的關係」與「臺灣戲曲主體性的建立」。福建是臺灣戲曲主要的輸出地，從單向傳輸到兩岸相互影響，臺、閩戲曲密不可分，卻也有各自發展的特色，故本文著重介紹以下兩類戲曲：其一，非源於福建，但經由福建傳至臺灣，並產生重要影響的劇種——崑腔、梆子腔與皮黃，臺灣可見的有北管、徽班與京班。其二，源於福建的戲曲——布袋戲、南管，包括南管音樂、七子戲（梨園戲）、高甲戲。這幾個劇種，有些傳入臺灣後，因風土不同產生了變化；有些劇種來臺演出造成風潮，對在地劇種產生了影響，臺灣戲曲的主體性，正建立在這些複雜的因素上。

貳、梆子、皮黃與崑腔

　　崑腔、梆子腔與皮黃腔是三個來源不同、風格不同聲腔。崑腔源於江蘇崑山，明代中葉經魏良輔等人改良後，成爲「功深熔琢，氣無煙火，啓口輕圓，收音純細」（沈寵綏《度曲須知》）的高雅藝術，加以大量傳奇劇本的創作，崑曲不僅受到士大夫階層的寵愛，還傳播到中國各地。今人稱傳播異地、受當地方言、音樂影響的崑腔爲「草崑」。草崑雖是崑腔，卻有明顯的草根性，節奏明快、身段誇大、多群戲與武戲，臺灣北管的崑腔，正是「草崑」的一種。梆子腔則是一個龐大的聲腔體系，主要流行在中國北方，包括秦腔、河北梆子、豫劇等，皆屬梆子腔範疇。一般認爲梆子腔出自明代的「西秦腔」，其特色在於板式變化豐富、唱腔多慷慨激

昂。至於皮黃則是「西皮腔」與「二黃（或作簧）腔」的統稱，西皮、二
黃原產地不同，二者於乾隆年間首先於湖北襄陽合流，而後傳於北京、揚
州等地（曾永義、施德玉，2011年，頁505）。如此不同的聲腔，在民間
流播時「合班」而成為一個「劇種」並非少見，臺灣亂彈融崑腔、梆子、
皮黃為一個劇種，正是典型的例子。

　　臺灣觀眾往往稱皮黃、梆子與崑腔此類非源自閩地、所用語言並非福
建方言為「正音」，這是因為北管、徽班與京班所用的語言是「官話」，
相較於方言，官話地位較高，故稱之為「正」，不僅正式的酬神以北管表
慎重，廟前搭臺，也以北管居於正棚、歌仔戲等居於偏棚。然而官話非民
眾生活所用語言，因此如過去職業北管班，就存在著唱曲、引子、定場詩
用官話、一般白口改用方言，以適應臺灣觀眾的例子。

一、徽班、福州徽班與海派京劇

　　徽班是唱皮黃腔的劇種，乾隆51年（1787），三慶徽班進京慶壽，
從此留在北京，與同樣唱皮黃的湖北漢劇融合，京劇於是產生。然徽班不
僅傳到北京，也傳到了福建，據清人張際亮《金臺殘淚記》的記載，道光
2年（1822），福州就已經有徽班演出（張次溪，1988年，頁240）。從
道光至光緒，除了大吉升班、祥陞班、三慶班號稱「上三班」外，又有
三連升班、三連福班、三和順班等「下三班」。徽班在福州，使用語言是
官話，非閩地方言，但由於外省籍官員與會館商幫的支持（沈繼生主編，
1994年，頁81），且「劇目新穎，技藝高超，行頭整齊，武打精彩。」
（沈繼生主編，1994年，頁11）辛亥革命以前，在福州頗為盛行。

　　明治39年（1906），福州徽班受聘來臺演出，其原因正如當時《漢
文臺灣日日新報》所云：「本島戲既不堪入目，內地戲尤非本島人之所嗜
好。」（徐亞湘，2006年，頁71-72）這筆資料反映的是當時能夠閱報的
讀者群，對他們而言，當時尚未發展成熟的歌仔戲（本島戲）藝術性不
足，日本戲劇（內地戲）又有語言文化隔閡，在福州受到歡迎的徽班，以

其劇目、技藝、行頭的可觀，一到臺灣馬上掀起風潮，據徐亞湘考證，明治39年（1906）至大正2年（1913）間，福州的上三班等徽班多次來臺巡迴演出，地點遍及臺北、臺中、彰化、嘉義、鳳山等地，受到觀眾的歡迎（徐亞湘，2000年，頁68、92、100-101）。福州徽班來臺時間並不長，在臺灣卻產生了不容忽視的影響，除了布景師、演員留在臺灣，後來受聘到高甲戲、歌仔戲等，帶進了舞美與表演技術。福州徽班找來當時上海徽班的演員搭班來臺，是第一批上海藝人來到臺灣，這也為後來上海京班來臺演出奠下了基礎。

二、亂彈──北管概說

　　「亂彈」這種多聲腔的概念，可追溯到康熙。康熙時劉獻廷《廣陽雜記》有「秦優新聲，有名亂彈者，其聲甚散而哀。」當時認知的亂彈，是陝西藝人帶來的「新聲」。乾隆年間，亂彈概念有所轉變，《揚州畫舫錄》謂「兩淮鹽務例蓄花雅兩部以備大戲，雅部即崑山腔，花部為京腔、秦腔、弋陽腔、梆子腔、羅羅腔、二簧調，統謂之『亂彈』」，可見到了乾隆，「亂彈」為崑腔以外各種地方聲腔的統稱，其特色正如焦循《花部農譚》所云：「其事多忠孝節義，足以動人；其詞直質，雖婦孺亦能解；其音慷慨，血氣為之動盪。郭外各村，於二、八月間，遞相演唱，農叟、漁父，聚以為歡。」簡單的說，劇目多演忠孝節義的故事，用詞通俗樸實，音樂慷慨動人，是庶民生活的重要娛樂。亂彈的內涵，各地有所不同，福建一地，有兩種因來源不同而唱不同聲腔的劇種，民國38年（1949）年以前被稱為「亂彈」：其一，來自荊襄唱二黃、西皮的戲，稱之為「亂彈」，後來傳到閩西，當地人稱為「外江戲」，民國38年（1949）後改名為「閩西漢劇」（《中國戲曲志》，頁11）；其二，清中葉秦腔、梆子傳入福建，又有以吹腔為主的亂彈班，經江浙傳到福建東北，傳播過程中又吸收了江西戲、浙江亂彈，成為具有吹腔、皮黃、梆子等多聲腔的劇種，而命名為「北路戲」（陳雷、劉湘如、林瑞武，1997

年，頁59-62）。流行福建的「亂彈」，來源與內容雖有不同，但皆有皮黃腔，而梆子腔亦於清中葉傳入福建。限於文獻缺乏，無法證明福建流傳的「亂彈」與臺灣亂彈戲有直接關係，但「亂彈」這種由皮黃、梆子等多聲腔合為一個劇種概念，是閩、臺皆同的。

臺灣亂彈又稱「北管」，這個名稱相對於「南管」，泛指明末清初以來陸續自中國傳到臺灣的非閩南戲曲。北管大約在乾、嘉年間傳入臺灣，其中「福路」與「西路」，又分別名為「古路」、「新路」，可知北管兩個主要聲腔：梆子腔與皮黃腔不僅來源不同，傳入臺灣的時間亦有先後之別。北管傳入臺灣後，很快取代了梨園戲，成為當時臺灣最盛行的劇種，戲諺曾云「吃肉吃三層，看戲看亂彈」，正說明了亂彈曾受到觀眾的歡迎。臺灣北管主要在外臺演出，少見於內臺戲，並與信仰密切結合，成為臺灣民俗活動重要的一環。1950年代以後，劇場環境丕變，內臺戲難以營運，以內臺演出為主的歌仔戲，紛紛移至外臺，而外臺為主的職業北管戲班難以經營，紛紛解散，最後僅餘臺中新美園劇團。民國91年（2002），新美園團長王金鳳過世，職業北管戲班正式走入歷史。然因亂彈與民間信仰有密不可分的關係，因其儀式音樂的必要性，各地仍有子弟團持續北管的傳習、排場、陣頭與演出，延續了北管的一線命脈。

臺灣北管的表演形式，有排場、出陣與演戲三種。「排場」是坐唱形式的表演，為北管子弟日常活動、或因應廟宇邀請的酬神演出。演出時唱者與樂隊排坐，有一套固定的節目流程：牌子鬧臺、扮仙、唱曲及演奏，曲目包含戲曲與細曲。出陣或稱陣頭，是北管子弟組成隊伍，作遊行式的表演。在今日臺灣北管子弟團活動中，陣頭廣泛見於臺灣各種民俗場景，包括迎神、迎娶、喪葬等，並且為展現子弟團實力，各式儀仗器物——彩燈、彩牌、彩旗甚至到鼓架等，往往力求光鮮華麗，甚至有比拼較量的味道。演戲則是上臺扮上演出，謂之「上棚」或「做戲」，北管的戲曲演出，多屬外臺戲，戰後初期亦曾短暫走入內臺，然因經濟效益不高，終未能影響外臺為主的演出型態。

從聲腔類型與劇目來分類，北管戲曲可分為扮仙、福路、西路三類，

這三類各有專屬劇目，唱腔、伴奏樂器與信奉的戲神亦各有不同。「扮仙」因劇情為神仙聚會，賜福人間而得名，具有儀式性質，無論在福建或臺灣，扮仙往往為外臺演出的第一個節目。扮仙戲多唱崑腔，如〈賜福〉、〈醉仙〉、〈三仙會〉、〈封王〉等，亦有唱古路的〈新天官〉、〈飄海〉及唱南詞的〈南詞仙會〉等。扮仙戲演出有嚴謹的三齣配套，通常只以第一段為名，如標名〈醉八仙〉者，內容包括〈醉八仙〉、〈封王〉、〈金榜〉三齣；〈天官賜福〉則包含〈天官賜福〉、〈封相〉、〈金榜〉三齣。

福路又名福祿、古路、舊路，樂曲主要屬梆子腔，涵蓋了板腔類的彩板、平板、流水、緊中慢等，與部分吸收崑腔、小曲的曲牌類劇目。福路信奉的戲神為西秦王爺，主要伴奏樂器為椰胡（或稱提弦、殼仔弦），據呂錘寬統計，劇目共有25大本戲，計約220餘齣折子（又稱「段子戲」），劇目多為歷史與神怪故事（呂錘寬，2000年，頁16），前者如〈下河東〉演趙匡胤故事、〈天水關〉演姜維故事，後者如〈飄海〉演八仙慶壽、〈盤絲洞〉演《西遊》故事等。

西路又名新路、西皮，屬皮黃腔系，信奉的戲神為田都元帥，主要伴奏樂器為「吊規仔」（類似京胡）。西路戲全本戲有35本，常見段子戲亦有約200齣，多演歷史故事，如《大保國》、《五臺山》、《失空斬》、《借東風》等，許多劇本與京劇幾乎相同，唱腔亦與京劇相似，如《三進宮》，就與京劇《二進宮》唱詞幾乎相同，因此有人戲稱北管是「京劇在鄉下的表哥」，由劇目、唱詞與唱腔，確實可見二者關係密切。

三、在臺影響

北管與民間信仰深厚連結，成為民眾生活的一部分，並在外臺站穩了腳步；徽班、京班則因技藝精良、劇目精彩，成為城市商業劇場的寵兒，三者對於臺灣戲曲有不同層面的影響。北管傳入臺灣後，迅速成為臺灣最受歡迎的劇種，除了取代清初以來臺灣流行的梨

園戲外，原本唱南管的布袋戲，在北管戲風行以後，紛紛改以北管為後場音樂（陳龍廷，2007年，頁58-59）。除了因市場競爭，取代其他劇種以外，北管尚為其他劇種學習的對象，如李國俊指出，高甲戲傳入臺灣之時，京劇尚未正式產生，因此臺灣高甲戲的武場，乃是直接學習北管的鑼鼓打法；又北管扮仙戲因為演給神明看，一字一句不可馬虎，當內臺戲市場萎縮、歌仔戲走向外臺，扮仙戲是外臺戲最重要的部分，因而歌仔戲班直接學習北管扮仙戲，然而在演出的過程中，亦逐漸產生變化，而與原北管扮仙戲產生了不同的樣貌。

　　日治時期中國徽班、京班來臺演出，對臺灣戲曲有很深的影響。明治41年（1908），上海京班繼福州徽班之後來到臺灣，直到中日戰爭爆發，共有45個班次的上海京班在臺灣演出（徐亞湘，2000年，頁87-90）。由於中國來臺戲班主要在商業劇場演出，其舞臺炫麗、劇目通俗、表演熱鬧，引領臺灣劇場的風尚，觀眾趨之若鶩，而部分京班藝人滯臺，便進入各地戲班，影響了臺灣其他劇種。

　　部分京班在臺灣票房不佳，演員改搭歌仔戲班，或進入歌仔戲團當教師，而內臺歌仔戲在演出前40分鐘，插演一段京劇（曾永義，1993年，頁58），如此一來，對歌仔戲表演，產生了很大的影響。劇目方面，如上海京班帶來的時事劇，引起了臺灣觀眾的興趣，引起了歌仔戲班編演時事劇。邱坤良便提到，當時臺灣歌仔戲班「得樂社」用昭和7年（1932）一段少爺與貧女殉情命案，改編為《運河奇案》，在臺南演出，轟動一時，演出長達一個半月（邱坤良，1992年，頁187）。而舞臺佈景，往往是直接聘請京班佈景師專門繪製。據李國俊、林麗紅的研究，日治時期高甲戲班錦上花劇團，演出地點包括內臺與外臺，其舞臺佈景就受到來臺京班的影響，聘請福州師傅畫佈景，場面壯麗浩大，演出《火燒百花臺》時真火焚燒，並出動消防車待命以防意外（李國俊、林麗紅，1990年，頁14）。至於歌仔戲，如呂訴上提到瀛州賽牡丹俱樂部歌仔戲團聘請上海明星電影製片公司佈景師製作活動機關變景，受到觀眾歡迎（呂訴

上，1991年，頁237），邱坤良則提到歌仔戲從京班吸收整套舞臺技術，並以「布景畫師，電器應用，機關設計」為號招（邱坤良，1992年，頁186）。這些都是來臺京班對臺灣戲曲劇種的影響。

問題與討論

1. 試簡述中國移民與臺灣戲曲的關係。
2. 請詳述影響臺灣戲曲主體性產生的四個因素。
3. 福州徽班並非使用閩地方言，何以在閩、臺兩地受到歡迎？對臺灣戲曲產生了什麼影響？
4. 臺灣北管包含了哪三種聲腔？各有何特色？
5. 請簡述臺灣北管的表演形式。

參考書目

呂訴上，《臺灣電影戲劇史》，臺北：銀華出版社，1991。

呂福祿口述；徐亞湘編著，《長嘯：舞臺福祿》，臺北：博揚文化，2001。

呂錘寬，《北管音樂概論》，彰化：彰化縣文化局，1990。

吳捷秋，《梨園戲藝術史論》，北京：中國戲劇出版社，1996。

李國俊、林麗紅，《臺灣高甲戲的發展》，彰化縣文化局，1990。

沈繼生主編，《中國戲曲志‧福建卷》，北京：文化藝術出版社，1994。

周華斌，《京都古戲樓》，北京：海揚出版社，1993。

林鶴宜，《臺灣戲劇史》，臺北：空中大學出版社，2003。

邱坤良，《舊劇與新劇——日治時期臺灣戲劇之研究》，臺北：自立晚報文化出版部，1992。

邱坤良，《飄浪舞臺——臺灣大眾劇場年代》，臺北：遠流出版社，

2008。

徐亞湘，《日治時期中國戲班在臺灣》，臺北：南天書局，2000。

徐亞湘，《史實與詮釋——日治時期臺灣報刊戲取資料選讀》，宜蘭：
　　國立傳統藝術中心，2006。

張次溪，《清代燕都梨園史料》，北京：中國戲劇出版社，1991。

張庚等主編，《中國大百科全書‧戲曲曲藝卷》，北京：中國大百科全
　　書出版社，1983。

梁真瑜，《臺灣亂彈戲曲白字化之研究》，國立臺北大學民俗藝術研究
　　所碩士論文，2007。

陳芳，《臺灣傳統戲曲》，臺北：學生書局，2004。

陳雷、劉湘如、林瑞武，《福建地方戲劇》，福州：福建人民出版社，
　　1997。

陳龍廷，《臺灣布袋戲發展史》，臺北：前衛出版社，2007。

傅謹，《戲班》，北京：北京大學出版社，2010。

曾永義，《戲曲本質與腔調新探》，臺北：國家出版社，2007。

曾永義、施德玉，《地方戲曲概論》，臺北：三民出版社，2011。

顏長珂、黃克主編，《徽班進京兩百年祭》，北京：文化藝術出版社，
　　1991。

第九章 戲曲（二）

學習目標

1. 了解閩南劇種傳入臺灣與在臺發展歷程。
2. 對南管系統的清唱與梨園戲、高甲戲有所認識。
3. 了解臺灣歌仔戲的發展，並能描述歌仔戲的各種型態及其特徵。
4. 認識臺灣、閩南歌仔戲的交流與影響。

關鍵字

掌中戲、布袋戲、金光布袋戲、南管、上四管、
七子戲、梨園戲、高甲、歌仔、歌仔戲、胡撇仔戲、
改良戲、改良調、都馬、薌劇

壹、布袋戲

　　據說三百多年前，泉州書生梁炳麟屢試不第，一日在九鯉湖仙公廟得一夢，一老翁執筆在手掌寫「功名歸掌上」，梁夢醒後大喜，欣然赴試卻仍落第，偶見鄰人操偶有感，於是自雕木偶，以手掌代替傀儡絲線，自然生動，又將憤懣之氣藉野史編為故事，以掌操偶演出，轟動一時，才悟得「功名歸掌上」之實，這是布袋戲源頭的一種說法。布袋戲源於何時何地，因史料缺乏，難以考證，一般認為起源於明末清初，嘉慶10年（1805）編纂的《晉江縣誌》載「木頭戲俗名傀儡，近復有掌中弄巧，俗名布袋戲。」是閩南布袋戲的第一筆文獻記載，至少到了嘉慶前後，閩南布袋戲的表演已頗為成熟，並逐漸分為南、北二派，南派流行於晉江、泉州一帶，唱的是南管，北派則流行於漳州一帶，初唱南管，而後改唱北調。」

　　邱坤良指出，布袋戲約在清道光、咸豐年間傳到臺灣，分別從泉州、漳州、潮州傳來，因此當時布袋戲使用的戲曲有南管、白字仔和潮調（邱坤良，1992年，頁173-174）。渡海而來的布袋戲，在臺灣逐漸產生了自己的特色，據陳龍廷的研究，南管布袋戲自稱「九甲南」，即「南唱北拍」：曲唱為南管，武場為北管；白字仔唱南管，而念白採取通俗易懂的口語；至於潮調布袋戲後場採南北交加的形式，曲唱潮調，武場用北管（陳龍廷，2007年，頁46-52）。到了日治時期，布袋戲採用當時流行的北管，另有李天祿「亦宛然」受京劇啟發，運用於布袋戲的表演，稱為「外江布袋戲」。

　　臺灣布袋戲的發展可以分為三個階段，演出場合與形式各有特點：

　　一、清領、日治時期，布袋戲以野臺演出為主，配合閩南精緻的手工藝，戲臺的雕刻、漆繪金碧輝煌，戲偶雕刻及服飾刺繡精緻細膩，表演者操偶、聲口亦相當講究，主要是配合酬神演出；

　　二、戰後布袋戲轉入內臺，為迎合內臺戲觀眾口味，朝向「金光布袋

戲」發展，並隨著劍俠戲的流行，變景、燈光、活動機關等視覺效果運用廣泛，木偶尺寸也逐漸變高。布袋戲也同時配合臺語流行歌曲，試圖創造人氣；

　　三、1960年代，電視臺陸續開播，布袋戲也在此時進入電視媒介，最早有民國51年（1962）李天祿的《三國志》，但直到民國59年（1970）黃俊雄《雲州大儒俠》，電視布袋戲迅速轟動，當時收視率高達97%，最終因「擾亂農工正常作息，動搖國本」於民國63年（1974）禁播。

　　民國71年（1982）起，三臺再度競播布袋戲，日後造成熱潮的霹靂布袋戲，亦是此一階段的傑作，從民國73年（1984）《七彩霹靂門》開始，到今日成立有線電視臺，霹靂布袋戲不僅人物、劇情細緻入微，隨時運用最新技術，塑造奇幻絢麗的螢幕效果，使得霹靂布袋戲歷久不衰，成為臺灣布袋戲的一大特色。

貳、南管

一、南管內容概說與歷史發展

　　「南管」是一種音樂類型的泛稱，臺灣慣稱「南管」，或有「弦管」、「南樂」、「郎君樂」等名稱，東南亞習稱「南樂」，中國則稱「南音」。南管源於福建泉州，流行於閩南的泉州、廈門一帶，並隨著移民傳播到臺灣與馬來西亞、菲律賓、新加坡等地。南管歷史悠久，然因文獻缺乏，一般學者僅能從樂器體制、演奏方式、樂曲內容等旁證，推測南管與漢代相和歌、唐代大曲有關。而南管界則傳說，唐末五代閩王王審知兄弟，在閩設置招賢院，吸引中原士族入閩，同時帶來了中原雅樂，並與閩南民間音樂融合，演化成今日的南管音樂（周倩而，2006年，頁182）。此說雖無直接證據，但可看出在南管人的心中，南管所具有的高

尚正統地位。

　　南管包括兩種表演形式：南管音樂與南管戲劇，南管音樂是坐唱清曲，而南管音樂爲戲劇所吸收，被梨園戲（七子戲）、高甲戲作爲主要唱腔，則屬南管戲劇的範疇。另外，如傀儡戲、南派布袋戲、竹馬戲、車鼓等小戲、遊藝亦運用南管音樂（王耀華、劉春曙，1989年，頁157-185；呂錘寬，2005年，頁141-143），限於篇幅，本文把討論重點放在南管音樂，以及對臺灣戲曲發展影響較大的梨園戲、高甲戲。

（一）南管音樂

　　南管音樂是一種坐唱的表演型式，包含了演唱曲與器樂演奏曲，唱奏基本組成爲五人：琵琶、三弦、洞簫、二弦（以上稱上四管）、拍板，部分曲目加入打擊樂器：響盞、叫鑼、雙鐘、四塊（以上稱下四管），若再加上噯仔（小嗩吶）、笛子，則稱爲「十音會奏」。南管的唱奏有固定的座次，不可更動，若用上四管，則以拍板居中，琵琶、三弦位於拍的右側，洞簫、二弦位於拍的左側，若用十音會奏，則於洞簫旁加入噯仔與笛子，下四管則分別爲於三弦與二弦前方，座位排列呈馬蹄形。上四管的四種樂器各有所司，琵琶、三弦彈奏骨幹音，洞簫、二弦則加入裝飾音，南管人謂之「骨」與「肉」，構成了豐富的音響效果。南管樂曲分爲「曲」、「譜」、「指」三類，「曲」是演唱曲，唱時用本嗓，講究咬字與行腔的頓挫韻味；「譜」又稱「清奏譜」，是由三到十一個段落所組成的樂曲，「指」又稱「指套」，是由數個曲牌組合而成的套曲，二者皆是器樂演奏曲，樂曲風格多疏淡靜雅，加上噯仔與下四管的指套稱「噯仔指」，表現較爲熱鬧多彩的趣味。

　　在戲曲發展史上，「清工」與「戲工」是截然不同的兩個概念，從曲唱的要求而言，「清工」講究唱曲的規矩法度、咬字吐音與行腔轉韻；「戲工」爲求戲劇效果，演唱較粗疏、節奏較明快。南管音樂屬於「清工」的範疇，參加者組織「館閣」，有嚴謹的組織與倫理，曲唱亦十分講究規範，表現了清曲一絲不苟的堅持。福建的南管館閣，據《福建南音初探》，明代泉州就已出現，清代「泉州弦管班社遍及城鄉」；廈門則始

於道光中葉的「金華閣」，其他尚有「安同閣」、「集元堂」、「同華閣」、「清和閣」等帶有同鄉組織的館閣（王耀華、劉春曙，1989年，頁6-7）。臺灣的南管館閣，以鹿港雅正齋最早，已有二百多年的歷史，據林珀姬調查統計，近一、二百年來，臺灣曾經、或現存的南管館閣有137個（林珀姬，2004年，頁26-38）。南管音樂並非大眾化的娛樂，參與館閣活動的人員往往屬仕紳階層，如鹿港雅頌聲甚至設定選擇團員的嚴格條件（許常惠，1982年，頁20）。南管館閣活動，除了常態性的「拍館」（館內成員的定期活動），每年春、秋舉行郎君祭，祭祀樂神孟府郎君及館閣先賢，並有「整弦」（數個南管館閣聚集會奏）、「拜館」（館閣間的交流）等活動，充分展現了南管音樂的社會功能。

（二）梨園戲（七子戲）

梨園戲是一個古老的劇種，舊稱「七子戲」。據考，梨園戲約起於南宋（吳捷秋，1996年，頁10），明代就已流行於泉州一帶。梨園戲可分為「小梨園」與「大梨園」，「小梨園」是戲班主契約收買7到13歲的童伶，以五到十年為年限，入班後學戲演出，期滿散班，演員若仍有演出條件，則可重新拜師，加入「大梨園」。「大梨園」分為「上路」與「下南」兩派，「上路」指來自浙江、江西等地劇種的影響，保留部分宋元南戲劇目，「下南」則是閩南本地腔調，帶有濃厚的生活氣息，「小梨園」則是以生旦戲為主。「上路」、「下南」與「小梨園」各有代表劇目，謂之「十八棚頭」，表演也各具特色。

據盧若騰〈觀戲偶感〉詩「祇應飽看梨園劇，潦倒數杯陶然醉」句，梨園戲應在明末就已傳到澎湖，前文所引康熙31年（1692）郁永河竹枝詞所云「下南腔」即是梨園戲一個支派，又乾隆年間吳國翰〈東寧竹枝詞〉有「第一時行七子班」一語，可知清中葉以前，梨園戲是臺灣最盛行的劇種。乾嘉以後攜眷之禁解除，移民開始大量來到臺灣，帶來了同是以南管為主要唱腔的高甲戲，大約亦在此時，亂彈戲傳入臺灣，影響了梨園戲的市場。具邱坤良的調查，此時的梨園戲，因童伶的表演「別具風格」，仍保有觀眾市場，日治時期，尚有福建的梨園戲班來臺演出，包

括明治32年（1899）1月福建大梨園於臺北合興門口；大正8年（1919）
3月到6月泉州金成發、新梨金合班於臺北新舞臺；大正13年（1924）10
月泉州玉堂春班於臺北永樂座（據徐亞湘，2000年，頁241-245〈日治
時期來臺演出之中國戲班一覽表〉整理而成）。本地七子班，明治43年
（1910）尚有臺南金寶興班和和聲班，而大正6年（1917）仍演梨園戲的
新竹小錦雲七子班，後來選擇迎合觀眾口味，改唱高甲戲。（邱坤良，
1992年，頁140-145）。

（三）高甲戲

　　高甲戲舊有「九甲」、「九加」、「九腳」、「交加」等名稱，不同
的名稱與其表演特徵有關，至民國40年（1951）中華人民共和國省戲改
會在泉州舉行學習班，才定名為「高甲戲」，在臺灣則往往稱之為「南管
戲」。高甲戲是南管音樂與北方鑼鼓「南北交」表演形式，也就是文場與
唱腔用南管，武場用北方鑼鼓。兩岸高甲戲有不同的發展，《中國戲曲
志・福建卷》將高甲戲的發展分為三個階段（沈繼生主編，1994年，頁
82-84）：

　　1. 宋江戲階段：明末至清初的孕育期稱「宋江戲」，為閩南民間喜
慶時，妝扮為梁山好漢，配以鼓吹，遊行於村鎮的陣頭，以武打見長。

　　2. 合興戲階段：大約在道光年間，南安岑兜村宋江戲藝人與漳州竹
馬戲藝人、歸國華僑組成合興戲「三合興」，採用南管音樂，學習梨園戲
身段，並吸收其他劇種劇目，突破專演宋江故事的侷限。

　　3. 高甲戲階段：合興戲時期仍有宋江戲存在，當時規定進合興班的
演員，須會演「桶內戲」（宋江戲劇目）與「桶外戲」（合興班劇目），
二者於清末進一步合流，成為「高甲戲」。

　　由於臺灣高甲戲從文獻中並未發現與宋江戲的關係，亦未見徽班、弋
班劇目，可知傳入臺灣的時間大約在道光前後合興戲時期。兩岸高甲戲
發展頗見差異，語言、音樂、劇目與表演都有所不同。京劇在清末傳到福
建，高甲戲吸收並改造了表演程式、武打科套及鑼鼓經，並學習大量京劇
劇目（沈繼生主編，1994年，頁83-84）。1949年中華人民共和國戲曲改

革，配合政策編演《連升三級》，突顯了丑角藝術，此後高甲戲的丑角表演獨樹一幟，成為其劇種特色。

　　早期臺灣高甲戲演員、劇目許多是由七子戲轉化而來。昭和元年（1926）以前，高甲戲已將原本使用的泉州腔，改為適合臺灣本地「半漳半泉」的通俗語言，（李國俊、林麗紅，1990年，頁28），並進一步受到海派京劇的影響，產生了有別於中國原生地的面貌，這當中尤以「泉郡錦上花劇團」對臺灣高甲戲的創新影響最大，包括：1.吸收北管與京劇，包括鑼鼓經和武戲；2.受來臺京班影響，以壯麗佈景為演出號召；3.受到藝妲影響起用女角、4.引進歌仔常用的「四句聯」，編寫新戲，並成為臺灣高甲戲的特有劇目（李國俊、林麗紅，1990年，頁12-15、30）。

　　處於商業競爭的環境下發展，臺灣高甲戲曾有過風光的歲月，並在1950年代多次與歌仔戲組成聯合劇團到菲律賓演出。1960年代以後，社會轉型，加以新娛樂型式興起，對傳統戲曲產生很大的衝擊，內臺高甲戲難以營運，轉移到外臺演出，然而亦不及歌仔戲受歡迎，許多高甲戲團兼演、甚至轉型為歌仔戲團，到了1990年代，只剩下生新樂一團較常作高甲戲的演出。迄今，臺灣高甲戲已經沒落，其影響保留在歌仔戲，除了為數不少的歌仔戲演員出身高甲戲外，歌仔戲的〔緊疊仔〕、〔慢頭〕、〔漿水〕、〔五開花〕、〔四空仔〕皆來自高甲戲（徐麗紗，1990年，頁282-292）。

參、歌仔戲

　　歌仔戲是臺灣土生土長的劇種，百餘年來，歌仔戲從民間歌謠小調，吸收車鼓身段，形成「落地掃」、「歌仔陣」的表演型態，而後走向野臺，成為宜蘭「本地歌仔戲」，另一方面，歌仔的流行全臺，成熟劇種紛紛改唱歌仔，身段、劇目、唱腔的融入，豐富了歌仔戲的表現力。日治時

期，歌仔戲一躍成為臺灣最受歡迎的劇種，並傳到福建，促使福建歌仔戲的產生。綜觀臺灣歌仔戲的發展，實為吸收清代以來，傳播到臺灣的各劇種，將表演、唱腔轉化為自身特色的過程。因此，探討臺、閩戲曲關係，歌仔戲作為一個縮影，透露了劇種間源源不斷的交流與轉化。

一、臺灣歌仔戲的歷史

歌仔戲的源頭，是福建漳州一帶的「歌仔」，又稱為「錦歌」，這是一種五、七言四句的小調。歌仔在大約在17世紀末，隨著移民來到臺灣，到了清代，便在閩南、臺灣廣為流行，道光年間，廈門一帶出現不少書肆，如會文堂、博文齋等，刊印「歌仔冊」，在閩、臺販售。歌仔冊是一種有詞無譜、未標曲調名稱的唱本，內容包括了抒情的民歌小調，以及《山伯英臺》、《陳三五娘》等具有情節的歌詞，歌仔冊的大量刊印販售，亦推動了歌仔的流傳，此時的歌仔，仍是以清唱的表演形式為主，陳耕、曾學文考查早期閩、臺歌仔有幾種形式：閒暇自娛的歌仔館、年節的歌仔陣、江湖賣藥藝人、走唱藝人、乞丐沿街打唱乞討（陳耕、曾學文，1998年，頁24-26），其中歌仔陣已經是吸收了車鼓的走唱表演，是歌仔發展為戲曲的第一步。

車鼓是一種歷史悠久的小戲，其表演為小丑、小旦配以簡單歌舞，演繹民間故事，有時配合陣頭遊行而為「車鼓陣」。歌仔在臺灣民間流行，學習了車鼓的步法與表演，成為「落地掃」、「歌仔陣」。這是一種民間氣息濃厚的表演形式，據陳健銘訪問宜蘭老歌仔藝人黃阿和，回憶其所見落地掃，乃是「丑腳和花旦手搖烘爐扇子，邊走邊扭邊唱」、「『歌仔陣』走到圍觀人群聚集的廣場，就把四根竹竿架開，臨時圍成一個四方形的場子，腳色就在這場地中間表演起來。」（陳健銘，1989年，頁172），劇目花俏逗趣，適應民間遊藝的觀賞趣味。而這也是原屬說唱小調的歌仔，跨足戲劇演出最早的形式。

歌仔戲產生有兩種說法：

（一）宜蘭「本地歌仔戲」爲臺灣歌仔戲之始

自呂訴上《臺灣電影戲劇史》提出宜蘭爲歌仔戲的源頭（呂訴上，1991年，頁233-234），並爲《宜蘭縣志》、《臺灣省通誌》所沿用，歌仔戲源於宜蘭，成爲一般公認的說法。此說認爲歌仔戲原是宜蘭的一種表演形式，員山頭份人歐來助是歌仔戲創始的重要人物，故有「歌仔助」的稱號。宜蘭本地歌仔戲是一種很有特色的表演，在落地掃的基礎上二、三人表演（小丑、小旦、小生），表演者皆爲男性醜扮。音樂吸收車鼓等俚俗歌謠，有〔七字調〕、〔大調〕、〔雜唸〕、〔背思調〕等曲調，常演《陳三五娘》、《山伯英臺》、《呂蒙正》、《什細記》，這四本戲被稱爲歌仔戲的「四大柱」。宜蘭本地歌仔在宜蘭受到觀眾歡迎，並向鄰近地區傳播，不久便傳到臺北，進入城市後，吸收成熟劇種的養分，而後邁向大戲。

（二）戲班改唱流行全臺的歌仔，成爲歌仔戲

林鶴宜認爲，歌仔流行於全臺，其本身就可說唱長篇故事，只要吸收表演，就可成爲大戲，未必要經過歌舞小戲成爲大戲的進程（林鶴宜，2004年，頁90）。由於歌仔是當時的流行歌曲，許多戲班從俗，在原劇種以外加唱、或改唱歌仔戲。林鶴宜舉楊麗花母親筱長守爲例，筱長守原是亂彈戲藝人，後來才改唱歌仔（林鶴宜，2004年，頁90）；明華園老團長陳明吉，出身的新和聲是高甲戲團，後來籌組的明聲歌劇團，起初亦演高甲戲，歌仔戲流行後才變成歌仔戲團（李國俊、林麗紅，1990年，頁43）；又賽月金回憶，其養父簡瓠所組「如意社」歌仔戲班，演員來自亂彈、高甲等各劇種，各唱各的調，因此被稱爲「雜荎戲」（陳耕、曾學文，1998年，頁94）。

這兩種說法，在歌仔戲發展上並不互相排斥，歌仔戲從民間小戲，進入城市後，學習大戲以豐富自身的表演藝術，固然是一種發展模式，已經成熟的大戲劇種，從俗改唱流行的歌仔，進而促使歌仔戲產生兼容並蓄的豐富面貌，亦是一種發展路徑。二者共同產生的結果，就是歌仔戲不僅在表演藝術上更加成熟，唱腔內容亦更爲豐富。據徐麗紗的研究，歌仔戲的

唱腔，有屬於老歌仔的〔七字調〕、〔大調〕等；屬高甲戲的〔漿水〕、〔緊疊仔〕等；屬北管的〔陰調〕；屬梨園戲的〔牽君手上〕；屬漢調的〔殺房調〕（徐麗紗，1991年，頁47-338），各劇種風格不一的唱腔，經過轉化，統一爲歌仔戲的音樂，靈活運用於不同的戲劇情境，可見這些從中國傳入的劇種，逐漸轉化爲臺灣特色的過程。

臺灣歌仔戲，因應表演環境的不同，除了前文提到的「落地掃」、「本地歌仔戲」以外，還發展出以下五種表演型態：

1. **內臺歌仔戲**　歌仔戲傳入城市後，吸收了南管戲、北管戲、京戲等大劇種的養分，大約在大正14年（1925）進入內臺，迅速在商業劇場竄紅，不少來臺的上海京班營運不佳，藝人進入歌仔戲班擔任教師，對歌仔戲產生了很大的影響。中日戰爭爆發後，日本在臺實施「皇民化運動」與「禁鼓樂」，嚴重影響歌仔戲生態，劇團爲了營運，紛紛轉型維生，所謂「胡撇仔戲」就在此時產生，其特色正如劉南芳所說，包括：劇情無朝代、古裝打扮、加入流行音樂改編的歌仔調，強調奇情刺激的表現手法（劉南芳，2006年，頁490-491）。內臺歌仔戲持續到1950年代末，因臺語電影的發展，戲院紛紛改播電影，內臺歌仔戲逐漸沒落，逐漸轉型爲電視歌仔戲或外臺歌仔戲。

內臺歌仔戲在新編劇目、表演藝術與舞臺技術等方面，學習已在內臺站穩腳步的福州班與京班，有了長足的進步。大量編演的新戲、連臺本戲，雖多屬幕表戲的形式，但如拱樂社聘請專門編劇，至今留下不少劇本，可看出內臺歌仔戲劇目題材廣範，強調不斷製造情節懸宕以吸引觀衆（邱坤良，2008年，頁111）；表演藝術則重視武打，並學習大劇種，增加了身段的豐富性；舞臺則強調華麗的動態機關佈景，以聲光效果炫人耳目（林茂賢，2006年，頁145-148），而這些都是爲了吸引觀衆購票入場，提高戲班的商業利益。

2. **廣播歌仔戲**　1950年代，受到臺語電影衝擊，內臺歌仔戲漸難營運，此時民營電臺開放成立，加以收音機的普遍，戲班轉而進入廣播界，大約在民國44年（1955）左右，開始了廣播歌仔戲。1960年代是廣播歌

仔戲最興盛的時期，電臺與歌仔戲班紛紛成立，其中正聲電臺的「天馬歌劇團」，正是廣播歌仔戲最受歡迎的劇團，楊麗花早期就屬該劇團演員。廣播歌仔戲沒有畫面，演員僅能專注於口白唱腔，加以曲調需求增加，開始大量新曲的創用。楊馥菱認為，廣播歌仔戲曲調創用來源有三：閩南語流行歌、國語流行歌、樂師自創曲（楊馥菱，2004年，頁120-121），其中不少曲調保留在日後的歌仔戲中，被藝人稱之為「新調」。

　　3. **電影、電視歌仔戲**　葉龍彥歸納臺語電影興起的因素，廈語片的流行，是臺灣電影歌仔戲產生的主因之一：廈門語屬閩南語，在臺語片不被允許的年代，廈語片是皆近臺語、又不被禁止的電影，而傳入臺灣的廈語片是電影歌仔戲，也因此影響了臺灣電影歌仔戲的拍攝（葉龍彥：1999年，頁205）。臺灣第一部電影歌仔戲是民國44年（1955）都馬劇團的《六才子西廂記》，隨後拱樂社的《薛平貴與王寶釧》，由於品質精良、宣傳得宜受到觀眾歡迎，不少戲班紛紛趕搭熱潮，拍攝電影歌仔戲，1960年代末因電視的發展而沒落。

　　繼電影之後，歌仔戲與電視結合，對歌仔戲的表演與傳播產生了重大的影響。民國51年（1962）臺視成立，金鳳凰歌劇團的《雷峰塔》，是臺灣第一部電視歌仔戲，然當時電視尚未普及，影響有限。民國55年（1966），楊麗花加入臺視，是電視歌仔戲發展的重要關鍵，民國58年（1969）中視採連續劇方式製播電視歌仔戲，頗受歡迎，加以民國60年（1971）華視開播，一時三臺鼎立，造成了電視歌仔戲熱潮，民國61年（1972），臺視網羅三臺歌仔戲明星演員楊麗花、葉青、柳青、小明明，及編劇石文戶、陳聰明等，拍攝《七俠五義》，轟動一時，創造電視歌仔戲的第一個高峰。然由於演員、法令等因素，於民國66年（1977）停播。1980年代，電視歌仔戲再度復甦，加入了武俠題材與神話劇，題材、風格更為多樣，且採取名角組團的方式：臺視的楊麗花、中視的黃香蓮、華視的葉青，受到觀眾喜愛。而後第四臺開放，電視節目類型更為多元，影響歌仔戲的市場，1990年代，雖有《洛神》搶佔八點檔，造成一時話題，終未能再造風潮，電視歌仔戲逐漸沒落。

電影、電視的介入，使得戲曲表演空間走出舞臺，採取實景拍攝的同時，傳統戲曲的表演程式顯得格格不入，而錄影演出的方式，演員視鏡頭須要精簡身段，對歌仔戲的表演產生很大的影響。另外，傳統歌仔戲大部分是幕表戲，電影、電視歌仔戲則有細膩的分鏡劇本，使得戲劇結構變得嚴謹緊湊，卻也同時改變了傳統歌仔戲自由發揮的趣味。但無論如何，正如林鶴宜所言，歌仔戲與電視的結合，使歌仔戲「大眾娛樂的中軸地位又延長了約二十年」（林鶴宜，2004年，頁109），各劇種受到電視衝擊紛紛走向衰亡的同時，歌仔戲運用這個媒介的優勢，不僅是當時主流劇種的必然發展，亦是臺灣歌仔戲不斷適應觀眾轉型的成功因素。

4. **外臺歌仔戲**　歌仔戲發展早期雖在外臺演出，日治時期進入內臺，便以內臺為主要演出場域。1960年代末，歌仔戲不敵電影、電視，除了少數演員進入廣播與電視歌仔戲，大部分演員都轉移到外臺，在酬神慶典中演出，這也影響了以外臺為主的職業北管戲班。外臺歌仔戲以酬神為主要目的，由廟方或還願民眾提供戲金，演出之始須先扮仙，然後演正戲。外臺歌仔戲主要是沒有劇本的幕表戲，一般由於戲金低廉，演出規模和品質受到影響，然部分受到歡迎的外臺歌仔戲演員，表演仍相當精彩，甚至精心設計劇情、服裝、唱腔與表演，走進今日的藝文劇場。

5. **藝文劇場的歌仔戲**　隨著1970年代末文化建設的倡議，外臺、電視歌仔戲開始重新走回「內臺」，但此時的內臺已非商業劇場，而是多受政府、學者重視，以藝術推廣為功能的藝文劇場，學界多稱為「精緻歌仔戲」。歌仔戲最早進入藝文劇場，是民國70年（1981）楊麗花歌仔戲團的《漁孃》，隨後明光、友聯、明華園等團陸續獲邀於藝文劇場演出，楊馥菱認為，1980年代藝文劇場演出的歌仔戲，往往因襲舊時內臺戲「偏重機關佈景、穿關砌末、演出炫人耳目的金光風格」（楊馥菱，2004年，頁155）。民國78年（1989）薪傳、民國80年（1991）河洛成立，開始了強調唱腔與做工、重視劇本導演，及其他舞臺專業的整體呈現，為藝文劇場的歌仔戲開創了新的做法。

藝文劇場歌仔戲的整體風格，正如曾永義所提到的六大訴求：講求深

刻不俗的主題思想、情節安排須緊湊明快、排場須醒目可觀、語言須肖似口吻機趣橫生、音樂曲調講究多元豐富性、演員的技藝需精湛、學養修為須精進（曾永義，1996年，頁14-16），而近年藝文劇場的歌仔戲，除了精緻化的老戲、新戲製作外，更在強調劇本、導演的基礎上，走向更多樣的嘗試。

二、閩臺歌仔戲的交流

歌仔由漳州一帶傳到臺灣，在臺灣產生了歌仔戲，原生地卻未直接演變為戲劇，福建的歌仔戲，乃是受到臺灣歌仔戲影響而產生。一般認為，歌仔戲傳到福建，是昭和3年（1928）臺灣歌仔戲班三樂軒在廈門水仙宮媽祖廟的演出，然而，臺、閩歌仔的交流很可能早就開始，正如楊馥菱所言，清代兩地互動頻繁，臺灣人到閩南謀生，自然很可能將臺灣的歌仔陣、落地掃帶進閩南的歌仔館，三樂軒只是臺灣歌仔戲傳入福建的其中一個（楊馥菱，2001年，頁88-91）。福建本地歌仔戲班，始於大正14年（1925）廈門七子班雙珠鳳（沈繼生主編，1994年，頁91），雙珠鳳聘請臺灣歌仔戲藝人「矮仔寶」後改演歌仔戲，在廈門迅速流行，受此影響，臺灣歌仔戲班亦紛紛渡海演出，且由於赴閩演出之歌仔戲多為女班，在當地又被稱為「臺灣女班」。歌仔戲的流行遍及閩南各地，連梨園戲發源地泉州，都有七子班金寶發、細祥春為與高甲戲抗衡，分別於昭和8年（1933）、昭和11年（1936）改唱歌仔戲（莊長江，2008年，頁121-122），可見歌仔戲在閩南的盛行。

臺灣歌仔戲傳到福建後，一時兩岸交流頻繁，臺灣劇團、藝人到福建演出、教戲者頗多，對當地歌仔館、戲班產生重要的影響。然而提到福建歌仔戲與臺灣的關係，不能不提邵江海與都馬劇團。邵江海，大正2年（1913）生於廈門，幼年迷上歌仔戲，拜臺灣藝人溫紅塗、雞鼻先為師，曾進入在廈門演出造成轟動的臺灣歌仔戲團「霓生社」，並於廈門歌仔館教戲。中日戰爭爆發，兩岸歌仔戲同樣遭禁，也同樣改變自身以求生

存，在臺灣發展出「胡撇仔戲」，福建則吸收傳統戲曲的養分，邵江海等人改良錦歌爲「雜碎調」，又稱「改良調」，又將傳統戲曲劇本整編，是爲「改良戲」，同時學習越劇裝扮，風行一時。民國37年（1948），唱改良戲的都馬劇團來臺演出，受到臺灣觀衆歡迎，改良調廣爲流傳，由於劇團名「都馬」，因此又被稱爲「都馬調」。兩岸歌仔戲經政治力的隔絕，彼此有了不同的發展，在戰後短暫的交流中，閩南歌仔戲新的曲調、裝扮，對臺灣戲迷而言是很新鮮的，這也使得都馬調後來亦成爲臺灣歌仔戲的主要曲調之一。

　　臺灣早期移民由於主要來自福建，也因此，福建成爲臺灣戲曲最主要的來源：原生於閩南的南管戲，隨著移民來到臺灣；非原生於閩南的亂彈、京班，亦經由福建來到臺灣。不同的劇種，在臺灣的這片土壤發展、競爭、交融，又因應政治環境的影響，開展出不同於原生地的特色，使得臺灣戲曲產生豐富多彩的面貌。時至今日，曾經興盛的臺灣戲曲，有些劇種僅餘業餘社團，有些已經亡佚，僅能見於文獻，連影音資料都不曾留下，往日盛況已不復見。或許今日已經很難讓戲曲藝術再現往日風華，然而，透過關注、參與、支持各種戲曲活動，我們仍可能延續戲曲藝術的生命，延續臺灣傳統文化中動人的旋律與身影。

問題與討論

1. 試描述臺灣布袋戲發展的三個階段與形式特徵。
2. 請說明南管「清曲」與「劇曲」兩種表演形式。
3. 試闡述南管類戲曲在臺灣的發展與變化。
4. 請敘述臺灣歌仔戲五種表演型態的發展歷程與特色。
5. 請敘述臺、閩歌仔戲的交流與影響。

參考書目

王耀華、劉春曙，《福建南音初探》，福州：福建人民出版社，1989。

吳捷秋，《梨園戲藝術史論》，北京：中國戲劇出版社，1996。

呂訴上，《臺灣電影戲劇史》，臺北：銀華出版社，1991。

呂錘寬，《臺灣傳統音樂概論——歌樂篇》，臺北：五南出版社，2005。

李國俊，〈南管戲〉，收入陳芳主編《臺灣傳統戲曲》，臺北：空中大學出版社，2004。

李國俊、林麗紅，《臺灣高甲戲的發展》，彰化：縣文化局，1990。

沈繼生主編，《中國戲曲志·福建卷》，北京：文化藝術出版社，1994。

林珀姬，《南管曲唱研究》，臺北：文史哲出版社，2004。

周倩而，《從士紳到國家的音樂——臺灣南管的傳統與變遷》，臺北：南天書局，2006。

林茂賢，《歌仔戲表演型態研究》，臺北：前衛出版社，2006。

林鶴宜，〈歌仔戲〉，收入陳芳主編《臺灣傳統戲曲》，臺北：空中大
　　學出版社，2004。

邱坤良，《舊劇與新劇——日治時期臺灣戲劇之研究》，臺北：自立晚
　　報文化出版部，1992。

徐亞湘，《日治時期中國戲班在臺灣》，臺北：南天書局，2000。

徐麗紗，《臺灣歌仔戲唱曲來源的分類研究》，臺北：學藝出版社，
　　1991。

莊長江，《泉南戲史鉤沉》，臺北：國家出版社，2008。

許常惠主編，《鹿港南管音樂的調查與研究》，鹿港文物維護地方發展
　　促進委員會，1993。

陳耕、曾學文，《百年坎坷歌仔戲》，臺北：幼獅文化，1998。

陳健銘，《野臺鑼鼓》，臺北：稻鄉出版社，1989。

陳龍廷，《臺灣布袋戲發展史》，臺北：前衛出版社，2007。

曾永義，〈臺灣歌仔戲之近況及其因應之道〉，《海峽兩岸歌仔戲學術
　　研討會論文集》，文建會，1996。

楊馥菱，《臺閩歌仔戲之比較研究》，臺北：輔仁大學博士論文，
　　2001。

楊馥菱，《臺灣歌仔戲史》，臺北：晨星出版社，2004。

劉南芳，〈試論臺灣内臺「胡撇仔戲」的發展途徑及其創作特色〉，收
　　入《歌仔戲的生存與發展——海峽兩岸歌仔戲藝術節學術研討會論
　　文匯編》，廈門：廈門大學出版社，2006。

葉龍彥，〈正宗臺語片興起的背景〉，《臺北文獻》，第127期，1999。

第十章 社會教化

學習目標

1. 通曉儒學在鄭轄以後生根與發展的過程。
2. 了解各統治政權在當時歷史背景下對臺的教化政策。
3. 對官方、民間所加予社會的教化措施有一通盤的認識。
4. 明白臺灣向閩地的教化回流的情形。

關鍵字

閩學、儒學、科舉、書院、聖諭、齋教、鸞壇

　　所謂「教化」指的是一種政治、道德和教育三者有機結合的統治術，運用各種政治的、道德的、禮儀的、教育的手段，來影響人們道德心理的形成，從而建立起穩固的政治統治秩序（林孟輝，1999年，頁10）。其中，興辦教育是改變社會風氣、導引人心歸向的重要手段，要談臺閩社會教化，可能必須從儒學談起。但在這之前，在臺各族原住民已以口傳方式延續祖先的訓示教誨，凝聚族群意識，規範部落風俗禮節。荷治時期，又引入基督教，神職人員對原住民展開醫療、教育、宗教等多層面的影響。以十七世紀來臺宣教師尤羅伯（de Jonghe, 1606-1665）為例，他在崇禎2年（1629）來到臺灣，於1629到1643年間擔任宣教師，任內為5500位原住民洗禮（不包括小孩），為超過1,000對的夫婦舉行基督教的婚禮，並設立學校，訓練超過600位的學生，以及50位左右的臺灣人教師（林昌華，2004年，頁51）。原住民沒有自己的文字，荷蘭牧師教導西拉雅原住民用羅馬拼音的方式把自己的語言拼寫出來，這套書寫系統，在荷蘭人離臺後，繼續使用了至少一百五十年。（周婉窈，1998年，頁59）荷蘭統治臺灣不到四十年，卻是影響深遠。

　　然而，對原住民而言，荷人帶來的基督教教諭，直到鄭成功擊退荷人之後，隨著清朝政權的穩固，不免漸漸式微了。四百年來，漢人的儒學挾其政治優勢以及累積的思想厚度，展現強大的影響力，成為明清時期臺灣文化的基石。在這基石之上，去涵融、吸納不同的文化元素，形成臺灣多元文化的特色。

　　儒學自鄭氏時期從中國傳播來臺，至今仍是維繫社會秩序的價值基礎。這一段文化傳播史，也可簡單理解為臺灣、福建兩地的文教交流史。會這麼說，除了來臺移民多為漳、泉的閩人之外，理由有二：首先，臺灣脫離荷蘭人的統治之後，被鄭氏政權統治，鄭成功為泉州南安人，帶來一班福建籍的臣屬；到清代，臺灣納為福建九府之一，中原文化（儒學）及福建地方文化成為主要的文化輸入來源。其次，受科舉考試影響，臺灣儒學的發展亦以閩學（朱熹學）為主流。

　　及至日本治臺，將現代化觀念帶入臺灣，臺灣文教產生變化。一方面

是舊有科舉的廢除、公學校的興立，另一方面是臺人知識份子的自覺提高，向上尋求政治管道表達自主的訴求，向下則致力廣開民智，以講會的方式宣傳新知識新觀念。同時，時勢所致，日治時期臺人回到福州、廈門辦學，文教傳播回流福建。由此在在可見臺閩社會教化互相交流的軌跡。

壹、儒學傳入

這段時間主要以儒學傳播爲主流，可依主政者而大分兩時期：

一、鄭轄——引入儒學

臺灣接觸儒學教育應自有「海東初祖」之譽的臺灣儒學播種者沈光文（1613-1688）始。明亡後，沈光文先後追隨魯王、桂王，受桂王封爲太僕寺少卿。後前往金門，清福建總督李率泰以高官厚祿誘之，沈氏不爲所動。及至攜眷欲遷居泉州，途中遭遇颱風，漂流到臺灣。明永曆15年（1661），鄭成功來臺，頗禮遇沈光文。鄭經繼位後，沈光文作賦諷其施政，險遭不測，遂逃至羅漢門山居，在目加溜灣社當地，教授西拉雅族人漢學。清領後，沈光文仍在臺灣教學，是以諸羅知縣季麒光有曰「天將留之以啓窮徼之文明」。道光年間，北路理番同知鄧傳安爲紀念沈光文，於鹿港創設文開書院，可見沈氏之影響，此爲臺灣儒學播種期。有謂「海外文教肇自寓賢鄞縣沈斯菴太僕光文字文開者」、「居臺三十餘年，及見延平三世盛衰。……公得保天年于承平之後，海東文獻，推爲初祖。」（全祖望〈沈太僕傳〉）。

臺灣儒家政教傳統實由鄭成功與陳永華君臣開始。明永曆15年（1662），鄭成功改赤崁爲承天府，總名「東都」，諭告曰：「東都明京，開國立家，可爲萬世不拔基業。」設一府二縣：承天府、天興縣、萬年縣，制定法律、推展經濟、開發生產，在臺灣開展中國文教和生活方

式。郁永河《裨海紀游》提及：「新港、嘉溜灣、毆汪、麻豆為偽鄭時四大社，令其子弟能就鄉塾讀書者，蠲其徭役」，鄭成功本有意推行科舉，可惜英年早逝，未能實行，交由輔佐鄭經的陳永華著手擘劃。

陳永華立孔廟興儒教，規劃以社學、府學、太學層層向上的考選制度，在太學當中拔擢吏政人才。考試的內容為四書、五經，社會教化於是以儒家思想為主。

明永曆19年（1665）陳永華於承天府（今臺南市）建孔廟，臺灣開始進入國家建構的文教體制，據《臺灣外記》記載：孔廟建成後，又於旁置明倫堂。各社設學校延請教師令子弟讀書。三年兩試。州試有名送府，府試有名送院；院試取中，准入太學。鄭經以陳永華為學院長、葉亨為國子監助教，自此儒學在臺產生一定程度的影響。從鄭氏時期延續至清朝，一直到日治時期儒學影響的勢力仍在。

二、清領──閩學之臺灣

清代康熙22年（1683），施琅攻取臺灣，於是福建省八府之外又添加一府。清王朝依循漢人文教模式立文廟、設儒學、創書院，由於行政、地理、歷史等因緣，使臺灣成閩學之臺灣。臺灣與福建僅一水之隔，三百多年前已有漢移民來臺，其中多閩人，尤其以漳州、泉州為夥。及至鄭氏政權建立之後，隨其來臺者有為數不少的士紳文人。隨著他們到來，朱子儒學亦流傳至臺。因為朱子門生之中，閩人最多，據研究者統計指出，《宋元學案》中朱子的門人有51%來自福建，《朱子語類》記錄的門人有32%是福建人。

清廷以朱子儒學為國家意志，以之作為科舉考試的核心，甚至愛新覺羅家族亦受漢化，以朱子學籠絡人心。康熙曾說：「朕以為孔孟之後，有裨斯文者，朱子之功，最為弘巨。」道術的宣傳以官學、書院、書塾為據點，其中福建的教諭、訓導多由泉州、漳州師資中選拔。

此外，在臺仕宦以閩學重鎮「鰲峰書院」為仿效對象。鰲峰書院是康

熙47年（1709）福建巡撫張伯行興建，為閩地最重要書院，是臺灣儒吏和儒生推展文教的楷模。乾隆年間巡臺御史楊二酉在「海東書院碑記」寫道：「諸生一仰止鼇峰，且不免望洋而嘆也！……意選內群通經宿儒充教授為良師，允堪作育多士，與鼇峰並峙。」此語即點明在臺士人心目之所向。所以，臺灣的書院在精神、原則以及作風上，均是閩地朱子學的傳播和延續。

清代歷任理臺仕宦對臺地教育問題多所關切，如康熙25年（1686）臺廈道周昌：「臺灣戶口，盡屬南閩之人；天資多有聰慧，機智多有明敏，一經學問，化同時雨，唯廣其功名之路，鼓舞作於英才，不難乎濟濟也。」（高拱乾《臺灣府志》）即至乾隆年間，陳璸〈重修臺灣縣學碑記〉回憶康熙末年時任臺令：「每以廟學未成為一憾事。」對在臺設學一事，念茲在茲，後二度來臺，建朱文公祠。

貳、教化施設

鄭轄、清領以來，隨著科舉制度以及教育推廣的需求，臺閩兩地關係越加緊密，官學、書院、私塾等官辦或私設教育單位也越來越多。然而，因為人口增加，資源有限，作為移民社會的臺灣械鬥不斷，因此官方宣講、示諭遂成為穩定社會秩序的手段之一。以下分點說明。

一、凝聚認同意識——科舉

清代在臺灣納入版圖後，設置「臺灣府」，統轄臺灣、鳳山、諸羅三縣。科考錄取員額數吸引閩地士子設籍臺灣，甚至渡海居留臺灣，這是其他漢人海外流動區域少有的現象。而科舉考試，由縣治、府治層層向上到省城、京城，又吸引臺灣士子向中國大陸回流，強化中央與邊陲的關係。（尹章義，1989年，頁581-583）臺灣自鄭轄後有兩個儒學傳統，一是隨

鄭成功來臺的東林、浙東儒學；另一是清治之後，透過治臺賢吏從福建渡海東傳的朱子學。真正產生影響力的，實是後者。在臺士人言行多遵循朱子學，乃至傳統臺灣的社會文化庶民生活，基本上以朱學思想為規範。由陳璸於康熙51年（1712）建立第一座朱子文祠時，撰〈新建朱文公祠記〉一文，曰「文公之神，周流海外」，士人對朱子學渡臺頗為推崇。

科舉考試固然吸引百姓接受官方所提供的社會制度、價值觀，清廷特意鼓勵臺灣人民參與也產生推波助瀾的效果，使儒學很快深入臺灣地區。在科考方面，臺灣的科舉考試制度與福建無異，臺閩兩地科考規定皆受福建省地方當局統一安排。

但清廷給予臺灣三個相對優厚的條件：

（一）由臺赴閩交通不便，院試地點不在福州，而是臺灣府治所在地。依當時規定，科考的初級考試——童試（含縣試、府試和院試）由各府縣組織實施。臺灣的童試跟福建省其他縣市一樣，每三年舉行兩次，通過者即是「秀才」，得進入當地儒學讀書。由於交通不便，福建當局於是規定臺灣考生參加院試不必前往福州。院試本由福州學政主持，轉而委託分巡臺廈道，因此，在臺灣院試又稱道試。縣試、府試、院試都是第一名者被稱為「小三元」，以與鄉試、會試、殿試都是第一名的「三元及第」有所區別。清末臺南進士施士洁便是「小三元」。

（二）清代閩臺兩地錄取名額一體統籌，然專為臺灣士子設立保障名額。康熙26年（1687），臺灣生員額外加取舉人一名（當年，鳳山縣蘇峨是臺灣第一位舉人），之後康熙36年（1697）取消加額，但雍正7年（1729），在巡臺御史兼提督學政夏之芳提議後恢復，雍正13年（1735），福建巡撫盧焯請求，又增1名，嘉慶12年（1807）再加1名，直到咸豐9年（1859），包括廣東籍由臺灣赴福州鄉試的名額總額達到8名。不僅如此，乾隆4年（1739），清政府根據巡臺御史諾穆布的建議，規定只要臺灣有十位以上的舉人赴北京參加會試，給予錄取保障名額1名。

（三）赴福州參加鄉試的臺灣士子享有「官送」待遇。由於臺灣士

人渡海應考，生命頗受威脅，考生之間，流傳「鄉試諸生，小暑節前內渡，過此勿往。」、「鄉試文武生，勿輕出海口，文於小暑前，武于白露後。」等語，甚至作有〈渡海萬全歌〉描述最佳出海時間與抵達地點等等。為了讓考生不必再冒險赴閩，自同治13年（1874）始，每逢考期，清政府便派遣官輪將考生由淡水港護送至福州，這一措施便是「官送」。這些政治措施，對臺灣儒生大加鼓勵，有清一代，臺灣至少出過30名以上的進士和300名以上的舉人。

　　直到日人統治，臺灣士子仍有嘗試渡海參加科舉考試者。例如，新竹縣詩人鄭鵬雲渡海到福州參加鄉試，不料被日本人驗舟驅回，因而寫下〈丁酉仲秋感懷〉：「踏遍槐黃跡已陳，磨穿鐵硯暗傷神。功名有份三生定，世事如棋一局新。」此外，在西渡到福建地區居住的臺灣籍民，於當時設有臺灣籍民學校如：明治32年（1899）東亞書院、明治41年（1908）廈門旭瀛書院、明治35年（1902）泉州彰化學堂、明治36年（1903）漳州漳華學堂、石碼瀛夏書院等可供臺民就讀，畢業後亦可參加科舉考試。

二、教育單位的設置——書院、社學

　　明清時期教育單位的設置，可大分為儒學、書院、義學、社學、書房等。其中「儒學」為地方政府官辦學校，府設府儒學，縣設縣儒學，大多設置於文廟，講授內容以科考舉業之科目為主，清初計有：臺灣縣儒學（安平）、鳳山縣儒學、臺灣府儒學（臺南）、臺北府儒學等13所。從康熙23年（1684）開始，建臺灣縣學、鳳山縣學、臺灣府學，康熙25年（1686）再建諸羅縣儒學，之後隨著行政區的調整，至光緒19年（1893）崇基書院成立，臺灣書院已達60所。其中或因經費、師資等因素停辦者外，持續經營的約有30所，大抵是由南到北逐漸設置。官方書院達47所，其中乾隆前期集中在臺南，乾隆以後分布嘉義、雲林、彰化、新竹、新莊、澎湖，嘉慶時更到宜蘭。雍正之前大都奉文設立，其後

隨著土地開發、經濟發展、文風漸盛，乃多由官紳合辦。「社學」屬地方政府在各大鄉巨堡開置的學校，分成人社學與土番社學兩種，目的在教化鄉民。「書房」是民間私學，又稱爲「書館」、「私塾」，多半由士人在自宅設立，收受束脩，也有由富家獨力延師授課，或鄉人集資延師開設，屬於基礎教育。「義學」又稱爲「義塾」，是專爲窮苦家庭實施啟蒙教育的場所，不收費用，有時還發給賞銀，屬於基礎教育。

至於師資，多是福建籍貫，如道光年間，晉江人陳友松應聘到仰山書院主講、侯官（今福州）人劉家謀擔任臺灣府學訓導；同治光緒年間，金門文人林豪三度主講於文石書院，晉江進士王式文主講臺灣蓬壺書院，同安張贊忠光緒年間掌明道書院山長，同安林鶚騰曾主講文石書院等等。至於出身臺灣，在本地任教的有：施瓊芳主持臺南海東書院、陳維英任明志書院山長並創辦噶瑪蘭仰山書院、陳濬芝掌教明志書院等。值得一提的是，淡水廳人陳維英曾於道光25年（1845）到福州擔任閩縣教諭，其優異的表現頗令閩人折服，一洗「臺灣蟳無膏」之譏，從此之後，閩人不再輕視臺灣出身的文人。又，臺北孔子廟在大正8年（1919）將先儒入祀，陳維英是第一位入祀的臺灣文人。

清代書院活動主要有入學考試、講習，一般多著重於生徒的自我修習，掌教者則負責作檢核、督促與講解的工作。另有考課：「書院課程之中，以考課最爲重要。……每月或朔或望，聚集士子課文，評定甲乙，獎以筆金。」月課的時間，若逢歲科考試，則減少以免衝突。以及「祭祀」必祀先師朱子、五夫子（孔子由朝廷學官奉祀）祀先賢先儒，或祀興創增守令或專建書院有功地方者。另祀文昌、魁星等。主要修習內涵：明人倫、辨義利、尊師友、通經史等。除通經史爲知識，餘爲道德教育。

至於社學，自康熙23年（1684）建立官學以來，社學在各鄉村紛紛增設，有所謂「民社學」、「番社學」，至光緒年間，只鳳山縣轄內就有238所社學（王日根、李弘祺，2007年，頁253），可見儒學教育相當普及。

康熙25年（1686），諸羅縣令樊維屏在新港、目加溜灣、蕭壠、

麻豆4社設立社學（西拉雅族）（高拱乾，2004年，頁33）。康熙54年（1715），知縣周鍾瑄在諸羅山、打貓、哆囉嘓、大武壠增設「番學」4所，使番童「漸有彬彬文學之風」。（周鍾瑄，2005年，頁80）

　　義學義塾在康熙43年（1704）開始出現，雍正2年（1724），分巡臺廈兵備道吳昌祚大加推廣，帶動義學興起。雍正年間，對番地設立義學多有獎勵，《臺灣志略》云「向罔知廉恥，不識尊卑。數十年來，浴聖化之涵濡，漸知揖讓之誼，頗有尊親之心。多戴冠著履，身穿衣褲。凡近邑之社，亦有知用媒妁聯姻行為，女嫁外，媳娶家，大改往日陋習。又多剃頭留髮，講官話及漳泉鄉語，與漢民相等。」康熙時熟番46社，到乾隆時已有93社。余文儀《續修臺灣府志》：「各社學俱立社師，擇漢人通文理者，給以館穀，使教誨番童，遞年南北路巡歷，宣社師及各童至，能背誦四子書及毛詩。歲科與童子試，亦有知文理，背誦詩、易經無訛者，作字頗有楷法。番童皆髮冠履，衣布帛如漢人。」

三、官方宣講聖諭與官員諭告

　　清代以前中央政府以至縣都有學校設立，但招收名額有限，須考試及格才成正式生員，以嘉慶16年（1811）為例，全臺有250萬人，但臺灣府歲、科各錄取生員20名，臺灣、鳳山、諸羅、彰化四縣歲科各錄取12名，淡水、澎湖、粵籍合併歲、科各錄取8名，即當時每三年全臺灣錄取進入學校為生員者，只148名，約每17,000人始分配到一個學生名額。為彌補學校教育不普及的缺失，明清二代政府均在鄉村設立社學，或鼓勵民眾設立義學、私塾以普及基礎教育。到了日本統治之初明治30年（1897），臺灣私設書房有1,127所，學生17,066人，可見其普遍之程度。當時臺灣漢人約300萬，每120人就有1人在私塾就學，彌補官學不足。至無其它未受教育人口，其接受教化的方式主要是宣講聖諭。

　　聖諭指的是皇帝為教育百姓而撰之文詞，清順治9年（1652），親頒六條諭示：「孝順父母、恭敬長上、和睦鄉里、教訓子弟、各安生理、無

作非為。」原先只於八旗兵丁集會時宣讀，未發交各級地方政府。順治16年（1659）施行範圍擴大，直、省、府、州、縣皆舉行鄉約，於每月朔、望之日聚集公所，予以宣讀。康熙時衍申為16條：

1. 敦孝弟以重人倫，　　2. 篤宗族以昭雍穆
3. 和鄉黨以息爭訟，　　4. 重農桑以足衣食
5. 尚節儉以惜財用，　　6. 隆學校以端士習
7. 黜異端以崇正學，　　8. 講法律以儆愚頑
9. 明禮讓以厚風俗，　10. 務本業以定民志
11. 訓子弟以禁非為，　12. 息誣告以全善良
13. 誡匿逃以免株連，　14. 完錢糧以省催科
15. 聯保甲以弭盜賊，　16. 解讎忿以重身命

雍正後，將上諭十六條，逐條加以約六百餘字解釋，編成《聖諭廣訓》，全書一萬言，刊刻頒布全國各府、州、縣、鄉、村，使生童誦讀。

康熙時，臺灣原本只諸羅縣有宣講聖諭，至藍鼎元積極推動，說服閩浙總督覺羅保滿及臺灣道吳昌祚於雍正6年（1728）再度上奏，要求在臺地普及宣講活動，由於藍鼎元為平朱一貴功臣，且《聖諭廣訓》剛推出，因緣時會，臺灣各衙門配合推行。臺灣府、臺灣、鳳山、諸羅、彰化各添設訓導一員，使掌管一般教化與宣講聖諭。

宣講進行的方式，乃先以官音宣講一次，再以土音細講，於乾隆、嘉慶、道光年間，風氣很盛，一直持續到光緒年間。後期慢慢衰退變質，宣講時參雜其他異說，比如道教、佛教、感應篇、陰騭文等。

至於官員諭告方面，由於各地風俗民情不同，地方官常依據現況的需要，對轄區百姓加以規令勸誡，以補聖諭廣訓之不足。例如光緒3年（1877）閩浙總督何璟與署理福建巡撫葆亨，刊印《戒俗八條示冊》，指出械鬥宜戢、火葬宜革、溺女宜禁、健訟宜懲、賭風宜絕、洋煙宜戒、錮婢宜禁、宰牛宜禁，對庶民百姓的生命，有一定的規範引導。

參、民間自我教化——齋教與鸞壇

社會教化不止是依賴官方教育行政體系來推行，亦有賴民間團體自動自發。這些民間的自我教化，呈現一般百姓的價值觀、社會風俗慣習，以及面對時勢的應變態度。閩臺地區民眾的自我教化功能，主要透過齋教與鸞壇兩種方式運作。

一、齋教

由佛教支派產生，又稱齋門，或在家佛教，屬於佛教優婆塞、優婆夷之在家二眾。設教所在稱為齋堂，不稱寺院，有龍華、金幢、先天三派之別。信徒均素食，稱「食菜」、「持齋」，不穿僧衣，不圓顱（即不剃髮），在市井營生，以俗人身份維持佛教，除先天派遵守獨身外，除其二派婚姻自由。傳說：梁武帝時代，菩提達摩由印度來中國傳教，為禪宗初祖，傳至五祖弘忍，以「菩提本無樹，明鏡亦非臺，本來無一物，何處惹塵埃」一偈，夜半授衣鉢予六祖慧能。慧能為避同門神秀之難，逃隱於漁家，歷四載，從事行商佈教，後往韶州曹溪，發揮禪風。南嶽懷讓傳其衣鉢，馬祖道一接之，其時士庶僧道皈依者頗多，因此在家佛教，承傳六祖行商時自濟化他之大乘佛教精神。

齋教之信徒：其持齋修行者，凡4種：1.受戒者：畢生素食俗稱食長齋。2.信戒者：朔望日即農曆初一、十五，或逢三、六、九日素食又曰花齋。3.祈安者祈願中素食。4.信心者：每朝素食，稱半齋，俗稱食早齋。

由於清廷壓制民間祕密宗教傳播，齋教各派亦在禁止之列。因而清代臺灣齋教傳布，形式較為隱祕，也因此保持較完整的宗教儀式、教派組織等。乾隆13年（1748），福建建甌齋教教眾起事，清廷大肆鎮壓，掃蕩齋堂，因而臺灣當地齋堂，多在此事件以後。齋教傳入臺灣，以康熙年間金幢派蔡文舉門下最早，但嘉慶後，其教始盛。乾隆58年（1793）

白蓮教亂發生，齋教因受其連累，遂多至臺灣開教，其教義、修持方式及互助性質，頗能為臺灣居民接受，且早期招收信徒須人引薦，內部組織化階級嚴明，經濟獨立自主，向心力高，故發展大盛。如嘉義福善堂（1801）、臺南善化堂（1814）等至道光有臺北慈雲堂、彰化曇花堂，據統計，至大正7年（1918）臺灣有齋堂172座。（臺灣總督府編著，1993年，附錄頁44）

齋教信仰對臺灣百姓有很大的影響力，據林豪《淡水廳志》記載：同治元年（1862）彰化戴潮春起事，戴潮春之兄長早死，其嫂羅氏持齋守節，戴潮春頗敬憚之。戴潮春破清軍入彰化城，其夫人許氏與兄嫂羅氏長跪大哭，力諫勿殺百姓，戴潮春同意入齋堂者不殺。後彰化雷知縣得以不死，乃因逃入齋堂之故。可見齋教教化在當時深入民心。

二、鸞壇

鸞壇指藉神靈降乩著書，以勸戒百姓為善之宗教團體，可分為公壇與私壇，公壇為廟宇附設，為百姓解決各種疑難，私壇則為讀書人合設，壇內亦供仙神，開放參拜，與寺廟差別不大。清康熙已有鸞堂（又稱「仙堂」），其時僅為讀書人休憩並藉降乩之名以唱酬所在，奉祀五文昌。道光年間，由於社會秩序混亂，性質轉變，一面推廣齋教，一面藉此機會著書勸世。日治之後，鸞堂數量大增，乃儒學士子為避日人耳目將文化傳承從書院轉以鸞堂流播，甚至有些鸞堂前身就是書院，供奉孔子、關聖帝君，經扶鸞寫成文章並集結成書，內容多以儒家教理教化勸世，以抵抗日本殖民文化入侵。

以扶鸞方式寫成的第一部勸世書為關聖帝君《覺世真經》，其編寫年代為道光22年（1842），由福建同安人蘇廷玉撰為文字。主要教人敬天地、守倫常，最後垂訓語：「做好人，說好話，讀好書，行好事。」此類勸善經書大抵分為三部份：第一部份為請神詞，即拜請神明降臨的禱詞。第二部份是開經讚，說明著作此經的用意以及此經之功效。第三部份則是

經文，以自述語行文。第四部份爲收經讚。

　　鸞壇之著作皆以宗教儀式進行，因其具有神秘色彩，且男女雜處，經常被官方視爲邪教。就教化的角度來看，主要是讀書人假神靈之名勸諫世人以導正風俗，因此，勸戒的內容常針對時弊而發，且具有引導人心之實效。如《臺灣慣習記事》〈降筆會與鴉片的關係〉一文曾記載明治34年（1901）4月至10月，臺灣南部降筆會神佛意旨勸人戒煙，致使申購鴉片者，從765人降至446人（蔡相煇，1998年，頁281），其影響力確實不容小覷。

肆、官學中斷與士子回流

　　據統計，整個清代被派往福建任職的臺藉仕子有進士1名，舉人18名，貢生61名（王日根、李弘祺，2007年，頁241）。可見經過鄭轄、清廷在臺施設文教系統，培養許多出色的儒生士子，他們不僅服務本土鄉里，後來也因入仕任職於閩南地方，臺灣已有足夠的文化涵養回流中國貢獻所學。直到日人治臺，此文官育成系統才被迫改變。

　　乙未割臺後，日人將科舉廢除，大量科舉士子流向民間，以塾師爲業，據統計，1898年臺灣書房數多達1,707所（吳文星，1983年，頁12）；此外，臺灣自清初詩社東吟社創立後，臺灣儒士多藉詩社增廣交遊、切磋文藝，乙未割臺之後，詩社如雨後春筍遍及全臺，多達近300個，詩社因此更具有保存漢文化以延續斯文之效。書房與詩社林立說明當時文人希望以文化事業維繫臺人之民族認同。如洪棄生武力抗日失敗後，堅拒講日語，寫作《瀛海偕亡記》紀錄抗日事跡，書寫舊詩、古文，續傳既有文化。

　　日本治理臺灣這一段時間，傳入現代化思想與建設，設立公學校，原有的儒學傳統轉爲百姓自我教化的精神指導，藉著書房、詩社以及漢文報刊進行文化傳播。難以接受文化衝擊的臺灣士人還有另一種選擇：回到

中國原祖籍地。值得注意的是，回原籍後的臺人往往透過現代化辦學的方式，爲福建地區文化注入新的元素。

日本初領臺灣，規定於明治30年（1897）4月14日後不離開臺灣，又未經申報中國國籍者，即爲日本臣民。部分文士不甘爲日本統治，回到中國，寄籍漳州、泉州、廈門等地，附讀於當地府學、縣學，繼續參加科考。明治34年（1901），臺灣施靜山名列榜首。又如，臺灣秀才高選鋒攜眷返回中國，並於廈門創辦紫陽書院，邊授課邊備考，後來中舉。民國初年曾任紫陽國小校長，仍致力於教育之推展。

除了臺人回返祖籍地設教興學，日人也透過辦學的方式，試圖介入福建地區的教育，以呼應其「對岸政策」。日本執政者在福州、廈門地區，設立學校，藉之掌握臺灣籍民的思想動向。臺灣總督兒玉源太郎曾在〈有關統治臺灣之過去及將來之備忘錄〉裡提到「在廈門設立日語學校，而由總督府予以補助」，因此，臺灣總督府於明治32年（1899）12月，在福州補助成立「東文學堂」、廈門「東亞書院」，都是以臺日雙方合作的方式創辦。此爲臺灣總督府於福建建校之濫觴。然此二校因諸多波折，分別於明治36年（1903）、明治43年（1910）停辦。

其後，日本當局又再補助創辦東瀛學校、旭瀛書院。這兩所學校在臺灣割讓日本後，以兩年內未遷回中國之臺灣人或遷回中國然取得臺灣籍、歸化日本的「臺灣籍民」爲主要招收對象。

一、東瀛學堂

東瀛學堂的成立主要得力於東瀛會館之策劃與捐款。東瀛會館乃爲了「企使臺灣人同心協力，興利除弊，以成爲善良之日本臣民」而於明治33年（1900）5月設立，後籌辦學堂事務。明治41年（1908）開辦東瀛學堂，隔年因應學堂的成立，修改人事規則，會長一職由學堂主任兼任。會館表面上只是一般的同鄉會，「實際上會長議員事等人員全部由日本總領事或領事任命。各種會務的進行，復均聘請日本人爲顧問，所以實際上是

一個指揮臺灣人侵略福建的政治機關。」可見它仍然是日本皇權的延伸。

東瀛學堂原來成立的目的，是因為臺灣籍民在語言、思想、經濟幾方面幾與中國人無異，為了改變第二代臺灣籍民的思想、認同，促使臺灣籍民子弟學習日語、效忠日本。出於此政治目的，臺灣總督府承諾補助，並擬定補助條件如下：

（一）東瀛學堂之課程應準照臺灣公學校之學程。

（二）該學堂之畢業生應與臺灣之上級學校銜接。

（三）該學堂之設備、維持，以及教師宿估等一切經費，皆由臺灣籍民負擔。

（四）在同意上開條件下，臺灣總督府可派遣教諭一名，並負擔其薪津。（教諭後來即是學堂主任，接受總督府指導）

（五）委託福州領事監督該學堂教師。

這五個條件等於將臺灣殖民教育的模式帶到閩南，在福州進行殖民教育。

這個「教育」目的，隨著時勢變化，後來有所轉變。東瀛學堂開學之初，學生共33人，內括中國子弟17人，接著下來的時日，學生有減無增，到明治44年（1911），增加漢文課程、免收學費、改善設備後，中國子弟入學者增加，後來更成為主要學生來源，佔了九成。這是因為東瀛學堂後來成為中國學子留日的預備學校，且東瀛學堂除免收學費外，日、漢文皆教授，因應不同的需求。另外，這些中國人有些是臺灣籍民之中國親屬，或者以為就讀東瀛學堂可容易取得臺灣籍。臺灣籍民可獲得日本領事館在商業上、司法上的保護，不少商人出於利益考量歸化日本。

日本當局對中國人就讀頗樂於接受，後來主動擴大招收名額以容納更多的中國學生，以便培養更多有意留學日本或臺灣的中國人以及培養操日語的店員。這作法曾遭中國民眾反對，日本領事則一再否認有文教侵略之情。

東瀛學堂擴大招收中國學生，不僅出於政治目的上的文教侵略，到後來更演變成與英美學校互別苗頭以宣國威的角力場域。當時福建省尚有

美國教會（Methodist）創辦的學校與醫院，日政府擔心當地人為美國所感化，才擴建東瀛學堂（大正3年招收300名），以便對抗英美之教育設施。於是原以教育臺灣籍民子弟忠心日本的目標，遂轉為培植日本勢力與英美爭霸的手段。

二、旭瀛書院

旭瀛書院與東瀛書院一樣，都是為了達到政治目的而創立的，運作模式也依循東瀛書院的模式，由臺灣籍民所組織的「臺灣公會」為主體，臺灣總督府經費補助、日本駐廈門領事監督。

廈門臺灣公會於明治39年（1906）9月成立，明治40年（1907）獲日本領事館正式承認。該公會於明治43年（1910）10月向日本領事館提出建議，依「臺灣公學院」學則開辦旭瀛書院。獲准後，廈門臺灣公會會長莊有才及其會員捐出土地、有錢出錢，更發起按月捐款承諾辦校，深獲日本官方激賞。然而，配合官方政策熱心辦學的背後，實是他們得以在日本領事館的庇護下販毒牟利，日本領事館坦誠「議員（指臺灣公會所屬者）多數與鴉片有關，臺灣籍民中之部份學生，咒罵公會議員為鴉片議員，此倒非不當之稱。」（梁華璜，2007年，頁239）這些公會會員迎合日本當局，謀取自身利益，熱心捐輸的背後，實別有用心。

綜上，在日治時期之前，臺閩兩地文化交流從原來呈現向福建一面傾倒的現象，到後來臺籍士子為科舉湧向福州甚至任職，稍有均勢。直到馬關條約臺灣割讓日本，由於部份士子不肯受日人統治，寧願回到中土，則又出現另一種形式的文化逆向輸送。日本之治理臺灣，為管理臺灣籍民在福建地區的活動，並進一步擴張其殖民勢力，才又以臺灣籍民出資、總督府監督的模式建立東瀛、旭瀛兩座書院，吸引不少中國人就讀。

綜觀四百年來臺灣的文教史，可見由於臺灣早期未有統一的政體，缺乏政治力量推擧經營，原有文化紮根不夠深厚，後來的政權藉由文字、依

傍體制進行文化思想建構工程，在這塊土地上產生不小的影響，如荷人傳頌基督經文，明清推行儒學思想，日人宣揚現代文明等。這些文化與本地精神融合，經過時間層層累積，形成多元，彼此交涉共容的現貌。

　　而今，雖然儒家的價值思想仍是臺灣社會主要的思想基礎，但隨著全球化、現代化自由與人權思想逐漸成為公民基本素養，原住民自主意識的抬頭，以及新住民強烈地要求被認同，這塊土地仍有許多文化元素長出、流入，不斷融合再變化。

問題與討論

1. 試比較清代、日本在教化政策上，於內容、心態上的不同。

2. 齋教、鸞壇於當今臺灣社會的活動情形如何？

3. 想一想，在日常生活中，有哪些情形可以看出臺灣文化蘊含了儒教思想？

參考書目

尹章義《臺灣開發史研究》，臺北：聯經出版社，1989。

王日根、李弘祺《閩南書院與教育》，福建：福建人民出版社，2007。

吳文星《日據時期臺灣師範教育之研究》，臺北：國立臺灣師範大學歷史研究所，1983。

汪毅夫《閩臺地方史研究》，福建：福建教育出版社，2008。

周婉窈《臺灣歷史圖說》，臺北：聯經出版社，1998。

林孟輝〈清代臺灣學術教育與儒學教化研究〉，臺南：成功大學中文所碩士論文，1999.6。

林本源中華文教基金會編，林本源中華文教基金會2004年會暨「賴永祥先生的學術世界」研討會論文集，2004.12.10。

林慶彰主編《日據時期臺灣儒學參考文獻》上下冊，臺北：學生書局，2000。

梁華璜《梁華璜教授臺灣史論文集》，臺北：稻鄉出版社，2007。

陳昭瑛《臺灣儒學：起源、發展與轉化》，臺北：正中書局，2000。

陳昭瑛《臺灣儒學的當代課題：本土性與現代性》，中國社會科學出版社，2001。

潘朝陽《明清臺灣儒學論》，臺北：學生書局，2001。

蔡相輝《臺灣社會文化史》，空中大學，1998。

第十一章 宗教信仰（一）

學習目標

1. 了解臺閩民間信仰出現的原因。
2. 認知臺閩民間信仰對象的形成背景。
3. 了解閩地信仰傳入臺灣的過程。
4. 認識閩地入臺各族群的移民保護神。

關鍵字

民間信仰、民間宗教、鄉土移民守護神、自然崇拜、
亡靈崇拜、傳說與神話中的神明

　　近代學者討論到漢人宗教信仰的課題時，通常會面臨到的問題是，究竟這是不是一種「宗教」？或只能以「信仰」稱呼之？抑或是將「信仰」置入「宗教」體系中來探討？然而無論是哪一種面向的探討，漢人社會中的宗教信仰和佛教、基督教等世界性宗教最大的差異就在於世界性的宗教是屬於制度化宗教，有嚴謹的教條、教義、經典和神職人員，而漢人社會中的宗教信仰則雜糅了儒家思想和佛、道等不同宗教的教義、經典、思想和信仰方式，但卻沒有強制性的信仰行為在其中，這和西方宗教學說的論述實屬不同的信仰體系，因此學者林美容認為，一般人對民間宗教與民間信仰之用詞極為混亂，簡言之，宗教必定與信仰有關，而信仰卻未必是宗教。

　　信仰是人們重要的精神力量來源，在傳統的農業社會中，漢人祈求神明能保佑他們，讓他們五穀豐收、生活安定，並且在生活安定之餘，以熱鬧的慶典來禮讚神明的恩惠。如今雖已進入工商業社會，但人們對於信仰的依賴程度依然不減，舉凡考試、經商、求姻緣、求健康等各種心靈上的須求，無一不反映在對各種神明的崇敬上。此外，隨著科技、網路的發達，信仰的儀式和內涵也呈現出不同的面貌，在社會變遷的過程中，更能符合信眾的需求。

　　在信仰模式的演變中，自然崇拜為最原始的信仰型態。由於人類的生活和自然界息息相關，無論是大自然的現象例如打雷、閃電、刮風、下雨，或是大自然的一切生物包括動物或植物，都是人類生活中的一部分。在古老的社會中，人們不了解自然界打雷、閃電、地震、日出日落等現象產生的原因，所以認為這些現象的背後都有一種力量在控制，但是人們無法了解或控制這些力量有所接觸的時候，就會產生恐懼，進而希望這些力量不會為自己帶來災害，甚至會祈求這些力量能帶來生活上的安穩。學者何星亮對自然崇拜提出的看法：「第一、各種自然崇拜形式不是同時產生的，而是先後產生的。人們較早崇拜的是那些對本地區的社會生產和生活影響最大並具有嚴重危害性的自然現象或自然力，而其他則是較晚時候產生的。第二、有些崇拜對象因地而異，居住在山區的人們普遍崇拜山神，

而遠離山區的平原地區的人們則不會有山神崇拜。海神、湖神也一樣，
無海、無湖的地方絕不會有海神和湖神崇拜。」（何星亮，1992年，頁
12）從《中國民間信仰資料彙編》一書的記載可以看到，中國民間信仰
的對象無所不包，凡是自然界中的一切現象、生物或非生物，甚至是超自
然的鬼神，都可成爲靈物，進而成爲人們信仰的對象，例如自然界現象中
的打雷閃電，職掌者便是雷公和電母；天、地、日、月、星辰、河、山、
海……等各有職掌的神明；動物界中的崇虎、崇蛇、槃瓠信仰；植物界中
的花神、大樹公信仰以及非生物的石頭公信仰等。此外，在漢人社會中強
調「天人合一」的宇宙觀，與大自然產生和諧的相處模式，就是從遠古時
期自然崇拜的信仰行爲衍生出來的。而現今民間信仰對象中，例如土地
公、天公、地母等神明的概念，和遠古時期的自然崇拜仍具有一定程度的
關聯性，只不過今日轉化成以人格形象產生出來。

　　遠古時期除了自然崇拜外，圖騰崇拜亦是非常重要的信仰形式，學者
岑家梧指出：同一個集團的成員以圖騰做爲共同信仰，不論在食衣住行
各方面的用品或裝飾，皆採取同一樣式，表現出同樣的圖騰信仰。（岑家
梧，1987年，頁9）學者何星亮也認爲：圖騰崇拜是與狩獵、採集生活相
適應的宗教形式，它產生於舊石器中期，繁榮於舊石器晚期，至新石器時
代則逐漸演變。而圖騰崇拜中圖騰的觀念又可分爲圖騰親屬觀念、圖騰祖
先觀念和圖騰神觀念。（何星亮，1993年，頁149）這些觀念所產生的原
因和原始人對自然界的無法理解，以及希望擁有安全的生活環境有著密切
的關係。在臺閩地區由於地形變化大，山、海、河等各種地形地貌皆存
在，再加上氣候溫暖潮濕，適合各種生物繁衍，各種自然崇拜的現象在遠
古時期就已經出現，甚至將自然崇拜中的動植物視爲自己的圖騰祖先神、
保護神，並一直流傳至今。例如許愼在《說文解字》裡提到：東南越，蛇
種。明確指出閩越地區視蛇爲祖先、保護神而加以崇拜。此外，至今在福
建仍常見到的蛇王廟、蛇神神像和相關文物，構成了當地特有的蛇神信仰
文化。

　　臺閩漢人的民間信仰對象相當多元，凡是能祈福驅邪、消災解厄的神

明都能成為祭拜的對象，除了從自然崇拜產生出來的神祇外，最常見的是對人死後成鬼或成神的祭拜，一般通稱為亡靈崇拜。傳統漢人社會亡靈崇拜的信仰觀和生死觀是相輔相成的，由於人類對於看不見的世界大多抱著敬畏的態度來看待，因此對於死後的世界多希望能得到保護和願望的實現，而非遇到侵害或騷擾，因此在敬畏的心態下，就會產生祭祀的行為。在臺閩社會中，對亡靈的祭祀可分為三種對象：一是在家或在宗祠裡祭拜祖先；二是對歷史上有德行足供後人表率的偉人聖人的崇敬，為他們立廟祭祀。在常見的神明中，例如天上聖母、開漳聖王、保生大帝等神祇，無一不是生前在地方上留有名聲，死後受人祭祀，甚至得到政府的封賜而享有盛名；三則是對無主孤魂設壇或立廟祭拜等。常有客死異鄉或意外身亡者，因未有後人祭祀而成為孤魂野鬼，傳統漢人社會認為這一類的鬼魂最容易造成災厄與不安，因此要好好祭祀以求安寧，除了明清政府皆有祭厲之制外，地方上也都有設有祠廟祭祀之，例如福建泉州東海的大普公、臺灣地區常見的有應公、大眾爺信仰。

在臺閩地區民間信仰的對象中，神話傳說裡的神明和在地方信仰中也占有一席之地，例如中國傳統通俗小說、志怪小說中的角色，《西遊記》中的齊天大聖孫悟空、《封神榜》中的三太子哪吒、趙公明，在現實社會中皆成為民眾祭祀的對象。以齊天大聖信仰為例，由於閩地多山和丘陵，多有猿猴出沒，早在宋代《太平寰宇記》中就有記載猴精和猴神出沒的傳說，明代小說《西遊記》流傳後，孫悟空以猴子修練成仙的形象和閩地自然崇拜中出現的猴神信仰相結合，齊天大聖廟紛紛出現，猴神形象出現了擬人化的發展和變異，成為閩地重要的地方信仰，爾後再隨著閩人入臺開墾，將齊天大聖信仰也傳入臺灣。此外，臺閩民間信仰中，亦有對於器物的崇拜，其中以祭祀灶神最為有名。

臺灣民間信仰文化的出現，除了原住民的信仰外，大多數是由閩粵漢人到臺灣移墾而傳入臺灣，再經過數百年的發展，而呈現出今日所見的面貌。根據民國39年（1950）學者陳正祥所著《臺灣土地利用》，針對日治時期臺灣人口種族別的統計得知，祖籍廣東、福建兩省者佔臺灣總人口

數達80%至90%以上，而其中祖籍福建的民眾又佔了其中的80%以上。此外，根據日治時期臺灣總督府《臺灣在籍漢民族鄉貫別調查》發現，來臺閩人中又以泉州、漳州兩府人口最多，其他汀洲人、福州人、興化人等比例就較少。透過上述調查資料可知閩地民眾移墾臺灣的現象相當普遍，今日臺灣民間信仰神明的多元化、神明信仰種類甚多和閩地各區移民各自帶入原鄉的信仰有直接的關係。臺灣是以移民組成為主的社會，民間信仰的多元化正反映出移民社會兼容並蓄的精神，也是臺灣民間信仰內涵精彩豐富最重要的元素。

壹、閩地信仰在臺灣的傳播和移民信仰的出現

　　明清之際，閩粵地區的人民由於家鄉生活條件困苦，山多平原少，能開墾的田園土地的越來越少，面臨到生存的困難，因此希望移墾到有發展條件的地方，此時的臺灣島上雖然資源豐厚，但多尚未開發，荷蘭通譯何斌勸說鄭成功奪取臺灣時就曾說到：臺灣沃野千里，實霸王之區。若得此地，可以雄其國，使人耕種，可以足其食。雖然當時臺灣開發的條件深具吸引力，但由於移墾過程的艱辛，從福建原鄉出發首先就得面對航行於黑水溝（臺灣海峽）自然與人為因素的挑戰，接著到臺灣上岸後面對人生地不熟的環境，甚至是和原住民往來溝通等問題，都讓移墾過程充滿未知的恐懼和變數，臺灣俗諺流傳著「六死、三留、一回頭」這句話，指的就是先民們渡海來臺之後，能幸運生存下來發展的實屬少數。不過也正因如此，信仰的力量在恐懼與未知的變數中成為支持先民們生存下來最大的動力，在生活安定之餘，除了立廟感謝從原鄉請在身邊的神像或香火外，更以熱鬧的慶典來禮讚神明的恩惠。

　　閩地信仰在臺灣的傳播和閩地漢人渡臺開墾有直接而密切的關係。從明末開始漢人陸續從閩地渡海到臺灣移墾，荷治時期荷蘭東印度公司在

大員建造熱蘭遮城（今臺南安平），以作為統治中心，並從中國大陸東南沿海招徠漢人移墾臺灣，提供土地、牛隻、種子、農具等。永曆15年（1661）鄭成功從金門、廈門轉進臺灣，驅逐荷蘭人，在臺灣建立第一個漢人政權時，亦是以大員為統治中心，除了跟隨鄭成功的軍眷外，亦有大量漢人跟隨鄭氏渡海來臺。鄭氏王朝統治初期由於來臺人數大增，糧食備感不足，因此實施寓兵於農的政策，以駐防各地的軍隊就地開墾各地的田園，除了能自給自足外，更奠定臺灣各地發展的基礎，而這些軍眷或閩地漢人在臺灣安定下來後，也開始將原鄉請入臺灣的神明或香火立廟供奉。

　　清廷正式將臺灣納入中國版圖後，對臺灣的統治採取為防臺而治臺的消極態度，統治初期只開放福建廈門和臺灣府城鹿耳門（今臺南安平）為合法的對渡口岸，因此臺南成為當時閩人移墾臺灣人口較密集的地區，許多閩地的民間信仰也跟隨閩人而傳入臺南。今日臺南各廟宇常可見到自稱為某某神明的開基祖廟，就是因為臺南較其他地方開發早，神明和廟宇的出現年代也較為久遠，因此相較於其他地區的神明或廟宇極有可能都是從臺南分香出去，臺南地區的開基祖廟現象也較其他地區來的普遍。

　　乾隆49年（1784）以後，清廷陸續開放了泉州蚶江—彰化鹿港、泉州蚶江—八里坌、福建五虎門—八里坌等對渡口。同治年間牡丹社事件後，沈葆楨建議清廷取消渡臺禁令，並設立招墾局，大量招徠閩地移民入臺開墾。而清代來臺移墾的閩人中，以泉州、漳州兩府人數最多，閩西、粵東人數次之，泉州府包括了安溪、同安、惠安、南安、晉江等縣，漳州府又可分為龍溪、漳浦、詔安、平和、南靖、長泰、海澄等縣，各府縣居民除了到臺灣移墾外，移墾過程中藉由原鄉神明的護佑，順利在臺灣生存發展，而這些信仰也隨之在臺灣落地生根。

貳、閩地漢人傳入臺灣的鄉土移民守護神

　　由於先民們來自不同的祖籍，傳入臺灣的神明也都不同，各地先民們將家鄉祭祀的神明以神像或香火符袋的方式隨身攜帶，以保佑到臺灣開墾時的平安順利，生活安定後便爲這些神明立廟，因此在臺灣才會出現各種不同祖籍的鄉土保護神。此外，依各祖籍生活方式的不同，在臺灣的聚集地也有所差異，例如：泉州人善於經商、捕魚，因此多聚集在西部沿海平原、港口等地，例如：臺南府城、鹿港、艋舺等；而漳州人多以務農爲生，因此來臺後多遍佈在西部內陸平原區，例如：嘉南平原、臺中盆地、蘭陽平原等地，而漳泉不同祖籍的先民所傳入臺灣的信仰，也可從其廟宇分布的區域來發現他們移民分布的範圍。以下就分別針對幾位較爲常見的鄉土保護神來進行說明。

一、天上聖母——媽祖（見彩頁圖11-1、11-2）

　　媽祖姓林，名默娘，因其生下來就不哭不鬧，故名默娘，民間通稱媽祖婆，官方稱爲天妃、天后或天上聖母。媽祖爲五代末北宋初福建興化莆田縣湄州嶼人。當時福建爲陳洪進割據，民不聊生，林默娘結合宗教力量，以她所具有的特殊神通來造福鄉里，故莆田人愛敬如母。她死後，莆田人爲其立祠，媽祖信仰開始在民間流傳。宋徽宗宣和5年（1123），媽祖因其顯靈庇護使節船，朝廷賜「順濟」廟額，遂開始成爲合法祠祀。紹興末年，莆人陳俊卿以宰相之尊，在莆田白湖捐地建廟，公開宣傳媽祖信仰後，媽祖的靈跡傳說逐漸傳開，朝廷也在宋高宗紹興26年（1156）誥封媽祖爲「靈惠夫人」。元代時，媽祖因庇護漕運有功，屢受朝廷誥封。明代雖然以「北極玄天上帝」爲守護神，但媽祖也因庇護鄭和出使西洋，而獲封爲「護國庇民妙靈昭應弘仁普濟天妃」。清廷派施琅率兵攻打臺灣，由於其手下兵將有衆多莆田人並崇信媽祖，因此施琅便利用群衆依附

宗教的心理來鼓舞士氣，於清康熙22年（1683）打敗鄭克塽逼降臺灣。由於施琅宣稱有媽祖庇佑而得以打敗鄭氏勢力，清政府在翌年提升媽祖的神格，將其由天妃晉升爲天后，更於康熙59年（1720）起將媽祖列爲朝廷祀典，春秋遣官祭祀。

媽祖原爲莆田湄州沿海一帶漁民及航海的守護神，信仰範圍原以莆田湄州擴及到閩南地區爲主，閩地人民移墾到臺灣的過程中首先必須經過黑水溝的考驗，媽祖便成爲先民們心目中祈求航海平安最重要的信仰對象。此外，正因媽祖靈感事蹟不斷出現，歷代朝廷皆有封賜，在清代甚至成爲官方祀典之一，爲全國性祭祀之神祇。

二、保生大帝

保生大帝又稱大道公，民間俗稱醫神，本名吳夲，北宋閩南人士。福建泉州府同安縣白礁村人，因其在世時醫名遠播、慈悲救人，過世後，鄉里爲其塑像供奉，是爲廟祀的開始。後來更由南宋高宗允准，於廈門青礁村建廟，南宋孝宗祀廟匾額「慈濟」，成爲官方認可的正神信仰，同時也是泉州人共同信仰的神祇。

傳說吳夲從小就聰穎過人，有慈悲救世之心。17歲的時候遊覽名勝，巧遇貴人，與貴人同遊，不知不覺來到崑崙山，見到了王母娘娘，於是留宿七日，學習神方濟世、驅魔逐邪的法術，之後回到了家裡，開始修行養身，不娶妻室、不眷官爵。後來保生大帝遊歷四方，解救大眾的苦難，更因勤王有功，先被宋孝宗封爲「大道眞人」，後被明太祖封爲「昊天御史醫靈眞君」。到了明成祖時，文皇后罹患乳疾甚劇，保生大帝又爲文皇后治癒此宿疾，於是明仁宗即位後，追思這項恩德，晉封大帝爲「昊天御史慈濟醫靈妙道眞君萬壽無極保生大帝」，也就是目前眾所周知的「保生大帝」稱號的由來。

三、開漳聖王

開漳聖王為唐代進士陳元光，在民間信仰中又被尊稱陳聖公、威惠聖王，或簡稱聖王公。陳元光，字廷炬，唐光州（今中國河南省）固始人，出生於唐高宗顯慶2年（657），幼年時隨父親入閩定居，因此成為閩人。元光少時就天生穎慧，精通經史，允文允武。唐高宗儀鳳2年（677）其父逝世，他代父職統領部隊討伐山賊流寇，立功無數。唐代時福建一帶是漢人還沒有開發的地區，陳元光奉命擔任大將軍，進入福建漳州一地，率兵平定漳州七縣後，以仁政教育百姓，重墾荒，興水利，使當地居民安居樂業，但不幸於唐睿宗景雲2年（711）一場和匪寇的戰役中受傷戰死，死後被追封為「豹韜衛鎮軍大將軍」。漳州一地的百姓為感念其恩德，不但為其立廟祭祀，陳姓宗廟也都奉陳聖王為宗祖，是漳州移民的鄉土保護神。

四、青山王

青山王，又被尊稱為靈安尊王，是福建泉州三邑惠安縣青山的守護神。青山王原名張滾（梱），是三國時代東吳將領，人稱張將軍。張滾奉派駐守泉州惠安地區，由於他智勇過人，在地方上頗有治績，過世後受到當地人民懷念奉之為神明，稱為「青山王」。宋高宗建炎年間，金朝軍隊入侵，青山王顯靈助戰，因此被加封為「靈惠侯」。宋端宗南渡時遭遇風浪，青山王顯靈救難，端宗加封為靈安王。明太祖征元時，又顯靈助戰，於是明太祖加封為「靈安尊王」。

青山王不僅是泉州三邑地方上的守護神，同時具有瘟神、司法神的神格，相當於三邑的城隍爺，以驅邪解厄著名。隨著泉州三邑移民在臺灣的開墾，將青山王信仰傳入臺灣，是泉州三邑移民在臺灣重要的信仰對象。

五、清水祖師

　　清水祖師在臺灣民間有許多不同的尊稱，例如烏面祖師、普庵祖師、落鼻祖師和麻章上人等，不過信眾大多以「祖師公」作爲清水祖師的通稱。祖師公姓陳名昭應，北宋仁宗年間出生，福建省永春縣小姑村人。自幼出家爲僧，法號普足。他爲鄉里造橋鋪路、祈雨降福，深受鄉里愛戴，並築室於蓬萊山清水巖居之。初築室時，與畬人相約以法取勝，他被困在洞穴中，火燻七日不死，故爲黑面。祖師公的顯靈傳說故事衆多，相傳他曾扶宋抗元，在文天祥軍中助陣，明太祖追封他爲「護國公」，並詔命在他圓寂的安溪清水巖建立祠堂祭祀之，是福建泉州府安溪縣人最尊敬的神明。

　　清水祖師被迎請來臺後，相傳艋舺地區所供奉的祖師公在天災、人禍發生前，鼻子就會掉落來警示信衆，因此信衆們又尊稱其爲落鼻祖師，並且是安溪人在臺移墾重要的移民保護神。

六、廣澤尊王

　　廣澤尊王，民間又尊稱爲保安尊王、郭聖王。廣澤尊王原名郭洪福，生於後唐同光年間，福建省泉州府南安縣人。由於家境清貧，從小喪父，因此受雇於楊姓地主家中當牧童。一日楊姓地主找來道行高深的風水師爲其祖先尋找龍穴造墳，然而因爲楊姓地主的刻薄，這位風水師便將穴位給了忠厚善良的郭洪福來安葬他的父親。沒想到郭洪福他將父親安葬在吉地後，在泉州南安山上打坐修練，竟就此得道升天，地方上因此爲其塑像膜拜。由於成仙時樣貌仍似孩童，因此地方上多以童子盤腿坐像來雕塑，成爲神明樣貌中少有的形象。郭洪福成仙後經常顯示神蹟，保鄉衛民，受到歷代皇帝封賜，累積封號爲「威鎮忠應孚惠威武英烈保安廣澤尊王」，簡稱「廣澤尊王」，是泉州南安縣重要的地方守護神，也是南安人移墾臺灣重要的信仰對象。

七、三山國王

　　三山國王一般被認爲是廣東潮州、惠州、梅州等地的客家族群鄉土守護神，然而在閩粵交界地區亦有不少居住在閩南漳州的詔安、平和、南靖等縣的客家人，依然信奉著三山國王。關於三山國王的傳說，一則爲潮州地區巾山、明山、獨山等三座山上的山神統稱爲三山國王，潮州居民遇天災時向三山祈禱後，都能雨過天青、農稼順利，因此認爲是三山國王的庇佑。此外，相傳宋太祖趙匡胤開國之時，命潘美率兵南征粵地，而巾山、明山、獨山等三座山上的山神協助潘美南征大捷，潘美回報太祖有潮州三山神相助，因此宋太祖敕封巾山爲「清話威德報國王」，明山爲「助政明肅寧國王」，獨山爲「惠威弘應豐國王」。

　　在臺灣民間信仰中，三山國王一般被認爲是廣東人渡臺移墾時所傳入的神明，然而閩南漳州詔安、平和、南靖等縣的客家人在移墾臺灣的過程中，也將原鄉信仰的三山國王傳入臺灣，故今日所見臺灣民間信仰中的三山國王廟並非全由廣東客人所傳入。然而，無論是閩地客人或粵人所傳入的三山國王信仰，都是這些族群在臺灣重要的信仰依靠。

八、定光古佛

　　定光古佛，又稱定光佛，俗名鄭自嚴，五代、宋初福建省同安縣人。11歲出家後就在各地修行弘法，17歲便已得道，大部分時間都在汀州弘法，協助鄉里斬邪除害，成爲閩西、贛南、粵東一帶受人尊敬的大師。宋太宗淳化年間過世後，地方信眾爲其建造廟宇祭祀。宋代汀州人遇到危難之際，定光古佛都會顯靈來幫助守城，朝廷因此爲其廟宇賜名爲定光院，並敕封其爲「定光圓應普慈通聖大師」，成爲汀州居民的地方守護神，隨著汀州人移墾臺灣，汀州古佛的信仰亦傳入臺灣，成爲重要的移民守護神。

九、臨水夫人

　　臺閩民間信仰中臨水夫人指的是陳靖姑，而陳靖姑和李三娘、林紗娘等三位女神又被信眾們合稱三奶夫人。陳靖姑，唐代福建福州古田臨水人，早年曾修行通曉法術，嫁給劉木已為妻後，懷孕數月，因為參與鄉里祈雨儀式，不幸動了胎氣而早逝。過世前發願死後必營救難產之婦女，過世後亦在鄉里間為民眾斬妖驅邪，鄉里為之立廟祭祀，陳靖姑因此成為鄉里間的守護神，特別是婦女與有難產或孩童之守護事宜，都會祈求臨水夫人的協助。南宋理宗年間陳靖姑被敕封為「崇福昭惠慈濟夫人」，並賜「順懿」廟額，清道咸年間再加封為「順天聖母」，所以臨水夫人又被尊稱為慈濟夫人、碧霞元君或是順天聖母，而臨水夫人的信仰也在閩北一帶盛行。

　　臺灣臨水夫人信仰的出現，主要是由閩地福州人士移墾臺灣的先民所傳入，然而在臺灣的臨水夫人除了是婦女、孩童和福州人的移民守護神外，也是道教以紅頭法師、紅頭師公為主的三奶派的法術主要傳授者，因此在臺灣民間信仰中，臨水夫人不僅是移民守護神，更是道教科儀中重要的神祇。

十、保儀尊王與保儀大夫

　　保儀尊王與保儀大夫在臺灣民間俗稱「尪公」，是由福建泉州安溪新康里大坪地區的移民所傳入，奉祀的信眾以高姓、張姓和林姓等宗族為主，這和地區性的保護神祇性質不大相同。相傳唐代安史之亂時，張巡、許遠率兵死守睢陽城，牽制安祿山將領尹子奇的兵力長達十個月之後，後來雖然因為糧食斷絕、援兵不至導致城破，張巡、許遠也因此殉難，但他二人的忠勇事蹟卻在民間廣為流傳，他們化身成神，是為雙忠。歷代朝廷為表二人忠勇，先後賜予封號。宋代敕封張巡為「東平威烈昭濟顯慶靈祐王」，民間則傳說其二人為分別為「東嶽押案」和「陰司都統使」，具有陰間審判的角色和職能，到了明代張巡又被敕封為「景祐真君」。

　　臺灣民間尊稱張巡、許遠二人為保儀尊王與保儀大夫，但尊王和大夫並不特定指的是張巡或許遠，二位神明之間常可見到互換稱謂的情形，且尊王和大夫的尊稱在福建泉州安溪的祖廟中也並未明確流傳，反而是在臺灣才確定了這樣的稱謂，這在閩臺灣流傳的神明中可說是很少見到的現象。

十一、飛天大聖

　　在臺灣的飛天大聖廟並不常見，根據學者卓克華的研究指出，臺灣的飛天大聖廟都是從泉州原鄉移請入臺灣來奉祀的，以臺灣烏日同興宮、臺南北門西天宮和臺北艋舺的廣照宮較為有名。據傳飛天大聖姓張，泉州安溪大坪村人，生於宋太宗年間，因受保生大帝感召，故學習醫術，在瘟疫在漳泉流行期間，救治村里間無數受苦受難的百姓，他過世後，鄉里間為感念他的恩德，故在青礁雍厝他化身升天的地方為他祭祀膜拜，並尊稱其為飛天大聖。當地先人移墾入臺後再請入臺灣繼續供奉。

十二、霞海城隍

　　霞海城隍為泉州同安人的保護神，霞海城隍廟的祖廟在中國大陸的同安縣霞城，因為祖廟位於霞城南門，而霞城南門又為清朝康熙皇帝賜名為臨海門，因此被稱為霞海城隍廟。而同安縣下店鄉的居民為保家鄉的平安，從這個霞城南門祈求了霞海城隍分靈回到自己家鄉立廟祭祀。隨著該地先民到臺灣拓墾，也將霞海城隍分靈至臺灣供奉，成為同安人來臺移墾過程中重要的鄉土移民保護神。

十三、永寧石獅城隍

　　永寧石獅城隍是福建泉州晉江人的保護神。彰化鹿港的石獅城隍相傳自福建省泉州府晉江縣石獅之鰲亭宮分靈而來，而石獅城隍又分自永寧，故此城隍信仰稱之為永寧石獅城隍信仰。永寧臨深滬灣，北距石獅不遠，

昔爲濱海重鎮。宋、明、清均駐重兵，因明代曾設「永凝（寧）衛」，依明制，其城隍可封「侯」，故在明初時便被封爲「忠祐侯」。鹿港城隍廟正殿有匾「忠祐侯」，當係從永寧祖廟之城隍襲封而來。永寧昔稱「鰲」或「鰲城」，因此其城隍廟取名「鰲亭宮」，而鹿港城隍廟又稱爲「鰲亭宮」，有追本溯源之意。

十四、安溪城隍

　　安溪城隍是福建泉州安溪人的地方守護神。相傳五代時期安溪就已建有城隍廟，除了在地方上護佑百姓免於天災的侵擾外，到了宋代更因替宋代太后治病有功，而被賜予黃袍。因其神威遠播，清道光時期被敕封爲「欽加普護清溪顯佑伯」，而嘉義鹿草中寮的安溪城隍就是從福建安溪城隍分靈而來，是嘉義鹿草安溪移民的守護神。

　　本章主要探討中國大陸閩地和臺灣的民間信仰課題，包括閩臺民間信仰出現的原因、閩地信仰在臺灣的傳播和移民信仰的出現以及閩地漢人傳入臺灣的鄉土移民守護神等。臺灣民間信仰的出現，除了原住民的信仰外，大多數是由閩粵漢人到臺灣移墾而傳入臺灣，再經過數百年的發展，而呈現出今日所見的面貌，而閩地漢人的民間信仰最早可追溯自遠古時期的自然崇拜，隨著時代的變遷、歷史的發展，也衍生出其他信仰的對象，例如對亡靈的祭祀和傳說小說中角色的崇拜等，這些信仰對象在閩地發展後再由到臺灣移墾的漢人傳入臺灣，成爲今日所見臺灣民間信仰的神祇。

　　臺灣民間信仰中的神祇眾多，除了臺灣原住民的神祇外、漢人到臺灣開墾後在地發展出的神祇外，先民們從閩地供請入臺的神祇更是臺灣民間信仰發展中重要的核心。由於移墾過程的艱辛，先民需要的精神信仰更爲重要，因此來自不同的地區的先民便將原鄉信仰待入臺灣，臺灣因而出現了許多不同祖籍的鄉土移民守護神，例如泉州人崇祀的保生大帝、漳州人崇祀的開漳聖王等，這也造就了臺灣民間信仰的多元化。

問題與討論

1.　試詳述臺閩民間信仰的起源。
2.　請論述閩地信仰移入臺灣的過程。
3.　請說明臺灣鄉土移民守護神有哪些，並舉例說明。

參考書目

丸井圭治郎，《臺灣宗教調查報告書》，臺北：捷幼出版社，1993。

內政部民政司編，《全國寺廟名冊》，臺北：內政部民政司，2001。

片岡嚴著，陳金田譯，《臺灣風俗誌》，臺北：眾文圖書公司，1994。

王秋桂、李豐楙主編，《中國民間信仰資料彙編》第一輯，臺北：臺灣
　　學生書局，1989。

何星亮，《中國自然神與自然崇拜》，上海：三聯書店上海分店，
　　1992。

佚名，《山海經》，臺北：金楓出版有限公司，1986。

吳瀛濤，《臺灣民俗》，臺北：眾文圖書公司，1990。

沈武義，《眾神聖傳續編》，中華南臺道教學院，2003。

阮昌銳，《歲時與神誕》，臺北：國立臺灣博物館，1991。

明‧無名氏編輯，《三教源流聖帝佛祖搜神大全》，臺北：學生書局，
　　1989。

林美容編，《臺灣民間信仰研究書目》，臺北：中央研究院民族學研究
　　所，1995。

金關丈夫主編，林川夫編譯，《民俗臺灣》，臺北：武陵出版公司，
　　1995。

相良吉哉編，《臺南州祠廟名鑑》，臺南：臺灣日日新報社臺南支局，
　　1933。

凌志四主編，《臺灣民俗大觀》，臺北：大威出版社，1985。

晉·干寶撰，《搜神記》，臺北：里仁書局，1982。

張勝彥、吳文星、溫振華、戴寶村編著，《臺灣開發史》，臺北：國立
　　空中大學，1996。

莊伯和，《中國的民俗》，臺北：臺灣省政府教育廳，1991。

許仲琳原著，古典文藝學會編譯，《封神榜》，臺北：華文網股份有限
　　公司，2002。

陳正祥，《臺灣地名辭典》，臺北市：南天書局，2001。

董芳苑，《探討臺灣民間信仰》，臺北：常民文化事業股份有限公司，
　　1996。

鈴木清一郎著，高賢治、馮作民編譯，《臺灣舊慣習俗信仰》，臺北：
　　眾文圖書公司，1978。

漢·應劭撰，《風俗通義》，中國子學名著集成編印基金會。

劉還月，《臺灣民間信仰小百科（廟祀卷）》，臺北：臺原出版社，
　　1994。

蔡相輝、吳永猛編著，《臺灣民間信仰》，臺北：國立空中大學，
　　2001。

鍾則良發行，吳冠衡執行主編，《臺北市寺廟神佛源流》，臺北：臺北
　　市民政局，2006。

第十二章 宗教信仰（二）

學習目標

1. 認識閩地傳入臺灣的傳統中國重要神祇。
2. 認識臺灣民間信仰發展的背景和特色。
3. 了解祭祀圈信仰圈的概念。
4. 對臺灣的新祀神有所認識。

關鍵字

中國重要神祇、祭祀圈、信仰圈、臺灣新祀神

壹、閩地漢人傳入臺灣的傳統中國重要神祇

一、玉皇大帝

　　玉皇大帝，民間又尊稱為玉皇上帝、天公，在傳統漢人社會中，是統領天界眾神，地位最崇高的神祇。玉皇大帝的出現最早可追溯自遠古自然崇拜中對天的敬畏所衍生出來的信仰對象和道教中最高神祇的出現。商朝時中國已經出現天、上帝的概念，商代君王均需在重要祭典時向上天祭祀一番，以祈求風調雨順、物產豐收。而儒家的上帝觀和商代流傳下來的上帝概念相似，都具有向上天、上帝祈求，與自然界萬物相依相存的思想。在道教的部分，東漢末年道教出現後，天師道是道教中第一個教派組織，而其最早出現的最高神祇為太上老君（道德天尊），隨著魏晉南北朝時上清派和靈寶派的出現，又創造出原始天尊和靈寶天尊兩位至上神，自此道教中的最高神祇三清神便完全出現，隋唐時期再出現了「玉皇」的名稱。儒家的上帝觀和道教的玉皇觀到了宋代逐漸相互結合，宋徽宗敕封玉皇之聖號為「太上執符御歷含眞體道昊天玉皇上帝」，道教此後也將宋徽宗所封之聖號作為玉皇上帝的全銜，而儒家原有的上帝觀融入道教信仰中，玉皇上帝不只成為道教僅次於三清神下統領天界的最高神祇，更是民間信仰中俗稱的天公。

二、瑤池金母 （見彩頁圖12-1）

　　瑤池金母，在臺灣民間信仰中又有王母娘娘、王母、西王母、母娘等尊稱。在遠古自然崇拜及圖騰崇拜時期，相傳西王母就已經是部落或古老國家的稱號了，而在傳說記載上，西王母也出現在《山海經》裡的記述中，成為人面虎身，頭髮蓬而散亂，身上有豹的尾巴和虎的牙齒，並掌管著天上的災屬和刑殺的形象的神祇；一直發展到春秋戰國時代，開始出現氣質高雅的女神形象，並能和國家君王對談，象徵西王母的地位崇高；漢

代的時候，隨著道教的興起，在道教的神靈世界中，西王母被塑造出優雅高貴的形象，並被尊稱為王母娘娘或瑤池金母，而原來的虎形象就被解釋為西王母的使者或隨從了。

目前我們所見的瑤池金母是救苦救難、慈悲為懷的女神，在天界更是女神的領袖，掌有長生不死之藥與象徵生命泉源的仙桃園，在臺灣傳統社會中，金母多以陪祀神的身分出現在祭祀廟宇中，而以金母為主神的廟宇則為民國38年（1949）以後所出現，金母在該年以一位乩童的乩身降臨在花蓮吉安，為世人救苦救難，隔年吉安鄉便出現第一間以瑤池金母為主神的廟宇——花蓮慈惠堂，隨後慈惠堂便如雨後春筍般在臺灣各地立廟，金母信仰也就此傳播開來。

三、釋迦牟尼佛

釋迦牟尼佛，信眾又尊稱其為佛陀、如來佛祖，原名悉達多，出生於2,500多年前的印度迦毘羅國，父親是淨飯王，母親為摩耶夫人。他幼年時到城外出遊，見到印度各階級的不平等待遇，並見到老人、病人的痛苦情形，心中十分不捨，再加上親人的離世，讓他開始瞭解人世間生命的無奈與無常，也因此開始思索生、老、病、死人生四相究竟為何，最後決定離開繁華富貴的王宮，四處苦行尋求四相的解脫和人生的真理，終於在多年後於菩提樹下，進入了一種明白和覺悟的狀態、智慧湧現、光明到來。

在臺灣祭拜釋迦牟尼佛的寺廟中，常有文殊和普賢兩位菩薩陪祀在旁，佛教教派之一的華嚴宗尊稱其為「華嚴三聖」。此外釋迦牟尼佛也常與阿彌陀佛和藥師佛合祀，民間通稱為「三寶佛」。

四、觀世音菩薩（見彩頁圖12-2）

觀世音菩薩法號甚多，舊稱光世音、觀世音，民間又俗稱觀音。相傳觀世音後改稱為觀音乃因避唐太宗李世民的字諱而得。民間傳說觀世音

菩薩原爲廖宗王三女廖喜，自幼食素。及長大，父王勸其配嫁，惟說，因其食齋，一生不願出嫁。時，起一陣無情風（或爲遠魔風），將之捲入天上。又傳，觀音爲妙莊王三女妙禪。因長大不肯嫁，備受父王之刑罰。爲妙禪，雖被刑，身不受傷，亦不痛苦。及後，至山上獨住。時，匪徒群起，要殺戮其父一家。妙禪，因信仰釋迦，得其利妙，預知匪謀，乃告其父避難，救之。數百年後，觀音過地獄，遇當時匪徒受衆鬼責苦，惻隱之情油然而生，救之以佛教眞理，而度至西天云。

　　觀世音菩薩傳入中國時原爲男性形象，後在中國本土化與在地化信仰轉化過程中，逐漸轉化成女性神祇的形象，相當的親切與慈悲，甚至具有母神信仰的性質在其中，在傳統民間社會中，觀世音菩薩「聞聲救苦、苦海常作渡人舟」，爲解救人們於苦難中，信衆們皆感佩不已，因此在中國各地祭祀觀世音菩薩的情形相當普遍，先民們移墾入臺時也將原鄉所祀的觀世音菩薩一併請入臺灣供奉，並且在臺灣出現了在地化的祭祀現象。在臺灣民間信仰中，觀世音菩薩被通稱爲觀音媽，這是因爲在先人們移墾過程中，觀世音菩薩的慈悲心和母性形象給予了溫暖和依靠，像個母親一樣的照顧這些信衆，讓他們能經歷千辛萬苦後在臺灣定居下來，因此觀音信仰除了給予精神上的依靠外，更是移墾社會中具有安撫人心、穩定社會的力量。此外，臺灣民間信仰中的大士爺也和觀音菩薩有關，相傳大士爺是觀音菩薩的手下或化身，因此臺灣民間農曆7月進行普渡法會的時候，大士頭上會頂著觀音菩薩像，來普渡或布施給這些亡魂。

五、地藏王菩薩

　　地藏王菩薩在傳統民間信仰中具有引渡亡魂、救贖落入惡道的靈魂等職能，另外又被尊稱爲幽冥教主、酆都鬼城的閻羅王。「地藏」之名出自於《地藏十輪經》，文中稱其：「安忍不動猶如大地，靜慮深密猶如秘藏」，故後世尊稱其爲地藏王菩薩。此外，在《地藏菩薩本願經》中，關於地藏王菩薩的由來、傳說、形象等都有詳細的記載。在民間最常聽到的

傳說爲地藏王菩薩原爲一相當敬佛虔誠的婆羅門的女子，但其母並不信因果輪迴、蔑視佛法，其母過世後，這名女子得知其母會因生前的惡果受到墜入地獄之苦，並到地獄看到眾生的苦痛，因此發願：「我自今救拔一切眾生，一切盡成佛後，我方成正覺，依此大誓願，得救拔母之罪報」。因此在《地藏菩薩本願經》〈讚地藏菩薩偈〉中一開始便提到：「慈因積善、誓救眾生。手中金錫，振開地獄之門。掌上明珠，光攝大千世界。智慧因裏，吉祥雲中，爲閻浮提苦眾生，作大證明功德主。」

　　相傳地藏王菩薩的座騎爲能夠分辨善惡賢愚的神獸諦聽，形象爲剃髮、持杖和手捧明珠，除了具有引渡亡魂的職能外，因其統裁十殿閻羅，因此又被賦予陰間審判的職能。在臺灣民間供奉地藏王菩薩的廟宇多名爲地藏庵，許多沒有城隍廟的地方，多會供奉有地藏王菩薩，是地方上重要的陰間審判神。此外，在臺灣的亡靈崇拜現象，例如靈骨塔、火葬場、大眾爺廟、有應公廟等附近，通常也會出現祭祀地藏王菩薩的現象，這都和地藏王菩薩具普渡亡靈的職掌有關。

六、關聖帝君

　　關聖帝君在臺灣民間又有文衡聖帝、協天大帝、伽藍護法、關帝爺、關公和恩主公等稱號，是臺灣民間普遍信仰的神明之一。關公名關羽，字雲長，是三國時代蜀國名將，與劉備、張飛的桃園三結義更是流芳百世的佳話。關羽在戰場上是驍勇善戰的將領，他的正氣浩然、義風凜烈和忠義行儀更爲更爲後世所崇敬，因此歷代帝王多有尊奉與追封。此外，在民間傳說中，關羽因曾拜僧從佛，受到普靜禪師點化皈依佛教，佛教徒崇敬其義氣，因此奉之爲佛教護法。再加上儒家也尊關羽爲文衡聖帝，列爲五文昌之一，又臺灣民間鸞堂亦尊奉其爲最高聖神，尊稱爲恩主公，所以關公在臺灣民間信仰中可說是具有既崇高又多元的角色。

七、廣信天師

廣信天師，就是民間俗稱的張天師，因為天師府所在地的龍虎山屬於廣信府管轄，因此張天師又被尊稱為廣信天師。張天師名叫張道陵，東漢時候的人，在當時創立了五斗米教，是後來道教的前身，所以在道教及民間信仰中張道陵被尊稱為張天師。《三教源流聖帝佛祖搜神大全》中關於張天師的記載中有提到：張天師本名張道陵，是東漢人，他的子孫張盛帶著他所升天之後所留下的經符、印、劍到江西廣信府貴溪縣的龍虎山，傳說張盛在此發現了張天師煉丹的遺址，從此之後張天師的後代也就世居於此了。此外，《三教源流聖帝佛祖搜神大全》也提到了張天師和老虎之間的傳說，文章中提到：張天師在龍虎山煉丹之時，有青龍白虎旋繞在丹爐的上面固守丹爐，在丹煉成之後，張天師也因此得道成仙了。

民國38年（1949）國共內戰結束後，國民政府撤退來臺，龍虎山第三十六代天師張恩溥也率眾避走臺灣，並於民國39年（1950）成立臺灣省道教會，民國60年（1971）正式成立中國道教嗣漢天師府，臺灣正一教道士、各天師壇和宮廟也在天師府整合下，帶動道教在臺灣的發展。

八、玄天上帝

玄天上帝又被尊稱為真武大帝、北極大帝，民間又稱其為帝爺公、上帝公。玄天上帝最早起源為北方星宿之崇拜，道教興起後成為鎮守北方的大神，地位極為崇高，唐代之後玄天上帝又逐漸由自然神轉變為人格神，到了宋代其封號出現顯著變化，宋真宗時敕封其為「鎮天真武靈應祐聖真君」，宋仁宗加封其為「太上紫皇天一真君玉虛師相玄天上帝」。到了明代，相傳明太祖朱元璋曾得玄天上帝保佑而躲過敵兵追殺，登基後便為玄天上帝建廟奉祀，而明成祖朱棣靖難起兵時也稱託真武天命，所以得以成功，因此明代以玄武上帝為護國神祇，明末鄭成功起兵來臺時，便是以玄天上帝為軍隊守護神，鄭氏入臺後，玄天上帝亦成為臺灣主要奉祀神祇之一，從臺灣民間俗諺：「天上帝爺公、地下母舅公」就可知其在臺灣民眾

心中的重要性。

　　玄天上帝信仰得到帝王崇奉後，中國各地玄天上帝信仰便更爲興盛。歷朝歷代記載玄天上帝信仰的書籍不少，南宋道士張明道所編的《玄天上帝啓聖錄》中對於玄天上帝披髮仗劍、腳踏龜蛇的形象、武當山成爲奉祀玄天上帝的聖地的和其聖誕爲農曆3月3日等傳說皆有詳細的記載，而明代所彙集的《正統道藏》中關於玄天上帝經典的蒐集更有21種之多。

九、王爺

　　王爺是臺灣南部常見的民間信仰神祇，民間又稱爲千歲爺。王爺信仰的由來有數種不同的傳說，根據學者康豹的研究分類，大約可分爲五種類型，一、王爺的前身爲36人或者360人的進士；二、由一族的祖先轉化而成的王爺；三、爲保衛、發展國家或者在閩南地區做出貢獻的歷史人物；四、未被供奉的靈魂轉化爲王爺；五、從少數民族的圖騰而聯想到的。上述五種類型中，現今臺灣最爲流傳的王爺信仰起源是兩則與進士有關傳說，其一爲唐明皇在位時，有36（另一稱360）位進士，因爲不與朝中奸臣同流合污，故遭到奸臣們的陷害，被唐明皇以私通敵國罪名處死，這些進士死後，唐明皇才後悔不已，便肅清朝中奸佞，追封這36位進士官位爵祿。而這36位進士的枉死，形成一道靈光直衝天宮，玉皇大帝憐憫他們的遭遇，因此敕封代天巡狩，令他們駐守凡間，保佑蒼生；另外一傳說則發生在明朝，明初閩粵地區有360名進士要乘船赴京趕考，卻在福建海面遇到颶風，結果無一生還，亡魂遊蕩人間無法歸天，皇帝聞訊後，便分別敕封爲王，在沿海各地爲他們建廟奉祀。

　　臺灣王爺信仰的起源延續中國傳統民間對王爺信仰的傳說而來，主要是閩地的先民們渡海來臺時一同請來王爺香火的保佑。其次，中國大陸沿岸建王爺醮時，將王船流放海中，而這些王船有些再漂至臺灣，並由信徒恭請上岸建廟朝拜，因此才會在臺灣各地出現王爺信仰。

十、中壇元帥

　　而中壇元帥就是民間俗稱的太子爺——三太子李哪吒。李哪吒之由來，考證來自佛教經典，其中記載了哪吒為托塔天王李靖的第三子及哪吒拆骨還父、析肉還母，然後於蓮華上為父母等傳說。除佛經外，民間通俗演義的流傳，例如《封神榜》、《西遊記》等，將哪吒之神化能力再進一步的確認，讓哪吒演進為流行之偶像，再加上民間宗教之崇奉，就成為具象之神祇。

　　臺灣民間崇奉哪吒，不管是稱太子爺或是中壇元帥，從其形象職稱所表現出來的，都與統領兵將護衛境域有關。臺灣民間信仰中的五營，可分為東西南北中等各營，是在廟內或四境所設立的營頭，每營皆有不同的統帥，而哪吒除執掌中營外，也是五營的總指揮。中壇元帥之稱源於強而有力的「文學之教」，其精采事蹟經由說唱或咒語而久傳至今。哪吒旺盛而活潑的生命力藉由乩童或神殼（大仙尪）在進入起乩或陣頭時而呈現，同時也成為臺灣民間信仰中具有豐富面向的護法神。

十一、水仙尊王

　　水仙尊王的出現，最早源自於自然崇拜中對雨、水、江、河、海等和水有關自然界的祭祀。隨著中國歷史上和水有關的人、事、物傳說不斷出現，自然崇拜逐漸結合人神的祭祀行為，水神信仰也因結合不同傳說而出現了大禹、伍子胥、屈原、王勃和李白等五位和水有關的神尊。大禹治水有功，在治水期間三過家門而不入，為人民所稱頌，虞舜因此禪位於他，他也建立夏朝，史稱夏禹，他死後被奉為水神，民間一般又尊稱其為大夏尊王。伍子胥則為春秋時代的楚國人，因父兄為楚平王所殺，因此投奔吳國，為父兄報仇。後來吳越相爭，越王勾踐請和吳國，吳王夫差不聽伍子胥勸殺了勾踐，反而聽信讒言，賜死伍子胥，伍子胥因而投江自盡，吳國子民感念伍子胥的忠誠，因此為其立祠祭祀。屈原則是戰國時代楚國人，才高八斗、身懷抱負，希望貢獻己力助楚抗秦，卻不見容於楚國朝廷，後

遭奸臣陷害遭到流放，最後投汨羅江亡，死後楚人不忍其屍骨於江中受於啃食，還到江中打撈其屍首，並立祠祭祀。王勃和李白皆爲唐朝人，王勃和楊炯、盧照鄰、駱賓王同爲初唐四傑，深賦文采，到廣東探父途中不慎溺水而亡，世人爲之惋惜。李白，人稱詩仙，是唐代著名詩人、文學家，性喜悠閒浪漫生活，不願在朝廷拍馬迎逢，因而遭到去職，相傳有一次李白在酒醉後爲了撈月墜湖而死，世人深覺惋惜，也更添李白浪漫氣息。上述五人的傳說和水皆有關，且後人也因其爲國爲民、忠誠愛國、不畏強權、盡心盡孝的忠義之舉而爲其立祠祭祀，後來更將五人合祀，稱做水仙尊王。

臺灣供奉水仙尊王的廟宇不少，從原鄉對水、江、河崇拜的水仙尊王信仰，隨著先民移墾入臺需渡過黑水溝，因此衍生出海神的形象，對海上的漁民亦有守護神的性質。此外，由於臺灣在開墾過程中，河港、海港貿易的出現，因此在港口旁祭祀的水仙尊王，已逐漸由原鄉信仰中地方守護神的型態，逐漸轉化爲具有河海港商業貿易保護神的性質。

十二、趙公明

趙公明，終南山人，是民間信仰中俗稱的武財神。通常出現的形象爲頭戴鐵冠，手執鐵鞭，面色黝黑，留著大鬍子，並且騎著老虎。趙公明的身分有多元性，最早是死神、瘟神的形象，是爲秋瘟。此外，玉帝下旨還召趙公明爲神霄副帥。而趙公明又曾幫助張天師修煉仙丹，被玉帝封爲正一玄壇元帥，張天師煉丹成功後，趙公明被任命永鎮龍虎山，專管人間趨善、建功、謝過以及冥頑不化之人，並可爲天下不平之事主持公道，對於買賣、求財的事也能幫忙贏利調和，在這個時候，趙公明財神的身分就開始出現了。明代《封神榜》中的趙公明雖然助紂爲虐，最後失敗陣亡，但仍被封爲「金龍如意正一龍虎玄壇眞君」，其手下有「招寶天尊」、「納珍天尊」、「招財使者」、「利市仙官」等四位迎祥納福、招才進寶的神仙，再加上趙公明自己，就成了民間信仰中的五路財神了。

十三、東嶽大帝

　　東嶽大帝，指的是五嶽帝之一的泰山，此神居於陰陽兩洞，掌人生死，即將現世做惡爲敗露者送地獄，因此東嶽大帝極受人們的敬畏。在臺灣民間信仰的傳統觀念中認爲，城隍神被認爲是地方行政的司法神，另有五嶽大帝，也具有地方行政及審判的職能。臺灣民間傳說中的東嶽大帝，通常指的是黃飛虎，日人片岡巖所著的《臺灣風俗誌》中就有相關的傳說記載：黃飛虎就是封神傳裡面被封做東嶽大帝的人。屋頂安置黃飛虎手執弓矢，騎在虎上的瓦像，相信可驅除惡鬼，家中會平安。亦有書寫：「黃飛虎在此」的木板懸掛在店頭。此外，吳瀛濤的《臺灣民俗》中也有提到瓦將軍說：瓦製武人坐像置於屋上者，俗稱瓦將軍。另有持弓騎虎者，也置於屋上，此爲封神榜上封爲東嶽大帝的黃飛虎，也有懸寫『黃飛虎在此』的字牌，以驅邪。

十四、神農大帝 （見彩頁圖12-3）

　　上古時代，神農氏與燧人氏、伏羲氏並稱爲三皇，在遠古時期，相傳神農氏教人農稼並親嘗百草，後因誤食有毒植物而身亡，故後人爲其立祀，尊稱其爲神農大帝，民間又尊稱爲五穀王、五穀仙帝或藥王大帝，掌管著農作收成和藥草。神農大帝由來的另一說法是，《禮記·郊特牲》有云：「天子大蠟八。伊耆氏始爲蠟。蠟也者，索也，歲十二月，合聚萬物而索饗之也。蠟之祭也，主先嗇而祭司嗇也，祭百種以報嗇也。」古代天子舉行的蠟祭，其中先嗇指的就是神農，司嗇則爲后稷，祭拜先嗇和司嗇就是感謝神祇的保祐，是蠟祭中最重要的對象。

　　民以食爲天，在靠天吃飯的社會中，神農大帝信仰對保祐農作的順利收成具有直接的關係，而閩人入臺移墾也將神農大帝信仰帶入臺灣，除了保祐農作收成外，在傳統醫藥不發達的年代，神農大帝藥草之祖的身分也爲信眾帶來平安、健康的護佑。

十五、城隍

城隍之意，根據漢語大辭典中的記載，城指的是都邑四周的牆垣，隍則是護城河之意，而城隍二字合起來所指便是城牆和護城河。此外，許慎所著的《說文解字》一書針對「城」、「隍」二字也有加以解釋：「城，以土石建築而成者曰城」、「隍，城池也，有水曰池，無水曰隍矣」，而其中並不具有任何神性的意含。在近代，日人增田福太郎所著《臺灣宗教論集》一書中對於城隍名稱的由來，也進行了探源，其中也以《易經》：「城復于隍，勿用師」及《禮記》：「天子大蠟八，水庸居其七」兩句來解釋城隍的起源。而《禮記》所載指的則是天子歲末之大祭——蠟祭八祭中的七祭係關於水與庸，而水則隍也，庸則城也。延續上述關於「城隍」的探討可以得知，早自周代便已經開始祭祀城隍神，其中也明白的表示了城隍神的起源便是自然神的崇拜，藉由物轉化為神的過程，開始出現了城隍祭典，然而在祭祀的層面上，最早僅限於天子才能祭祀。

城隍信仰的發展在中國歷朝歷代皆有祭典和儀式，從唐代開始，城隍信仰已在民間普及化，並開始具備有人形，而城隍的形態也逐漸由自然神轉化為人格神。唐代文人之中不乏出現祭祀城隍的文章，例如張說有「祭荊州城隍文」、張九齡的「祭洪州城隍神文」、杜牧有「祭城隍祈雨文」、韓愈有「祭袁州及潮州城隍文」及杜甫的賽城隍詩等，都顯示出城隍信仰在唐代已佔有的重要的地位。宋代時城隍信仰更普及到各府、州、縣，同時人們開始將歷史上的一些名將良臣視為一地的城隍，藉由上述唐宋時期對於城隍的記載，突顯出此時期城隍神進一步地人格化，同時對於城隍的加封也大致起自此時。

今日所見城隍信仰的型態大約在明太祖朱元璋頒詔「天下有城池者，咸建廟宇」及「明有禮樂，幽有鬼神。若城隍者，歷代所祀，宜封新爵」後，大致底定。此時的敕詔才開始將天下的府州縣的城隍包括在國朝的禮制裡，且命各地方官舉行春秋祭典，並命新官到任必先到城隍廟項城隍神宣誓忠於職守。朱元璋企圖將王權與神權相結合，因此針對不同等級的城

隍加以封爵，並授予官階，同時下令天下府、州、縣立城隍廟，以各級官廳的形制佈置城隍廟，清代則延用此一措施，尤其是清領臺灣之後，因爲臺灣爲一新領地，人心浮動，清廷爲了加強統治，除了設官治理外，更崇奉城隍，來加強攏絡臺灣民心，所以將臺灣納入版圖後，便在府城設城隍廟，凡地方官上任必先親自到城隍廟舉行奉告，然後才就任，並以此來收服臺灣的民心。

在臺灣的城隍信仰除了官方所設立的城隍廟之外，還有隨著閩地移民而供請入臺的城隍，例如霞海城隍爲泉州同安人的保護神；永寧石獅城隍是泉州晉江人的保護神；安溪城隍則爲泉州安溪人的保護神。此外，臺灣本地也產生在地化的城隍信仰，例如大衆爺晉升爲城隍爺，這是臺灣民間信仰中的特例而非是常態，通常這些大衆爺是地方信仰的認知所延伸出來的，乃是由當地人將大衆爺「神格化」，由一般鬼魂信仰變成了城隍爺信仰，以宜蘭南方澳的城隍廟來說，其前身叫作「大衆爺廟」，原供奉當地陸續發現的骸骨，到了民國80年（1991），大衆爺廟重新整修，民國83年（1994）完工時，大衆爺廟內骨骸皆重新安置，同年新廟落成啓用，邀請當時縣長游錫堃主持晉殿安座大典，同時將大衆爺廟正式敕封爲城隍爺廟。

十六、土地公

福德正神就是民間所稱的土地公，而土地公正是土地和村落的守護神，也是和人們生活最密切的神明。臺灣民間俗諺有云：田頭田尾土地公，就是指在各地的生活中皆能看到土地公的身影。土地公的起源，最早是來自先民們對自然界土地的崇拜。人類的生活和自然界息息相關，無論是大自然的現象例如打雷、閃電、刮風、下雨，或是大自然的一切生物包括動物或植物，都是人類生活中的一部分。在古老的社會中，人們不了解自然界各種現象產生的原因，所以認爲這些現象的背後都有一種力量在控制，爲了自身的生存保障，人們開始產生崇拜和祭祀的行爲，希望控制自

然界的神靈能爲自己帶來生活上的安穩，土地公的祭祀最早便源於此。

　　除了最早的對土地的自然崇拜外，臺灣民間關於土地公的由來也有數種不同的傳說，其中最爲普遍的是：土地公是周朝收稅官，名叫張福德，爲人公正，體恤百姓之困苦，做了許多善舉。但他死後，接任的稅官上下交征，無所不欲，民不堪命。此時人們想到張福德爲政之好處，念念不忘，因此替他建廟祭祀，取其名而尊稱其爲福德正神，希望他能保佑早日脫離困苦的生活。

十七、司命眞君

　　司命眞君就是民間俗稱的灶神、灶王爺。灶神的由來可追溯自遠古的自然崇拜中的器物崇拜。傳統社會中家家戶戶皆以灶作爲生火、烹煮食物、燒水之用，而灶神的出現和用火有密切關係，從殷商時代就已出現祭灶的習俗，漢代灶神已經人格化，之後的歷朝歷代關於灶神的傳說也不斷的出現，其中有兩則灶神的由來在民間流傳較爲普遍，其一爲相傳古代有一人張單，妻爲王搏頰，因爲好吃懶做又好賭，爲了賭博除了家產輸光外，又將妻子賣給員外，他自己後來也淪落爲乞丐。王搏頰雖然被賣給員外，但員外對她很好，很照顧她。一日張單乞討到員外家，王搏頰見到前夫不但沒有棄嫌他，反而招待他到屋內用飯，此時員外回到家中，表示肚子餓想吃東西，張單不願王搏頰被誤會，於是躲在灶中被火燒死，王搏頰不忍張單死於灶中，因此在灶上爲其豎立靈位祭拜之，旁人見了以爲是在拜灶神，故紛紛效法之。另一灶神的傳說爲，相傳灶神爲某天神之子，因其好色得罪眾神，故天神指派他到凡間擔任灶神，由於廚房工作多由女子來擔任，這樣便可日日觀察婦女。

貳、臺灣民間信仰的發展及特色

　　臺灣民間信仰中重要的祭祀組織為神明會，神明會為祭祀神佛而組織的團體，有的是同業，有的是同鄉、同姓、友朋、讀書人等同志的結合，會員各自出若干費用來購置業產，以其收益充為祭祀費用。祭祀對象有的是香爐，也有僅祀神像者。除了祭神外，平日以促進會員間的感情為目的，收益除扣祭祀開支外，還有用於子弟學費的補助，或捐獻寺廟乃至歸於爐主。而各地一般廟會，也多由神明會主持。神明會的名稱，各地皆有不同，有堂、社、會等不同稱呼，例如福德會、媽祖會、佛祖會、義安社、金義興等。閩地人民移墾入臺時，神明會組織在社會發展中扮演非常重要的角色，除了祭祀外，還是凝聚會員向心力、共同開墾、發展地方社會重要的核心組織。寺廟，則是民間信仰中重要的祭祀場域，由於臺灣民間信仰包含了儒、佛、道等宗教信仰在其中，因此臺灣的寺廟依祀奉主神的不同又有寺、廟、堂、宮、殿等名稱之別。民國38年（1949）中華民國政府播遷來臺以後，原訂的「監督寺廟條例」和「寺廟登記規則」就在臺灣實施執行，輔導臺灣各地廟宇成立管理委員會，讓廟宇在臺灣走向更現代化的管理模式。

　　在臺灣民間信仰的發展中，廟宇或神明會和地方社會發展關係最重要的概念即為祭祀圈和信仰圈。祭祀圈一詞的使用首先在日治時期由日本學者岡田謙所提出，他認為祭祀圈是「共同奉祀一個主神的民眾所居住之地域」。爾後學者林美容對祭祀圈的概念亦提出了補充說明，她認為祭祀圈是「為了共神信仰而共同舉行祭祀的居民所屬的地域單位」。祭祀圈本質上是一種地方組織，表現出漢人以神明信仰來結合與組織地方人群的方式。其組織的人群或村莊的人群，或是同姓聚落區內的人群，或是同一水利灌溉系統的人群，或是同祖籍的人群。她並以神明的祭祀活動指出，含有下列一個以上指標才有祭祀圈可言：

　　1.建廟或修廟居民共同出資。

2. 有收丁錢或募捐。

3. 有頭家爐主。

4. 有演公戲。

5. 有巡境。

6. 有其他共同的祭祀活動。

此外，她也提出「祭祀圈是一種地方性的民間宗教組織，居民以居住關係有義務參與地方性的共同祭祀，其祭祀對象涵蓋天地神鬼等多種神靈，但有一個主祭神；祭祀圈有一定的範圍，依其範圍大小，有部落性、村落性、超村落性與全鎮性等不同層次，它與漢人的村莊組織與村莊聯盟有密不可分的關係」。

除了祭祀圈的探討外，林美容也提出了信仰圈的概念，她認為信仰圈是指「以某一神明或其分身之信仰為中心，信徒所形成的志願性宗教組織，信徒的分布有一定的範圍，通常必須超越地方社區的範圍，才有信仰圈可言」。信仰圈的組織原則，其所結合的人群，範圍必定跨越鄉鎮，雖然信仰圈一般說來較不密實，並不包含區域的所有住民，但其為區域性的人群結合則甚明顯。信仰圈基本上是一種信徒組織，它與廟宇的管理組織以及廟宇的祭祀組織並不一致，是互相分離的。祭祀圈與信仰圈表示出臺灣民間社會的自主性發展，完全是老百姓的自發性組織，與官方的行政官僚體制無關。因此信仰圈與祭祀圈在概念上的不同有下列幾點：

1. 信仰圈以一神信仰為中心，祭祀圈則祭拜多神。

2. 信仰圈的成員資格是志願性的，祭祀圈的成員資格則為義務性、強迫性。

3. 信仰圈是區域性的，祭祀圈是地方性的。

4. 信仰圈的活動是非節日性的，祭祀圈的活動是節日性的。

透過寺廟祭祀組織的出現，探討地域社會的範圍，並構思地域社會內部的族群問題、不同社會群體的互動與整合、信仰與人群的互動等問題。從祭祀圈中理解村莊社會的居民如何透過寺廟進行整合，也應用在不同地緣團體的研究裡，觀察寺廟如何透過神祇及儀式的力量，在歷史的發展過

程中，將不同的地緣團體間的隔閡消弭於無形，這就是臺灣民間信仰發展的力量。此外，信仰對臺灣社會的歷史發展也具有下列幾項意義：

1. 形構地方發展的精神動力。
2. 是地方拓墾的歷史記憶
3. 是地方文化發展的根基。

然而在臺灣開發的過程中，村莊社會的居民透過寺廟彼此緊密結合外，傳統廟宇和神明會還具有下列幾項功能和意義：

1. 提供教化人心、穩定社會的力量。例如廟宇中的彩繪、壁畫、雕刻故事，多以忠孝仁義、忠勇愛國、飲水思源等故事為主題，來建立人民的道德觀，並由神明開示要有慈悲心、愛心等，在地方社會皆有穩定人心的作用。

2. 具有知識傳達的功能。由於傳統廟宇中的主事者皆為地方上的士紳階級，在大多數人不識字的年代，這些傳統知識份子便承擔起傳達知識的責任。以廟中籤詩為例，解籤者首要識字並了解其中意義才能為人民解籤，因而人們可透過籤詩來學習識字。

3. 政府禮制的一部分。廟宇為安定社會重要的力量，清廷統治臺灣時期為鞏固其地方統治力及民眾向心力，除了原有官祀祭典外，另建有官方廟宇，例如孔廟、文武廟和城隍廟。此外，林爽文之亂平定後，清乾隆皇下旨興建供奉媽祖的鹿港新祖宮，除了感謝媽祖護祐順利平亂外，在地方上具有安定社會的力量。

4. 心理上的寄託。從中國大陸到臺灣移墾的過程過程十分艱辛，除了需面對離鄉背井心理上的煎熬外，還有經過黑水溝的航行問題、清廷對渡臺採取嚴格控管的態度、入臺後在臺灣開發過程中生活上的不順遂等因素，都會讓人們需要精神上強力的支柱，因此臺灣民眾對神明的崇敬以及民間信仰的發展才會如此興盛。

5. 凝聚向心力。由於臺灣社會屬移墾社會，各族群的移民因生活習慣、語言與信仰皆有相似背景，因此在臺灣會各自組成同鄉會、神明會等組織，並藉由供奉同鄉的神明，來凝聚彼此的團結和向心力。

6. 地方性市集聚集所在。無論是古今中外，有人潮的地方便有錢潮，到廟宇參拜的人潮為廟宇周圍帶來商機，也成為小販聚集叫賣之所在，久而久之就形成具有特色的商街、市場或夜市，至今我們還可見到都會區中較有規模或歷史悠久的廟宇附近，都還存在著這樣的現象，例如臺北艋舺龍山寺附近青草街和華西街廣州街夜市、臺北大稻埕霞海城隍廟門前的迪化街南北貨集散地、臺北行天宮外的算命街、臺北松山慈祐宮旁的饒河街夜市、基隆奠濟宮外的廟口夜市、臺南市水仙宮外的市場和臺中市城隍廟外的忠孝夜市等。除了都會區以外，郊區或較為鄉下的地方重要廟宇附近，至今也仍可見到流動性的攤販或市集聚集，成為是各地居民閒逛的好去處。

閩地漢人渡臺開墾將原鄉信仰帶入臺灣，成為臺灣民間信仰形成的重要核心，但除了閩地來臺的族群所傳入的信仰外，原住民信仰、中國各地來臺移墾的人民所祭祀的對象、荷西統治臺灣時期所傳入的天主教、基督教甚至是臺灣在地發展出來的神明傳說，皆是臺灣民間信仰發展不可或缺的因素，因此臺灣民間信仰便出現了下列幾項特色：

1. 功利主義。人們對神明有酬勞報功的現象。

2. 擬人化。非生物和自然現象崇拜的擬人化，具有通俗性，神明有尊稱、有形象、有家庭、有聖誕、有住所，甚至也有階級，非常貼近人民生活。

3. 多元化。各種神都有，神祇靈顯則興。

4. 包容性強。在臺灣廟宇中除了融合傳統漢人儒、釋、道不同教派的神明外，甚至是原住民的祖靈會和漢人的神明一起被供奉。此外還出現了漢人的神明在出巡遶境時和天主教聖母瑪利亞共同遶境的活動，顯示出臺灣人對於不同信仰的包容與尊重。

參、臺灣新祀神的出現

　　信仰的出現提供人們在精神上的依靠，而信仰的盛行則在於背後的靈感事蹟與傳說故事，臺灣民間信仰的發展，除了先民們從中國大陸將原鄉信仰帶入臺灣外，臺灣民間所流傳的靈感事蹟及傳說，更是成為信仰發展不可或缺的因素，在這樣的背景下出現了不少臺灣的新祀神，以下就分別針對各種不同類型的新祀神加以介紹。

一、對國家地方有開發貢獻之人，過世後為人所崇祀

　　例如鄭成功、蔣介石、吳鳳、林圯、曹謹、施世榜等。以開臺聖王—鄭成功為例，鄭成功原名鄭森，明隆武帝賜姓朱，名成功。鄭成功為取得反清復明的根據地，因此率兵攻打當時佔領臺灣的荷蘭人並獲得勝利。鄭成功來臺後設一府二縣，並頒布墾田令，實施寓兵於農的屯墾制度，並將漢文化傳入臺灣，為漢人來臺開墾及社會發展奠定基礎。鄭成功過世後，後人為感戴其恩德，為其立廟祀之，不過在清領時期，由於鄭成功為反清復明的代表，因此清廷嚴禁臺灣民間祭祀鄭成功的行為，直到清光緒元年（1874年）沈葆楨奏請在臺建延平郡王祠，臺灣民間對鄭成功的崇祀又開始蓬勃發展。而蔣介石在國共內戰後撤退來臺，將大量中國大陸軍民帶入臺灣，雖然實施威權統治、強人政治，但對臺灣社會的穩定和發展也有一定的貢獻，因此他過世後也有不少人為其立廟祭祀，例如在新竹市的天宏宮、高雄旗津的蔣公感恩堂、蔣公報恩觀（當地人稱為總統廟）以及臺北淡水的魁星宮（廟方稱其中正帝君）等。其他在臺灣對地方開發有貢獻之人，例如吳鳳為排除原漢糾紛，捨身取義，改善原住民和漢人間的關係；曹謹、施世榜分別在高雄鳳山和彰化開鑿水圳，促進地方農業發展以及鄭成功部將林圯率領兵眾在南投竹山開墾，皆受當地人民感念，因此為後人所立廟祀之。此外，除了出現在歷史文獻中，對地方有貢獻的人物

為後人所祭祀者外，在地方上有些未出現於文獻中卻對地方發展亦有貢獻者，在地方上也為後人所祭拜，例如南投縣草屯鎮的「七將軍廟」，廟宇的出現就是和地方開墾有關。本廟約建於清道光以後，是為了祭祀因開鑿水圳工程而犧牲的6個工人及1隻黑犬。這6個工人和黑犬在犧牲的當時，當地人並未舉行祭拜的行為，但因後來圳路時常崩壞，花了許多的人力及財力，造成當地居民生活不便及損失，因此庄民才開始予以祭祀，期望保佑當地的開發。

二、為保家衛國而犧牲，為後人所崇祀者

　　清代朱一貴事件、林爽文之亂中，在地方上組織義軍保衛家園，協助清軍平亂而不幸喪生的殉難者，在戰亂平息後由官方興建廟祠來祭祀，甚至有些廟祠中還有皇帝御賜「旌義」、「褒忠」等牌匾，來獎勵其義行。以朱一貴事件為例，清閩浙總督覺羅滿保在屏東六堆建忠義亭來祭祀朱一貴事件中殉難的義勇軍；而新竹新埔的褒忠亭中便供奉了在林爽文事變和戴萬生之亂中喪生的義勇軍，並由清廷敕封為「褒忠義民」。此外，北港義民廟中除了供奉了林爽文事變中殉難的義勇軍外，還供奉了一頭靈犬，這頭靈犬原是守護義勇軍避免被夜襲，但不幸被賊兵所毒殺，因其忠勇故在死後一同被供奉，並被尊稱為「義犬將軍」。除了祭祀清代因保衛家園協助平亂而不幸殉難的義民外，日治時期亦有祭祀義民的廟宇出現。清道光12年（1832）張丙叛亂事件中，清守備張榮森和旗下53名官兵及一隻在戰時送差信的軍犬，在鹽水港一役中力戰陣亡，人們為了感念他們英勇的事蹟，便為其祭祀，而清軍每逢其戰死的10月7日也皆派員悼祭，是為臺南鹽水「五十三將軍忠義烈祠」的起源。甲午戰後臺灣割讓給日本，有許多不願為日本所統治的臺灣人組織義勇軍來反抗日本，雖然不幸遭到日軍所殲滅，但地方人士感其忠勇特為其立廟祭祀，例如苗栗大湖昭忠祠，廟內祭祀羅福星、張火爐等地方上的抗日義軍，還有在霧社事件中自殺的花崗一郎、花崗二郎；臺南玉井的忠烈廟，祭祀西來庵事件抗日烈士余

清芳、江定和羅俊：桃園忠義廟中供奉抗日義士七十三公。而在供奉抗日義士的廟宇中，亦有不少出現祭祀義犬的現象，例如在臺南鹽水四十六公祠、忠義公廟、臺南善化的十九宮祖廟（英靈祠）中，都流傳著義犬協助愛國志士奮勇抗日但不幸殉難的傳說，因此義犬也一同被供奉著。

三、在分類械鬥中所喪生，為後代所祭祀者

清代時，隨著從中國大陸移墾來臺的人數不斷增加，各族群間常因開發利益或開墾範圍的問題，出現衝突械鬥的事件，例如「閩客械鬥」、「漳泉械鬥」是當時最常見的族群械鬥事件，再加上清廷統治時期對臺灣治理態度消極，各族群間的械鬥頻傳，例如「輸人不輸陣、輸陣歹看面」、「漳泉拼」、「咸豐三、說到今」等都是在形容族群鬥爭嚴重的臺灣民俗諺語。在械鬥中出現不少傷亡的情事，而這些在族群械鬥中喪生的人就會成為被祭拜的對象，例如霞海城隍廟內就供奉了清咸豐年間因保護霞海城隍神像而犧牲的38名義勇公；基隆老大公廟的出現也是為了祭祀咸豐年間因漳泉械鬥而喪生的殉難者；而臺中豐原的「義人祠」，廟內祭祀了溫州十八靈魂公，除了奉祀清乾隆年間因漳泉械鬥而喪生的17個人外，還供奉了跟在這17個人身邊的一隻忠犬，因此合稱十八靈魂公。

四、遇天災劫難而喪生或意外發現的遺骸，有善心人士將這些無主孤魂共同立祀祭拜者

臺灣位處亞熱帶氣候，夏季颱風頻仍，又地理條件中屬於歐亞大陸板塊和菲律賓海板塊交界，常發生地震，因此在歷史記載中，臺灣因天災劫難而死亡的人數不少，再加上因意外身亡或意外發現的遺骸，後人為撫慰這些意外喪生的孤魂，便會為其立廟祭祀，例如屏東萬丹的水流仙姑祠、桃園大園的大眾廟、彰化大村的淑女祠、臺南中區的水流公、水流媽和基隆安樂的五十人公祠等，其中以清道光年間雲林金湖港的颱風海嘯導致萬

人的死亡和清同治年間就出現的臺北石門十八王公祠（見彩頁圖12-4）較
為著名。清道光25年（1845）由颱風引起的海嘯在雲林金湖港一帶造成
數千人死亡，再加上災後因瘟疫而死亡的人數就高達萬人，當地存活下來
的居民為這些亡魂建了一座萬善祠，並有「萬善同歸」的說法出現，來
撫慰這些亡魂；而清同治間在今新北市石門區外海有17個人在海上遇
難，屍體漂流至石門海濱，被當地練氏居民發現，並將他們葬在一起，而
練氏居民原本想將跟隨他們一起來的狗帶回去飼養，但義犬卻數度跳入坑
裡欲與主人合葬，來回數次，居民只好將義犬與17人合葬，稱為十八王
公，並為其立「十八王公祠」（今為十八王公廟）來祭拜。

五、在漢番衝突中喪生，為後人所祭拜者

　　漢人到臺灣移墾，除了面對自然環境的挑戰外，還需和原本就在臺灣
生活的原住民分享土地資源，因此漢番之間常有矛盾衝突之處，特別是高
山族的原住民，原本就較為兇悍，並有出草獵人頭的習俗，因此有不少人
在漢番衝突中喪生，後有善心人士將這些喪生者的骨骸蒐集，共同埋葬，
並為其立廟祭祀。例如清同治9年（1870）大里杙總兵部派翁均、張烈等
6名士兵，赴阿罩霧柳樹湳（今霧峰鄉柳仔湳）巡察，不料遇上原住民出
草，翁均、張烈等6名士兵因寡不敵眾均被殺害，一同前往的義犬急速奔
回總部悲鳴狂吠報告此事，總兵部官員見有異狀，立刻派兵救援，但6名
士兵已殉難，而義犬就在該地亦咬舌而亡，清廷政府為表揚其因公殉職，
6人與義犬就地埋葬，地方上的民眾也將其供奉在臺中大里的「忠義祠七
將軍廟」中。此外，新竹竹北原為漢番交界，先民們開墾常遭遇番人襲擊
而喪生，後人為了追念這些先人，尊稱其為軍大王，建「軍大王廟」祭祀
之；還有南投國姓的萬善公廟、新竹寶山的萬善祠、新竹竹東的三重埔萬
善祠等廟宇，廟中皆是祭祀清代在漢番衝突中喪生的亡魂。

　　綜上所述，臺灣新祀神共同特性便是過世地點都在臺灣，且出現的原
因皆和臺灣移墾社會的發展及特色有關。不過，無論是上述哪一個類型的

臺灣新祀神，只要過世時未知其名者，臺灣民間通常尊稱這些神明爲大眾爺、有應公、老大公、百姓公或靈魂公，如果有女性在其中則又尊稱爲老大媽、大眾媽或姑娘等。

　　本章延續第十一章的內容，來探討閩地漢人傳入臺灣的傳統中國重要神祇、臺灣民間信仰的發展及特色和臺灣新祀神的出現等主題。先民們從閩地到臺灣移墾，除了請來地區性的原鄉守護神外，隨著生活上不同的信仰需求，具有不同角色職能的傳統中國重要神祇也紛紛隨著先民們來到臺灣，例如媽祖，除了是閩地湄洲地區的守護神外，也是航海的守護神，因此在移墾過程中先民們經過黑水溝〈臺灣海峽〉海象的兇險時，便會在船上請媽祖坐鎮，讓媽祖的重要性更被突顯出來。

　　由於在臺移墾的艱辛，信仰對於先民們來說不只是精神上的寄託，廟宇更是人與人之間聯繫感情、凝聚向心力最佳的場所，這樣的生活經驗便和原鄉生活有所區別，信仰的模式也隨之有所改變，再加上臺灣在地化神祇的出現，除了是信仰上的需求外，也反應出臺灣移墾社會和信仰文化發展之間的獨特性。

　　隨著兩岸交流的發展熱絡，閩臺民間宗教文化的往來也日趨頻繁，從臺中大甲鎮瀾宮的媽祖在民國38年（1949）國共分治後首次航往湄洲進行宗教交流，開啓了臺灣民間廟宇和閩地廟宇間的往來，爾後臺灣各地廟宇興起了回大陸參香、進香的熱潮，除了回中國祖廟謁祖外，更陸續捐款、協助祖廟重修工作以及聯合舉行祭典活動等，例如中國湄洲媽祖文化節就是結合兩岸各地媽祖廟共同舉辦的活動，由參與的廟宇共同出資舉辦、共同發行紀念商品等，而來自各地的媽祖也藉由這個活動共聚一堂，除了促進兩岸宗教文化交流外，今日更成爲兩岸重要的宗教活動之一。

問題與討論

1.　請舉例說明閩地漢人傳入臺灣的傳統中國重要神祇。
2.　請問廟宇和神明會組織在傳統社會中所扮演的角色和意義為何。
3.　何為祭祀圈？何為信仰圈？並請比較其異同處。
4.　請問臺灣新祀神的類型有哪幾種？並請舉例說明之。

參考書目

丸井圭治郎，《臺灣宗教調查報告書》，臺北：捷幼出版社，1993。

內政部民政司編，《全國寺廟名冊》，臺北：內政部民政司，2001。

片岡巖著，陳金田譯，《臺灣風俗誌》，臺北：眾文圖書公司，1994。

王秋桂、李豐楙主編，《中國民間信仰資料彙編》第一輯，臺北：臺灣
　　學生書局，1989。

伊能嘉矩著，國史館臺灣文獻館編譯，《臺灣文化志・中卷》中譯本・
　　修訂版，臺北：臺灣書房出版公司，2011。

吳彰裕，〈臺灣民間信仰中的李哪吒〉，《第一屆哪吒學術研討會論文
　　集》，高雄：國立中山大學清代學術研究中心，2003。

吳瀛濤，《臺灣民俗》，臺北：眾文圖書公司，1990。

李豐楙，〈五營信仰與中壇元帥：其原始及衍變〉，《第一屆哪吒學術
　　研討會論文集》，高雄：國立中山大學清代學術研究中心，2003。

沈武義，《眾神聖傳續編》，中華南臺道教學院，2003。

阮昌銳，《歲時與神誕》，臺北：國立臺灣博物館，1991。

卓克華，〈城隍信仰歷史演變之考察〉，《老城隍、新新竹，新竹都城

煌廟建基二百五十週年城隍學術研討會》，新竹：新竹市立文化中心，1998。

卓克華，《從寺廟發現臺灣歷史——臺灣寺廟文獻之解讀與意涵》，臺北：揚智文化公司，2003。

明·無名氏編輯，《三教源流聖帝佛祖搜神大全》全一冊，臺北：學生書局，1989。

林美容編，《媽祖信仰與臺灣社會》，臺北：博揚文化公司，2006。

林美容編，《臺灣民間信仰研究書目》增訂版，臺北：中央研究院民族學研究所，1995。

金關丈夫主編，林川夫編譯，《民俗臺灣》，臺北：武陵出版公司，1995。

相良吉哉編，《臺南州祠廟名鑑》，臺南：臺灣日日新報社臺南支局，1933。

徐正光、林美容主編，《人類學在臺灣的發展：經濟研究篇》，臺北：中央研究院民族學研究所，1999。

徐正光、林美容主編，康豹著，〈王爺信仰的發展〉，《人類學在臺灣的發展：經濟研究篇》，臺北：中央研究院民族學研究所，1999。

晉·干寶撰，《搜神記》，臺北：里仁書局，1982。

張珣、江燦騰合編，《當代臺灣本土宗教研究導論》，臺北：南天書局，2001。

莊伯和，《中國的民俗》，臺北：臺灣省政府教育廳，1991。

許仲琳原著，古典文藝學會編譯，《封神榜》，臺北：華文網股份有限公司，2002。

陳登武，〈唐代城隍爺信仰轉變的法制意義〉，《臺灣宗教研究通訊》4期，臺北：蘭臺出版社，2002。

董芳苑，《探討臺灣民間信仰》，臺北：常民文化事業股份有限公司，1996。

鈴木清一郎著，高賢治、馮作民編譯，《臺灣舊慣習俗信仰》，臺北：

眾文圖書公司，1978。

劉枝萬，《臺灣民間信仰論集》，臺北：聯經出版社，1983。

劉還月，《臺灣民間信仰小百科（廟祀卷）》，臺北：臺原出版社，
　　1994。

蔡相煇、吳永猛編著，《臺灣民間信仰》，臺北：國立空中大學，
　　2001。

閻維彪，〈臺灣漢人民間信仰中的「臺灣神」之研究〉，國立臺北大學
　　民俗藝術研究所碩士論文，2006。

鍾則良發行，吳冠衡執行主編，《臺北市寺廟神佛源流》，臺北：臺北
　　市民政局，2006。

第十三章 生命禮俗

學習目標

1. 能夠了解生命禮俗的意義。
2. 能夠了解生命禮俗的內容。
3. 能夠了解臺灣生命禮俗的多元特質。
4. 能夠區分禮俗與禮儀的異同。
5. 能夠經由臺灣生命禮俗的理解,作為學習其他民族文
   化相關禮俗的基礎,發現其中的共通性。

關鍵字

生命禮俗、祈子、婚禮、成年禮、喪禮

　　重視生命禮俗是世界各民族文化的共通性，人從出生到死亡，在生命的各個階段都有重要的變化，為了區隔不同的階段，同時迎接下一階段的到來，不同的社會依據其自古相傳的禮俗，幫助人們順利完成生命階段的轉化。生命禮俗的意義及功能在於藉由各種儀式或進行特定行為，通過不同生命階段，以期順利發展人生。生命禮俗的焦點通常集中於身分地位的轉變，也就是家庭、家族、社會關係的調整，從而連帶產生社會秩序的調整，這種轉化須由社會認同，依從信仰禮俗所進行的儀禮，通常就是連結社會認同的功能，幫助當事人及相關親友、社會成員，借由這些生命儀禮的形式進行互相接納。

　　臺灣早期的原住民有其自屬的生命禮俗，從出生、成年、結婚到死亡，依不同族群而有不同的儀式內容。明清時期大量閩粵漢人來臺之後，帶來原鄉的習俗，與早期居住在臺灣的原住民有極大的差異，也與日治時期傳入臺灣的日本生命禮俗迥然相異。本章內容以漢人的生命禮俗為主。由於漢人的生命禮俗差異不大，在此不特別區分臺灣或閩南習俗；若臺閩有明顯差異者，再另行說明。

壹、出生

一、出生前

　　基於傳統漢人多子多孫多福氣的觀念，子息的獲得為生命延續與家族興旺的表徵，因此在禮俗中可看見一連串蘊含著祈子意義的習俗，如婚俗中新娘坐轎到夫家後，轎夫開轎門會唸：「今著轎門雙爿開，金銀財寶做一堆，新娘新婿入房內，生子生孫晉秀才。」的四句聯，透過語言的引導與暗示作用，祈願新人早生貴子。在新郎備好新床後，會請生肖屬龍的男孩在新房床上翻滾，媒人在旁邊唸：「翻落舖，生查埔；翻過來，生秀才；翻過去，生進士。」以生肖屬龍的男孩，代表旺盛的生命力，相信可

以一舉得男，是古代同氣相求的氣化思維表現於民俗思考之中。

在新娘的嫁妝中，都會備有四個「子孫桶」，有腳桶、腰桶、屎桶、尿桶，也稱四色桶，被排在最後的尾擔，挑尾擔的最後進房時，邊走邊唸：「子孫桶抬高高，生子孫中狀元。」、「子孫桶捾振動，生子生孫做相公。」在嫁妝中還有一盆蓮蕉花和一盆石榴，新娘針線袋會裝入12根鐵釘象徵多生男丁，結婚當天新娘的兄弟會將新娘燈放在洞房內的床上，並唸「舅子進燈，新人出丁。」洞房夜，新人先拜床母，然後對坐床沿，由好命人挾菜餵食，邊挾邊唸吉祥話：「食魷魚，生子好育飼」、「食魚下巴，快做爸」……之類的祈子吉祥話。

元宵節還有一些與燈有關的習俗也與祈子有關，如臺灣俗諺：「鑽燈下，明年一定生囊葩」，即指在元宵節晚上，想生產的女性多由家人陪同到廟裏燒香祈願，然後穿行於燈下，期望來年可添丁。也有在元宵到廟裏「乞龜」的習俗，即卜杯請回麵製紅龜，祈願若能如願生兒育女，即在明年加倍奉還，客家人則是前一年有生男丁的人家，在元霄節做數十塊紅粄，供於廟前還願，並供欲求子者分享。此外還有「偷瓜」的祈子習俗，到人家菜園偷摘瓜果，且須讓種瓜人家知道而被罵；偷得瓜果後裝扮成嬰兒，敲敲打打送到乞子的家裏，先放置於床上，翌日再煮熟吃掉，就可以傳達懷孕生子的願望。

祈子除了各種風俗，還可向所信奉的生育神明祈請，在臺灣註生娘娘、三奶夫人、及三十六宮婆姊、七星娘娘、床母及各地方鄉土生育守護神或陪祀神，如鹿港夫人媽、花公、花婆等都是祈求的對象。也有以演祈子戲於諸祈子神廟（如嘉義朴子配天宮、臨水夫人廟）前，慶賀神誕祈求賜子的方式，或者以許願或請道士、法師、戲劇演員上疏，禱告於神前祈求神明賜子。

民間婦女若結婚數年無法順利懷孕，或懷孕後身體較虛弱怕胎兒不保，往往會請紅頭法師或道士舉行探花欉儀式，所謂探花欉是民俗認為女性的本命元靈屬於一種花，靈界花園由花公花婆照顧，探花欉即是到靈界花園察看本命花欉上有幾朵白花苞，幾朵紅花苞，代表將可生育兒子、女

兒的數量。探花欉主要是透過儀式請神明加持，請花公花婆代為修剪整理一下本命花欉，使枝芽能夠重新健康的生長，展現旺盛的繁殖能力。婦女在進行儀式時，手捧芙蓉或蓮蕉花，經由法師進行顧花叢儀式後，將此花帶回家中好好照顧，象徵自己與神明都在照顧花欉，以期順利懷孕和生產。

凡連續生男或生女的婦女，可進行「栽花換斗」儀式，請法師或乩童、尪姨作法，閭山派或三奶派[1]則會設法壇、獻祭品，然後唸經咒，焚香上疏祈求賜子，由法師剪取白花或紅花，施術後帶回，以祈生男或生女如願，是屬於期望改生子息性別的法術。此外還有「換肚」習俗為祈求如願改變下一胎性別，在生產十日內，由娘家送一個煮好的豬肚坐月子，豬肚內有糯米，用紅線綁好，先拜床母，然後食用豬肚，相信食用婦女即換了肚腹往後能如願生男或生女，通常以祈求生男孩為多。「踏青」也是改變生子性別的習俗，在生產後一個月，婦女回娘家小住，俗話說：「踏草青，生後生」藉踏青草以生男孩。

若婦女懷孕，就要小心胎象是否安穩，所以必須遵守許多傳統禁忌，如避免觸犯胎神，如不可任易移動房間內的器物、或釘釘子、動刀剪等，避免沖喜，避免沖煞，避免特異事項，如看傀儡戲，看月蝕、日中白虹之類的。

對於婦人生產的安全祈求，民間則有「送流霞」的法術，認為婦女命中帶「流霞」易生產容易發生血崩問題，因此請紅頭法師作法「送流霞」，供祭小三牲、金紙、替身，並用印上「紅蝦」的紙錢，及孕婦所穿衣服和鞋子。法師依例先請神並稟明，然後進行儀式，之後請孕婦穿上衣服，將「送流霞」紙錢焚化，表示厄運解除。

---

1 閭山派，淵源閩越巫法，閭山法與道教正一符籙派相融合以及吸收佛教世俗化的瑜珈教而發展形成的一支教流。此教派於唐宋間由於閩中陳靖姑信仰的流行而傳播於福建、浙江、江西、廣東及湖南等地，成為我國南方民間道教最有影響的道派。三奶派是閭山派的支派，三奶指陳靖姑、李三娘、林紗娘三人結義同修閭山道術。

二、出生後

　　舊俗嬰兒出生後並不用水洗，只用麻油細加擦拭，三天後才第一次洗澡，稱為「三朝」，選用桂花心、柑仔葉、龍眼葉加一粒小石頭、十二枚銅錢煮水，洗澡時用石頭在胸前叩三下，表示頭殼硬，膽子大，稱為「作膽」。三朝的主要目的是將嬰兒抱到神明廳，祭拜神明，特別是在正式祭告祖先後就正式取名。命名一是取吉利之名，或請命相館以八字五行喜忌命名，或是特意採用負面、不雅之字，等厭勝、譴損的命名法。祭拜用油飯、雞酒等，都在祭畢由女婿送到岳家報喜，岳家則準備送庚，傳統上都要成雙，收下後仍需留下四盤讓岳家帶回。此日均需分贈油飯、紅蛋給鄰居親友。傳統上各家也都會回禮，作為產婦做月子用。

　　嬰兒出生約十二天、或二十四天、三十天時，可任擇一天舉行剃髮，將其胎毛剃掉，胎毛用紅紙包妥放在屋頂，現在則流行做成胎毛筆，以作紀念。剃頭所用水，需放小石頭、十二枚銅錢、芙蓉籽及紅雞蛋、紅鴨蛋並少許蔥。銅錢象徵財富，蔥代表聰明，石頭代表頭殼硬身康健。

　　初生嬰兒作滿月要準備油飯、雞酒拜神明和祖先，產婦娘家要準備許多嬰兒的衣物來「送頭尾」，包括嬰兒從頭到腳所穿的衣物，衣服背領要繡「卍」字，還要準備金鎖片、長命鎖為嬰兒掛綴，希望小孩能辟除關煞長命百歲，還有手鐲、腳鏈等飾品給孩子作紀念。賀禮的食品有紅圓、香蕉、紅龜等，紅圓可收下，香蕉、紅龜要留三成，再連同米糕、油飯作為回禮送回娘家。作滿月時親朋好友會來吃滿月酒及湯圓。

　　小孩出生四個月後要「作四月」，需要準備牲禮、酥餅、紅桃、紅龜等，供祭神明與祖先。外家則送頭尾，包括服飾、虎仔帽、涎垂、鞋襪。此日要為嬰兒收涎，將酥餅十二或二十四、四十八個用紅線串上，掛在胸前，母親抱到親友家，請長輩剝開酥餅為嬰兒收涎，並口唸吉祥話。既宴請親友，也以湯圓或紅桃分送鄰居。

　　嬰兒滿周歲時，俗稱「度晬」，要準備供品敬拜神明與祖先，若生男嬰，會在當天於竹篩內放十二樣東西，如書、筆墨、算盤、錢幣、雞腿、

豬肉、尺、斧蔥、芹菜、田土、稻草、秤等給孩子抓取，稱爲「抓周」，而外家仍在當天送來豐厚的頭尾給嬰兒作賀禮，嬰兒父母則以紅龜粿餽贈親友和鄰居。

從出生後連續的重要儀節，如作三朝到滿月，所有祭拜的神明都不缺床母，而每年七月初七都會在床邊擺供品，床母、婆姐、七娘媽爲臺閩地區的地方信仰，祭拜者爲母親與孩童。在養育孩子的過程中，爲了祈求平安順利長大，特別是不好養育的孩子，通常會直接給神明「作契子」，照例需向廟方請一串絭，在香爐上過煙香，然後在神明前掛上，就是掛「絭」，每年需回廟過香爐一次，直到作十六歲才脫絭。

三、成年禮俗

傳統社會屆滿16歲就被視爲成年人，因此當孩子被神明庇佑到16歲時，家長會帶著孩子準備相關供品於七娘媽生或是受庇佑的神明生日時，到廟裏敬拜感謝神明多年來庇佑，使孩子平安長大，舉行「作十六歲」的成年禮。臺南開隆宮主祀七娘媽，自清代以來每年都有信眾於七夕前來「作十六歲」，近年更發展爲集體進行的儀節。拜七娘媽時，有些地方會準備一座七娘媽亭，讓孩子鑽過七娘媽亭，男轉左，女轉右，連續三次，表示孩子已成年，從此可以不用再受七娘媽特別照顧。以往曾在廟中掐絭的，都在此日祭拜，稟告神明後，將頸上所掛絭取下，表示長大以後可以獨立。

供獻七星娘娘的供品一律都需七份，供祭七位娘媽，廟方會準備豐盛供品，有專爲七位娘娘準備的化粧品及用具，白粉、胭脂、香水、髮油、圓仔花，又有針、線、鏡子、梳子、香帕及香扇等，香爐旁羅列五果、油飯，還有兩束雞冠花插在花籃上，寓多子多孫之意，供品中芋頭糕也取多子意。鹿港地區都在家中祭拜放在長板凳上，或排列桌案祭拜，同樣都會備有油飯、雞酒等供品，湯圓或軟糕中間一律壓出凹窩，是祭拜七娘媽的特別作法。

　　有些家長在孩子出生後身體不適或較難養育時，會向玉皇上帝和三界神明許願，當孩子能夠順利長大成年，在滿16歲或結婚時，必定準備豐盛供品來答謝，若孩子能順利長大成人時，家長會請道士誦經讀疏文，並準備豐盛供品，正式向玉皇上帝和三界神明祝禱，尤其是玉皇上帝、東嶽大帝或地藏王菩薩以及七娘媽等，感謝眾神明多年來的護佑平安，同時延請道長進行進天曹、落地府儀式，俗稱「謝天公」。舉辦時間多在七夕或月德日、天德日等吉日凌晨子時，準備頂桌和下桌設於庭院或神明廳三界公爐下向天祭拜。並在頂桌旁繫上帶頭尾青的甘蔗，另外將三只或五只代表天公的天公座擺在頂桌中間，中央擺香爐，爐兩旁備燭臺，頂桌供品獻供天公為清素齋品，下桌獻予天公部屬之神明，以五牲等葷食為主。

貳、婚禮

　　婚姻在人的生命中相當重要，不只是個人生活型態的改變，角色與社會關係也因進入婚姻而發生重大改變，婚姻禮俗在所有生命禮俗中相對顯得多而繁複即可看出人們對於婚姻大事的重視。

一、婚禮前

（一）議婚

　　在傳統的社會男女雙方婚事多半由媒人幫忙命紹，或是男方看中哪家小姐，會請媒人帶雁或雞、鵝當賀禮去女方家說明來意並探聽消息，一旦女方覺得有意接受，即收下禮物應允繼續談下去。在媒人說媒後，雙方開始互探門風，若女方探聽後不滿意，便趕緊退完禮物。現因自由戀愛，多半找現成媒人到女方家提親。有些人為求慎重，媒人幫忙介紹的會先「相親」，由媒人陪同男方家人及男子或親友湊成雙數，親到女方拜訪，女家需準備甜茶，由女子奉茶給客人，便於互相對看。有經驗者可細看容貌、

體態、手相、足相、聲相等，之後由男方家長壓茶盤，滿意的話兩大包，否則就小紅包以示禮貌。

男方在得到女方同意後，可交換八字，即「換庚帖」問得男女雙方八字，即古禮的問名，雙方將八字壓在正廳神明、祖先牌前的香爐下，或直接放在神桌上三天，雲林、嘉義地區還會加上一碗清水，假如這段時間家裏發生爭吵、失竊、遭劫或摔壞東西打破碗盤，或有蟲蛾投入清水中，及其他意想不到的災變事故就認為不祥之兆，反之男女雙方家中一切順利則認為吉兆，這門親事就可以繼續商談。（李豐楙，2000年，頁127）這是納吉的遺風，重視卜問祖先是否得吉兆。

這時男女雙方都會請算命先生批八字，看當事人是否命格相合，如果相合就把男女生辰合寫成一張譜，再請媒人送到女方家，繼續進行婚事商議，若命格不合婚事就此作罷，互相退回庚帖。整個議婚過程，雙方都會請人到處探問門風，假如一切順利，親事才能進入正題。當男家接受女家送來的合譜，經過商議後，就央請擇日師挑選吉日，媒人就可以前往女家，以紅紙量定新娘手指的尺寸，供男方訂製戒指，俗稱「比手指辦仔」。

（二）訂盟

閩南語的訂盟即俗稱「送定」、「小聘」、「文定」等，是男女雙方準備共組家庭的公開儀式，在禮俗上訂盟細節都由媒人負責溝通並連繫完成。訂盟需選擇吉日，由男方請擇日師按男女雙方八字擇定日期，經由女方家長同意，通常選在上午期間，出發前要祭告祖先，將聘禮、禮餅等供奉在神案上，稟告前往女方文定之事。前往文定的人數為雙數，由媒人陪同下聘，聘禮有聘金和禮品。聘金有大聘金和小聘金，大聘金是男方提供女方購置嫁妝的費用，小聘金是奉獻女家母親報答養育之恩，南部稱作「乳母錢」，北部稱作「作衫錢」，是準備添製新娘衣服用。禮品包括禮餅、大餅（南部流行）、冬瓜糖、戒只餅（北部）、檳榔、冰糖（南部）及其他各式糖果餅乾共六或十二樣，每一種數量都取雙數，其他包括飾物、衣服、鞋襪、食品、金、香、燭、炮、吉祥物如蓮蕉苗、芋苗、五穀

子、生鐵、炭等象徵子孫繁衍之物，這些物品有些地區是女方準備，於回聘時送到男方家。

女方將祭品、香燭等供置神案、八仙桌上，以便舉行祭告祖先儀式，然後開始奉茶，女子以禮盤捧茶，由媒人介紹男方家人親人。奉茶儀式後舉行「掛手指」儀式，女方備妥高椅及小凳，放在正廳中央，女子就坐高椅上，雙腳放在矮凳上，面朝外，早期多半由男方家長或親長掛手指，現在由男子親自掛。戒指繫紅絲線，具有聯結親事的意涵。掛手指之後，女方宴請男方親友和媒人，男方以紅包壓桌，女方收下定金，禮品收下一部分，其餘退還，表示客氣，女家退還部分禮品，稱「還禮」，並需準備禮帖和禮物，禮物通常為送給男當事人的衣料、文具用品，以示答謝。男方親友返家之後，即以女方答謝的禮品祭告神明、祖先，女家則將男家所送的餅分贈親友表示喜訊。完聘亦即大聘、大訂，指所有的聘金都送完，是為完聘，家境普通的人可能大聘小聘合併舉行，慎重的人家會在完聘的前一天舉行謝神，即「結婚謝天公」。

（三）送日頭、安床

訂婚後媒婆由女方家取得坤書，送至男方家，男方依婚書記載之新娘八字，送請命相師選定裁衣、安床、開容、出閣、進房等時間，及必須避忌的歲數與生肖。迎娶的日期寫在紅紙上，另備豬腳、冬瓜茶等禮品，及覆日禮，託媒婆送到女方家，俗稱「送日頭」。離去時帶回女方的答禮書、同意書和回贈禮物，閩南人習俗通常回贈準新郎衣料、用品，客家人則是收下男家禮品及豬腳若干，回贈部分豬腳並贈錢包、肚兜等繡縫之物。

男方於結婚前擇一吉日布置新房添置新床，稱為子孫床，並行安床，備好物品在擇定的時辰放置床上，約一小時後撤走，在床上貼「鳳凰到此」或「麒麟到此」的符，請屬龍的小孩在床上翻滾，之後備供品拜床母，結婚前一晚，再請屬龍的男孩陪新郎睡在新床上，叫作「壓床」象徵日後新郎免守空房及早生貴子。若有許願的人家，也可在結婚當天子時，舉行結婚謝天公。

二、正婚禮

婚禮當天一早，新郎著裝後，即由父親引導於祖先牌位前禮拜，吉時一到連同親友湊成偶數，率鼓樂、儀仗、彩輿前往女方家迎娶，現代則以轎車迎娶，新娘則一早化好妝，著新娘禮服，在迎親隊伍未到之前，先與家中姊妹一同「食姊妹桌」，表示告別姊妹，有的父母兄弟會參加，通常為十二道菜，姊妹要說和菜色相配的吉祥話，以表祝福，新娘象徵的各吃一下。迎親隊伍一到，女方家屬要放鞭炮，男方則帶豬腳、雞、魚、轎斗圓給女方家屬祭拜祖先。親迎隊伍到時，新郎暫不出車，由新娘的弟弟進紅柑兩盤，向新郎行禮，新郎收下紅柑贈送紅包，還要送來請岳父大人參加婚宴的十二版帖，之後女方家屬要請新郎合蜜茶、四果湯、雞卵湯、豬腰湯，俗稱「食旬湯」，新郎都要贈送紅包答禮，陪同的迎親親友也喝雞蛋茶。

新娘出嫁前，要上香拜別神明和祖先，稱為「辭祖」，由好命婦人或媒人牽引出大廳，與新郎男左女右合站在一起，由女方的舅父或長輩點燭祝福新人，再點香由新人敬告女方的神明和祖先，由並向父母謝恩，叩別女方父母。

新人辭祖後，要出廳堂多由父親手持八卦篩遮於頭上，再由好命人引導準備離開女方家，依傳統女方要準備一支帶頭尾青的竹子，前端吊豬肉，以避白虎煞，在民俗上新娘上轎後，新娘家有的會關門納吉，有的取水潑出，都是預祝新娘不要被「出」之意。而新娘則會從轎中丟出一把扇子，讓娘家弟妹拾撿，閩南語稱「放性地」。

在民俗上結婚通常看吉日，大家都依黃道吉日擇吉，難免喜喪同日，若路上遇到他家出嫁行列，則喜沖喜，即取新娘頭上簪花互相交換化解，為防遇喪葬隊伍則佩麒麟符、鳳凰符、三皇符三道，或張貼於轎上。

出嫁行列到達男家時，男家則放鞭炮迎接，媒人先進門手拿鉛錢道：「人未到緣先到，進大廳，得人緣。」新娘下轎前，媒人會帶一男童手捧禮盤，盤上放蜜柑兩個，請新娘摸過在下轎，表示婚後夫妻甜蜜一生。而

新郎多會先以扇子敲轎頂三下，踢轎門三下，據說以此樹威，新娘日後才會順從丈夫。

　　下轎時由好命婦人拿八卦篩或黑傘為新娘遮頭，並在地上放屋瓦一片，瓦上燃香讓新娘跨過，稱為「淨香束柴」或踏破瓦片以為破煞，還有準備烘爐生炭火，讓新娘跨過，既淨身也「生淡」以求子孫繁盛，並且忌踏「戶碇」以免不祥。

　　新人進入男方大廳，與新郎一同合站，並由男方長輩或母舅主持「拜堂」儀式，亦即入門敬拜男方神明及祖先，以及叩拜男方父母，敬告神明祖先從此家中新添一名媳婦。

　　新房內通常床前擺設一張桌子，桌上放置花燭一對，一面銅鏡，新人站在床前，先對床一拜，再轉身相向一揖，新郎揭去新娘頭蓋，雙雙坐於舖新郎長褲的椅子上，稱「坐郎褲」取夫妻同心同坐財褲之意，再由好命婦人象徵性餵新人食湯圓，邊餵邊說：「圓仔吃一雙，生子生相公，圓仔吃一粒，生子生一核。」是祝福新人生子的吉祥話。之後新人就共進酒食，俗稱「食酒婚桌」仍由好命婦人象徵性每樣餵食，並說吉祥話。

三、婚禮後

　　依古禮新娘入門後第三天一早，即盛裝進入正廳舉行「出廳」儀式，新郎、新娘隨著公婆進入正廳，由家長或母舅主持，先面向外，拜天地神祇，再轉向內，拜歷代祖先，然後才拜見父母，最後夫妻交拜。奉茶時，新婦先作揖，再將茶進呈於供桌，再退後向神明及祖先牌位行拜，然後轉向公婆，先向公婆行拜禮，之後起身，再奉茶請公婆飲用，喝過後，還要向公婆行禮，公婆則回禮，在場的尊長伯叔等在一旁觀禮，新婦也須一一敬茶拜見。尊長接受敬茶也一一還禮，贈送新婦紅包，然後親族中的子姪輩也一一前來拜見新婦。這一日新婦在姑嫂的帶領下，象徵性進入廚房煮飯並整理廚房，然後餵家畜等，表示參與家事，每做一項姑嫂都要說吉祥話加以祝福。

　　三朝後，由舅仔帶禮物前來探房，進入正廳與新郎行禮，男方端上四甜茶奉敬，敬茶完畢，進入房間探問新娘，並送結穗紅花給新娘，俗稱換頭花，祝福新娘早生貴子。中午男方宴請舅爺，新娘也坐上席，男方另請數人相陪，宴席結束，舅爺回府，男方準備禮物讓舅爺帶回，臺南一帶舊俗，舅爺於三朝初房後，當晚返家前，再探一次，兼請歸寧，四朝又三探，俗稱「舅仔」三探房，是地方特例。 探房需要提帶食物給新人享用，還有從第五天起，連續六天、十二天、二十天或一個月間陸續致送禮物、食品，這種習俗稱爲「捾點心」，是古代餪女的習俗。

　　新婚後數日，新人一同返回女方家作客，稱作「歸寧」新人帶禮品敬拜女方祖先，岳父帶領新人祭拜神明祖先，然後拜見祖父母、尊長、舅姨，最後會見子姪，女方宴請女婿，並邀至親好友作陪，新娘在室內飲宴，由女賓作陪，俗稱「請子婿」，返回夫家在當天夜晚前，不能留在女家，必須連夜趕回，也有請新郎先回，新娘在娘家住幾天的。新娘回婆家時，娘家準備兩對「帶路雞」兩枝根葉齊全的甘蔗、橘子、香蕉、插上蓮蕉的米糕讓新人帶回。有些地方還有「二轉厝」、「三轉厝」的習俗，「二轉厝」就是新娘在婚後第五六天或第十二天第二次回娘家作客，目的是拿縫紉用具，因爲怕這些用具和喜事相沖，結婚當天不方便帶，才改由此時帶，「三轉厝」是結婚滿1個月後，第3次娘家探親。

四、其他婚俗

　　在女方家中舉行嫁娶之禮的婚姻形式俗稱寄禮，寄禮的儀式和正式婚禮大致相同一樣需要主婚人、媒人、授受婚書、聘金，但因在女方家舉行，所以省略親迎儀式，結婚當天女方一樣張燈結彩，新郎和媒人到女方家，女方以雞卵湯、四果湯款待，然後媒人扶新娘到廳堂，由新人一起祭拜天地神明，而後進入洞房，食酒婚桌，第二天新郎在大廳會見女方家親戚，第三天新郎拜見岳父母後，祭拜女方家祖先。通常第十二天新郎才帶新娘回家拜見公婆、祭祖先，也有在一到四個月之內選擇吉日回家居住的。

　　傳統婚俗重視聘金，有些貧窮人家無法負擔，就會先抱同樣貧窮人家的幼女作為童養媳，等孩子長大後讓他們成親，如果沒有兒子就另外認養兒子以便結婚繼嗣，而將童養媳改為養女出嫁。

　　有些家庭富裕捨不得女兒出嫁，或家中並無男嗣，或幼小病弱無法照料家務，或為了維持生計扶老養幼，於是選擇招贅入門，而男子則因孤身遊子，或兄弟眾多無力婚娶，才接受招贅。而寡婦或離婚婦人，為撫養公婆或小孩，需要男人扶持家計，或為先夫或自家傳香火，則有招人入門為夫。

　　適婚男女在未婚前即死亡，家人因各種原因而舉行牌位結婚，俗稱「娶神主牌」或嫁「神主牌」為冥婚，冥婚儀式比較簡單，如送定，在靈前燒香祭拜，女方多少也會送嫁粧。如果訂婚後男子死亡，在喪禮中舉行冥婚，新娘一樣被迎請，進洞房後再到棺木前號哭。出殯時若決心守寡就在正廳送走棺木，若要再嫁則送到墓地即可。

　　經過婚姻而產生的身分轉換，對新郎而言是養家責任的承擔，由人子成為人夫而後人父，對新娘而言則不只是身分的轉換，有生活環境適應的丕變，從傳統婚俗的內容細節可以看出，婚禮的意義在透過種種儀節，以象徵的暗示，在意識上幫助新人與雙方親屬，適應由婚姻關係帶來的變化。

參、壽禮

　　壽禮在漢人社會是經常舉行的家庭禮俗，傳統習俗上五十以上才可以稱壽，以後每隔十年過一次壽禮為大生日。一般壽禮都是由子孫或親友事先安排，作紅龜粿、壽桃餽贈前來祝賀的親友，而壽星的親友則準備壽幛、壽聯、壽燈、壽禮等祝賀，壽宴上必備長壽麵祝賀長壽，麵線強調不剪斷，已出嫁的女兒送雞、酒、蛋等禮物。親家通常以六色為準，豬腳、大麵大盤，以長麵不可切斷盤成尖塔、雞鴨一對、壽幛一幀、紅龜大盤，

壽燭一對。主人需準備豬肉、壽桃、紅龜回贈。

豬腳和豬腳麵線取意豬腳健壯，麵線長壽，食用時不可切斷，俗稱「抽壽」，此日壽星本人和家人、親友均需食用，以示慶賀。

傳統的家居在慶壽時，都把正廳佈置為壽堂，廳門高掛八仙綵，以示八仙獻壽，也可掛天官賜福像，高掛大紅燈籠等，廳堂上掛壽幛，兩旁掛壽聯、壽屏、壽幀及祝壽文物，並在正廳安排頂、下桌，頂桌供壽桃、花薦及壽麵各一座，下桌置龍腳燈、大燭臺一對，桃薦在木雕薦臺上插疊大小壽桃，中間插麵製八仙，花薦以各種鮮花擺飾，旁飾雙鳳，或是只在神明及祖先前的供桌供上祝壽供品，依例點燭並供上鮮花及祝壽用的壽桃及麵線，壽星高坐在案桌前，在紅燭高燒時，接受大家前來祝賀。

祝壽活動中的娛樂傳統以演戲為主，〈蟠桃會〉、〈四大福〉、〈麻姑獻壽〉、〈麒麟記〉等都是常見的獻壽劇。

肆、喪禮

人從出生到死亡的各個階段都有生命儀禮來協助人通過生命關卡，面對死亡也有一套嚴謹的儀禮來協助死者及家屬與社會，接受一個成員已經真的離開人世的事實。喪禮的重要階段可分為臨終、發喪、治喪、殯禮、葬禮、居喪、除喪、撿骨等過程。各階段都有重要的禮俗。

一、臨終

死者在彌留狀態時，家屬即著手準備喪禮的一切，首先將正廳打掃乾淨，準備舖放水舖給病患休息，稱為「拼廳」，傳統習俗認為家中若有長輩，則亡者不能搬入正廳，得置於側室，但現在房屋結構改變，也只好放在正廳，但需放在虎邊（即正廳右邊）。若未成年而亡也不能在正廳。

亡者臨終嚥氣時，要摔破亡者生前習慣使用的飯碗、茶碗，代表「碗

破家圓」若有習慣服中藥者，也要將藥罐摔破，告知亡者從此不用再服藥了。（李秀娥，2005年，頁129）並取下正廳三界公燈或天公燈、天公爐或清理天公爐，並以紅紙或紅布、米篩遮住神明和祖先牌位，以免喪氣污染神聖，稱為「遮神」，直到大斂後除去。

　　嚥氣後馬上要到門外燒一頂紙作的小轎子給亡靈使用，稱為過小轎或燒小轎，還需準備兩份碗筷及飯菜供轎夫使用。在亡者四週圍上白色布幔，俗稱吊九條，並為亡者蓋上「水被」，以白布包銀紙為枕，則稱「換枕」，古時在口中放一枚玉石稱「含斂」，現今則為硬幣及金箔叫「含錢」，放在廳堂的亡者，頭朝屋內，腳向門外，在腳邊供上「腳尾飯」，腳尾飯要在露天炊煮，大碗盛滿，飯上放一顆熟鴨蛋（有些地區放豬肉片），插上一雙筷子，並在腳邊放一盞白蠟燭，作長明燈。用碗公裝沙作香爐，稱腳尾爐。同時燒腳尾紙錢。

　　死者未嚥氣時，儘量不要在其面前哭泣，真的嚥氣後，才可在靈前哭泣，傳統有哭唸的調子，邊哭邊吟唸，稱為「哭唸」，已出嫁的女兒或孫女在接到噩耗後要儘快換上素衣回娘家奔喪，到家附近要一路哭跪到靈前，稱作「哭路頭。」亡者未入斂停在正廳時，則需派家屬日夜看好守，驅趕貓靠近，俗稱「驚貓」。

　　喪事極為嚴謹，重要程序均請擇日師擇日，包括大殮、轉柩、落葬皆需吉日吉時，一般先看大斂時辰、再看墓地，墓地決定後再看出殯日時，擇日以亡者生辰八字其及子的生辰八字為參考。

二、發喪

　　若過世的是母親，則兒子需要帶一條半塊的白布，或白布黑布到外婆家向外祖父母（若外祖父母已不在，要向舅父報喪）報告死訊，稱為報外祖或報白。外祖父母接到女兒死訊後要馬上拄柺杖來弔祭女兒，瞭解狀況，喪家的外孫要在門口跪迎外祖父母，稱為「接外祖」。看好入斂時辰後即可報喪，將親人亡故消息向親友發佈，稱「發喪」。喪家應在大門上

張貼告示，以白紙黑制寫著「嚴制」（父）或「慈制」（母）或「喪中」（晚輩），親友得知消息後會陸續前來上香。喪家門口紅色春聯要斜貼白紙條，鄰居的門邊貼上紅紙，稱「掛紅」，紅紙在出殯啓靈後才除去，並由道士洗淨貼淨符。喪事時依親疏各有孝服，麻布爲子女、兒媳、長孫使用，苧布爲孫、甥姪使用，白布與死者同輩或外親，孫女、孫、孫媳穿白衣，頭袒加縫小藍布，藍布爲內曾孫使用，外曾孫穿淺黃布，玄孫用黃色布縫製帽子，紅布爲第五代孫使用。

三、治喪

　　喪家請烏頭師公（道士）或僧尼到死者靈前誦念經文，爲亡靈打開通往陰間之路稱「開魂路」，以厚紙或白布寫上亡者姓名、農曆生卒年月日時，作魂帛暫時替代神主牌，供於正廳一角燃燭燒香稱「豎魂帛」，出殯時魂帛會隨隊上山，或是在墓地火化，或是返主時備魂轎接回已經以朱筆點主的神主牌，安放在靈桌上供奉，到百日、對年或合爐時才火化。

　　招魂幡長約三、四尺，以白部製成，臺灣南部習慣製成圓形，上有7、8條白布，男性加綠色紙條，女性加黃色紙條，幡上寫有亡者生卒年月日，以及姓名稱諱，繫在一支帶頭尾青的細竹枝上，以枝葉繁茂象徵將來子孫興旺，有的地方習慣用長形的平面白布製成，出殯時由喪主舉著，用來替亡者引魂領路，使亡者順利通往仙界或極樂世界，等除靈後再火化。傳統家庭平日大門懸掛兩盞喜燈者，遇喪事則再加掛兩盞喪燈，以白底藍字上書該戶之姓，喪燈由下而上分別圈有麻、苧、白、藍、紅，旁邊垂下一條麻垂布，長度視亡者幾代而定。

　　當遺體準備入殮前，先準備棺木，稱「買壽板」，家屬擇吉將棺木迎接，若經過十字路口，需沿途置留銀紙和紅布一條，稱「放紙」，棺木運到喪家時爲放板，喪家子女或媳婦在外迎接爲「接板」放板前得先爲左右鄰居的門口貼紅紙避邪。接板時，子媳在門外板邊繞化金銀紙，接板後，家人可在門外行「圍庫錢」儀式，將隨身的庫錢與庫官、庫吏燒化，爲

死者生前向庫官庫吏借來的庫前，悉數歸還，以及送給亡者在陰間使用的冥幣。

　　分好孝服後，遺族穿好孝服，排成一大行列，到河裏取活流水，並燒化刈金，象徵向河神買水為亡者淨身沐浴用，並將兩錢幣投入水中，稱「乞水」，現今家家戶戶皆有自來水，多在庭院中放一桶自來水，行「乞水」儀式。乞水後，請一位父母雙全的好命人，以竹子加白布浸到取回來的水中，做出給亡者洗澡的象徵動作，並誦唸幾句吉祥話，稱「沐浴」。正式沐浴則由子孫進行。而後將壽衣給亡者穿上，須先由喪主的孝男各試穿一遍，才給亡者套上，套衫過後，馬上端來熱騰騰長麵線，放很多黑砂糖，喪主先吃，接著全體遺族跟著吃，象徵希望亡者的長壽也能加在子孫身上。

　　亡者入殮時要脫下生前所穿的衣物，由父母雙全的好命人來為亡者換上壽衣，這些壽衣傳統上是生前由出嫁的女兒於父母六十歲壽誕時所贈。昔日亡者是女性則要穿上結婚時的白布衫白布裙，且戴上帽子穿布鞋。

四、殯禮

　　亡者在入殮前，家屬為其準備最後一次告別餐宴，即為「辭生」，家屬請來好命人，菜一一端起，每端一碗便說一句吉祥話，且作挾菜餵亡者吃的樣子。但有些地方沒有辭生的習俗。亡者入殮前，先在其袖口放一些錢幣或紙幣，再將這些錢倒入一個五升斗中，再將錢分給子孫，象徵把亡者財富運道分給子孫，即「放手尾錢」。亡者的家屬圍繞在其身邊，並用一根長繩繫在亡者的衣袖上，男性亡者牽左手，女性亡者牽右手，然後全體遺族拉住繩子一端，請道士誦經以菜刀將每位遺族手中繩子割斷，然後每位遺族手中剩下的繩子和銀紙一起火化，象徵與往者陰陽兩隔。

　　穿好壽衣後依時辰抬入棺木中，即為入殮，棺木內放有銀紙，蓮花金，庫錢，並放七星枋的薄板上有七星及太極，一把桃枝，一顆石頭，煮熟的雞蛋以及豆豉，腳邊會有一件過山褲，以白布做成，一隻褲管正縫一

隻反縫，並放一只以紅白布縫成，裡面塡滿銀紙的枕頭，稱「雞枕」，並放入亡者生前的首飾珠寶等作陪葬。遺體上再蓋白被單中央縫紅綢的水被。之後再放進由道士所製的白色掩身幡，便請道士爲入唸經，即「收烏」也是蓋棺封棺之意。

入殮後臨時在正廳設亡者的靈位，上面有魂帛、魂身與桌頭嫺，並供有香爐、油燈各一座，點上白蠟燭，自入殮後到出殯爲止，派遣未婚子孫於夜間在靈前守靈。亡者過世後沒有馬上埋葬，會在正廳停靈，而大殮後，翌日清晨家屬要爲亡者準備孝飯，如生前一般，直至滿七或百日結束爲止，改初一、十五晨昏各拜一次。

五、葬禮

有些地方會在奠禮前，爲亡者作陰壽，使其在陰間享受生日喜悅與祝賀。作陰壽通常以六樣或十二樣供品。出殯當日，依時辰將棺木抬出院子，親戚尚未上前祭拜前，得在靈前擺上幾張桌子，由家屬及親友供上五醴牲祭，五醴由出嫁女兒或外孫分別將婆家送來的牲禮擺在靈桌上，家屬與外戚三跪九叩，此時喪主要跪地回禮，期間禮生誦唸祭文，家奠而後公奠，出殯當日，會請道士前來誦經，然後進行封棺儀式，封釘完後再由道士或和尚前導，孝男孝媳等每人手持一紅燈跟在後面繞棺三圈旋棺，之後以抬棺用的槓子分別放在棺木的上下左右，再以麻繩緊緊綁起，爲棺木罩上華麗棺罩，孝男捧著魂斗，並由另一家屬持黑傘亡魂遮陽氣，接著送葬隊伍前往墓地安葬，當天要正式前往墓地或納骨塔稱爲出殯，出發時刻要先燒紙錢再出發，沿途要邊走邊散紙錢，稱買路錢，遇過橋時要放銀紙，或紅布在橋上，路上有人爲死者擺香案送行，喪家要上前跪地回禮，並以白布或毛巾答謝。

送葬隊伍到達墓地時，將靈柩置於壙旁，家屬依男左女右跪地，把亡者魂帛放在供桌前，等道士唸完經，將棺木某個部位打洞，插入木槓通氣，依時辰下葬，喪主剷下第一鏟土埋於棺木上，稱「安葬」，然而立

好墓碑，再將魂帛、遺像安放在墓碑前的供桌上。（若以火化的方式，靈柩移至火化場，再將骨灰安置納骨塔。）掩土安葬後，需在墳地立后土碑，並祭祀后土，請土地公守護亡者墳地與亡靈，接著進行點主，即道士或地理師用朱筆在捧主者所捧的神主上下左右中點上朱點，繼以墨筆於朱點上點墨點，並唸吉祥話。之後請龍神多照顧墓地，再進行祭墓主儀式，將神主置於墓碑前，並一人持傘，準備五味碗、發粿、飯、酒、銀紙，由道長舉行祭祀儀式，子孫與送葬親友上香拜墓，而後分五穀錢。也有沒有行點主先分五穀錢，再祀后土與墓主，繼而捧著神主、魂斗與遺像繞墓穴三圈。

送殯完成，將神主牌位從墳地迎回家中供奉，並需拿回墳土和五穀的五升斗，稱為返主，神主牌位迎回家後，要宴請來幫忙喪事的親友吃酒席。神主則安置於臨時供奉的靈桌上，擺上相關供品，請道士誦經安靈。喪禮結束後第二、三天或第七天，死者家屬穿著喪服到墳地察看，並準備供品祭拜后土與亡者。之後檢視安葬的墳塚與后土，皆修築好沒有任何不妥後，敬獻祭拜叫完墳，通常會挑選吉日正式舉行，經濟較不許可的人家會在巡山沒有異狀時，順便舉行。

六、居喪

亡者逝世後，每七天要作七，共有七個日期，分別是頭七、二七、三七、四七、五七、六七、七七。每逢作七由子時開始，到中午拜荣，一般頭七、三七、五七、七七較隆重。另有人家有作旬，作功德等法事。當逝世一百天後，要再請道士或法師唸經舉行祭祀，或僅家人自行祭祀，叫作百日。逝世一週年時，已出嫁的女兒皆要返家供奉牲禮祭拜，於有延請道士、法師唸經，稱作「對年」，此後才脫去孝服。

七、除喪

一般喪家在尾旬、作百日或作對年時，將臨時安靈時所作的魂帛和香爐完全撤除，選一個吉祥的方向將這些東西丟棄，並請道士唸經、上香、燒銀紙，當日已出嫁的女兒也要回來祭拜，稱「除靈」，除靈後喪家婦女換穿素服到寺廟行香後，表示去除喪氣，才能回家省親，稱「行圓」。喪期屆滿，將供奉亡者新牌位火化，或將其香爐一部分放進供奉祖先牌位的香爐內，並將亡者的姓名列入祖先牌位內，稱「合爐」。

八、撿骨

傳統習俗以為屍葬為凶葬，骨葬為吉葬，親人埋葬多年後，擇日重新開墳，撿洗骨骸及撿拾陪葬品，稱撿骨、撿金。先從手部開始，骨骸大致按身體順序裝入金斗甕中，得先由身體下半身先放，再放上半身，最後放入頭骨，以木碳支架來固定骨骸。有安葬原地也有改以夫妻合葬或遷入家族式墓穴安葬的，吉葬墓多建圓形，興建過程有破土、立碑、進金、完墳等步驟，重新安葬主家需備供品等隆重祭祀后土及墓主，祭祀畢再將蛋殼灑在墳背上，請道士呼龍，撒五穀，此後清明再培墓兩年祭品較豐盛。

生命禮俗有與時俱變的時代性，也有不變的結構，在時代的變動與不同政府的統治之下，於政治規範與民間社會力之間，大體生命禮俗能保持平衡點，使得臺灣在華人社會中成為一個生命禮俗保存良好的地方，主要的原因在於臺灣的漢人社會可自由傳承其生命禮俗，未受太多政治因素干擾，民間對於宗教、習俗、民俗各種元素的儀禮，都能包容，由民眾自行調整運用，在面對現代化的潮流中，順應社會與時俱變。

臺灣是個多樣文化融合的區域，閩粵兩省的泉、漳、客籍移民，形成不同族群，並融入原住民文化，使生命禮俗在禮儀內容的細節上，早期移民在移居之初，屬較不穩定的且流動性高的移民社會，作為社會集體認同

的生命禮俗，可用以解決生命存在的挑戰問題，形成內部精神的凝聚力，自然形成內地化的現象，蔣毓英的《臺灣府志》〈風俗〉及〈歲時〉都有「皆系內地人民流寓到臺，則與內地相仿」之語。

　　移民在經過適應新環境之後，在穩定中漸漸發生各族群的文化融合現象，生命禮俗的在地化自然產生，中間又歷經日本統治與國民政府遷臺，此兩時期都制度不同的文化政策，加上現代化所形成的商業化，促使禮俗產生變化，因此臺灣閩南的生命禮俗雖在禮義上與閩南地區並無差別，在細節中一方面保有大同，卻也呈現多元族群的小異特色。此一大同小異，在禮義的精神與價值上其意義在於，臺灣閩南的生命禮俗展現了民主與科學可與信仰、習俗並存，人們可基於理性的認知或感性的需求，決定其生命禮俗行為的其義理正確或儀式正確的價值意義，如依古禮，親迎之日並不拜堂，而是新人直接進入洞房，第三日出廳才拜天地神明、祖先、父母、尊長，此方三朝廟見之遺風，但民間的解釋為新娘神最大，公婆或許所顧慮怕沖煞，所以不願在當日接受新人跪拜。有的則為省事，當日迎娶就拜堂。生命禮俗，可說是臺灣在信仰自由與生活自主的社會生活下，保有的文化資產，也是難能可貴生命文化內涵。

問題與討論

1. 祈子的禮俗有哪些和植物有關？
2. 成年禮俗的作用是什麼？有哪些和神明有關？
3. 婚姻禮俗中哪些是針對新娘的項目？有何意義？
4. 從喪禮的服制可以看出哪些族成員與亡者的關係？

參考書目

片岡巖，《臺灣風俗誌》，臺北：眾文出版社，1987。

李秀娥，《臺灣傳統生命禮儀》，臺北：晨星出版社，2003。

李豐楙，《慶典禮俗》，臺北：國立空中大學，2010。

第十四章 歲時祭儀

學習目標

1. 了解臺灣歲時祭儀的活動狀況。
2. 對節氣影響的民俗活動能有進一步的認識。
3. 知道今昔歲時活動的演變與差異。

關鍵字

歲時祭儀、節慶、節氣、禁忌習俗、地方特有習俗

　　歲時習俗是指一個年週期，自正月初一至十二月三十（或二十九日）之間民間的各種節令習俗，與人民的宗教信仰、社會生活有密切的關聯。

　　臺灣民間歲時習俗形成的主要內容，是全國性的傳統信仰、傳統的節令和地方性神明崇拜的合成體，也可以說是基於一年內農業活動而形成的祭曆，再加上神靈的誕辰，而形成多采多姿的歲時習俗。因此不但有對神明及祖先的祭祀，也包含了節令的敘情、娛樂、競技以及禁忌等活動。以下將以農曆為主，將每月的節慶與神誕加以呈現。

壹、正月

一、春節 （見彩頁圖14-1）

　　中國有三大重要節日，其中春節就分布在立春的節氣中。春節是現在一般人慣用的稱呼，又稱為過年或正月。現今春節是正月初一至初五的五天，家家戶戶貼春聯，春節民間主要的節日活動如下：

（一）鋪陳

　　除夕開始，各家準備迎接新年，鋪陳打掃家屋內外，懸燈結綵，並在門上新貼春聯，桌上掛上桌帷，茶几上放著盆花或花瓶，插著各式鮮花。

（二）開正祀神

　　新年的序幕由開正揭開，時刻每年不同，須由干支算出。近來漸不重視干支，多在除夕圍爐後，守歲到十二點就喚起家裡大小，更換新衣新靴，打開大門廳中的火爐，點亮神明桌上的燭臺，燭臺邊如金字塔般放著一堆一堆的桔子，和一大碗白飯與長年菜，案上或桌上放著一大堆粿類，有甜粿、菜粿、發粿等，亦排成塔狀。長幼則依次，上香跪拜家神與祖靈。

（三）拜年賀正

　　拜過家神、祖先，燃放鞭炮，再向尊長拜年。往昔都要跪地行叩首

禮，現今則向尊長敬禮，並祝尊長健康長壽。拜年賀年有一定用語，向長輩拜年都說「老健康」，向平輩拜年多說「大趁錢」，不論有無深交，相逢一定互相道喜說「恭喜恭喜」。賀正又稱賀年，男人都會去長輩或朋友家裡「賀年」，是一種禮尚往來的俗行，昔人比較重視親訪，現今拜科技發達之賜，賀年亦有以電話、手機簡訊、臉書網路進行者。

（四）進香

各家主婦，多去寺廟進香，祈求一家的發展與平安。

（五）拜公媽

正午各家多預備茶碗，祭祀祖先，俗稱「拜公媽」。有的連續祭祀五天，一直拜到初五日「隔開」，但大部分只祭拜一天而止。

（六）做客

初二是媳婦回娘家探親的日子，稱為「做客」或「歸寧」。做客時隨帶之禮品稱為「帶手」（伴手），娘家有孩童時，則另外給紅包。過去，女兒有子女，孩童隨往者，娘家應送雞腿，或用紅絨線繫大錢掛在孩子頸上，謂之「結衫帶」，現今已少有此習俗。

（七）遊春

在「開正」的儀禮完結後，因家中大小守歲未能好睡，回頭睡到天大亮後再起，一同吃早飯，春節期間不論貧富，都要吃乾飯。飯後子女們相率出門去玩，多到附近寺廟或名勝遊覽踏春。

（八）遊戲

春節時期，成人賭博有「壓寶」、「擲骰子」、「打天九」、「玩四色」，現在多「打麻將」、「擲骰子」或「玩十胡」。小孩玩「葫蘆悶」、「升官圖」、「打陀螺」、「放炮」、「放煙火」。現今還增加各種活動玩具，如大富翁等紙上遊戲，以及3C相關產品的電動玩具。

（九）春酒

自初一到十五，各家多設宴請客，聯絡彼此間的感情，親友間也多利用春節假期互相拜訪，互相款宴。

（十）隔開

正月初五爲「隔開」，意即新春到此爲止，每家撤去供祭神靈的供品，自此日開始宴客亦不再用甜料，屋內的垃圾也要掃出屋外，生活一切恢復正常。此外，各商店、工廠亦於此日開門或開工，大放鞭炮，以求「開市大吉」。

二、元宵節

農曆正月十五日是元宵節，又稱上元、元夕或燈節，是民間的一個多采多姿的節日，也是傳統農業社會春節最後的一天，往常民間熱烈慶祝，故有「小過年」之稱。臺灣民間承襲閩南傳統，在元宵佳節時，也有各種俗信俗行，祈求美好的願望，並舉辦各項慶典活動，增添節日的氣氛。

（一）元宵節的儀式活動

1. **上元祈福** 正月十五爲上元天官大帝生日，民間清晨準備牲禮祭拜三界公，祈禱天官賜福。

2. **元宵祭祖** 吃元宵昔日以爲年頭佳兆，吃湯圓象徵家福，家家戶戶搓米粉，做圓仔，先祭神明與祖先，然後闔家團聚，吃圓仔以示團圓幸福。

3. **迎玄壇弄土地** 迎玄壇即是迎財神，深受商家歡迎。玄壇爺爲玄壇黑虎趙光明，民間視其爲「武財神」。元宵節時將其神像安置在竹椅上，繫兩根木棒做轎，由四個赤膊大漢扛抬，鳴鑼遊行，各家戶商店，燃放爆竹投向大漢，俗謂玄壇爺怕冷，乃以鞭炮取暖。在臺北又稱玄壇爺爲寒單爺，正月十五日在大稻埕有此活動。 弄土地或稱「弄元宵」，是將土地安置在神明轎上，以壯丁抬到商家家門前迎弄。土地公是社區之神，也是財神，弄土地可得財富與平安。

（二）元宵節的娛樂活動

1. **迎花燈** 元宵節又稱燈節，燈與丁諧音，因此迎花燈有求子的意義，也是元宵節的中心活動。現今臺灣各縣市輪流舉辦燈會，以當年之生

肖爲主燈，活動自元宵節前一個禮拜即開始，至元宵節當天活動達到高潮，往往吸引大批各地遊客前往觀賞主燈，也爲主辦燈會活動的縣市帶來豐富觀光收入。

2. **猜燈謎** 猜燈謎是一種益智活動，也是過去文人學士風雅韻事，雖屬性近於遊戲，但頗能激起一般人興趣，深具啓發性的教育意義。古代燈謎分爲24種，現今大多向淺易方向發展。

3. **舞龍舞獅** 龍是吉祥物，元宵節時全國各地都有龍燈。元宵節夜晚，各地獅陣也都一起出動舞獅，俗稱「弄獅」，舞龍舞獅目的在驅邪祈福，並有賀年賀節的喜慶之意。

貳、二月

農曆二月較大的祭典二月初二的土地公生日，也是舉行「頭牙」的祭典，民間對土地公的稱謂有「土地公伯」、「伯公」、「福德爺」、「后土」或簡稱「土地」，正式的稱呼爲「福德正神」。臺灣的土地公，除了每家在家堂設有神像或神位外，每一個聚落都有土地公的小廟宇，「田頭田尾土地公」的厘語也說明了土地公信仰在臺灣的普遍存在。

土地公的生日祭典爲農曆二月初二和八月十五日，農家和商家都要舉行盛大的典禮，實則承襲自中國古代的「春祈秋報」儀禮。而臺灣商家在每月初二、十六祭拜土地公，稱之爲「做牙」，店主照例要用祭拜土地公的牲禮，招待伙計、房東、親友和老主顧，稱爲「造福」。一般人僅在二月初二、七月初二、八月十六和十二月十六日等四天舉行大祭。

二月初二日的祭典爲「頭牙」，所以特別盛重，「做牙」除了祭祀土地公之外，也祭祀「好兄弟」或「老大公」，亦即孤魂野鬼，同時也祭祀天兵天將，也稱爲「犒軍」，慰勞守衛店家的神軍。故有人認爲「做牙」的牙應爲「衙門」的「衙」。

綜上所述，臺灣農曆二月初二的祭典，具有多方面的意義，一爲祭祀

土地神，二爲祭祀神兵神將，三爲祭祀孤魂野鬼。所以民間在祭祀時，有時分二次祭拜，有時在一次中分爲兩種不同的牲禮，和焚燒兩種不同的金銀紙，代表者一爲祭神，一爲祀鬼之用。

參、三月

農曆三月重要的歲時祭儀爲清明節。中國人敬天祭祖的行爲由來已久，掃墓的習俗則始於秦漢時期，初時掃墓的日期隨時代的不同也有所差異，大體上是在寒食節或清明節前後。到唐代中葉以後，以清明節祭祖掃墓逐漸定型。明清以來，悉延舊制，於清明舉行墓祭；至民國創立，政府爲紀念民族始祖黃帝，乃制定每年清明節爲「民族掃墓節」，政府每年派員掃祭黃帝陵寢或遙祭黃陵，民間亦同時掃墓祭祖。

在掃墓的儀式方面，清明節臺灣民間大多承習大陸祖居的習俗。周璽《彰化縣志》記載：「清明節，士女各以紙錢掛墓，備牲禮以祭先塋，謂之掃墓。婦女盛裝結伴出郊上墓，謂之踏青。歸折麥穗插髻，以拔不祥。」現今民間的掃墓儀式分爲「掛紙」和「培墓」。

「掛紙」又稱「壓紙」，一般用小石頭、磚塊、玻璃珠、牙籤等物，將長方形黃白墓紙，或紅黃藍白黑五色紙固定在墳上，以示子孫已祭拜祖墳。「培墓」是新築的墓要連續三年間，擇定吉日，在「清明節」前後，備辦祭品去掃墓。除祭拜外，同時修墓，一年一度將墳上的雜草清除，並加以整修，若墓碑上的字模糊不清，亦以銀珠或油漆重新加以描寫，使墓園煥然一新。

往時清明節祭拜墓墳時，須先在后土和墓前供俸牲禮（三牲或五牲）及十二色菜碗（如韭菜、魷魚、春餅、甜豆、芋頭、鴨蛋六粒、萵菜等）和粿類做爲祭品，若是新墳，必須供奉五牲。祭品擺好後，先拜后土，然後在家族長輩的領導下燒香拜墳，最後焚燒金銀紙並放鞭炮，祈求死者的冥福。此外，把芋頭剝皮或鴨蛋剝殼，遺棄在墓上，象徵「脫殼」，以示

生命更新。將墓粿分給圍集在周圍參觀的小孩吃，稱爲「乞墓粿」。拜墓之後，回家再祭拜祖先靈牌，然後一家團食，或以供祭拜過的粿類和發粿，麵粿分贈親屬。現在一般掃墓的方式已較前爲簡約，以鮮花、水果爲祭品，上香鞠躬，儀禮簡單隆重。

清明節除了掃墓祭祖外，也是一個富有娛樂性的節日，根據古籍的記載，有多項活動，如踏青、野宴、放風箏、盪鞦韆、拔河、鬥雞等娛樂，但有的現在已不舉行，有的已改在別的節日中舉行。

肆、四月

農曆四月爲立夏，「立」是開始的意思，而「夏」是大的意思，其意爲春天所種的農作物都已經長大故稱爲「立夏」。從這一天開始，各地的氣溫都逐漸升高，所有農作物也逐漸成長，各種病蟲又要開始爲害農作物。臺灣俗諺云：「入夏補老父」，入夏則指爲「立夏」之意，這一天爲人子女要替年邁的父親進補養身，當然此時不能熱補，只能涼補。而客家人會在四月八日當天，會做草仔粿或米苔目來進食，傳說在此時吃這些東西可以降低夏天生皮膚病的機會。

八日是佛教教主釋迦牟尼佛的誕生紀念日，佛教信眾舉行浴佛的儀禮稱爲「浴佛節」，臺灣民間稱爲「洗佛節」。

浴佛節是佛教界的大節日，自古以來相延成俗，臺灣各地寺廟這天都會準備素菜素飯，招待信徒祭拜，並舉行花祭，因爲佛祖是生在無憂樹盛開的季節，所以要用鮮花做一個花堂，象徵印度風光，相傳佛祖誕生時有天龍下降，端來生產用的水，因此就用甘茶模仿這種情景，來爲佛祖佛像沐浴，民間稱此一儀節爲「洗佛」或「灌佛」。

佛祖聖誕除了浴佛儀式之外，還有一種別具意義的活動就是「放生會」，這種活動乃爲改念佛祖慈悲心而衍生出，爲了「不殺生」，大家盡可能將寵物或生物放回適合生長的自然環境中，例如籠中的鳥類、綠蠵

龜、魚苗等，都是放生會中野放的生物，此舉的目的在宣揚佛教「不殺生」的理念，參與活動者不管大人或小孩都會親自體會放生的樂趣，藉此消弭暴戾之氣。

伍、五月

芒種是農曆五月的節氣，由於此時有芒的植物開始成熟，臺灣南部的芒果也都成熟可以採食，臺語俗諺：「芒種夏至，芒果蒂落」就是此種寫照，因此莊稼人就將這個時節稱為「芒種」。芒種後天氣逐漸進入酷熱期，同時也將進入梅雨季，「芒種逢壬便入梅」即是說芒種之後只要遇到壬日，臺灣就算正式進入梅雨季節，天氣將會是陰雨綿綿的潮濕日子。

芒種前後的民俗節日，當屬端午節最為有名。因節氣由溫暖的春天進入炎熱的夏天，人們對於此種天氣變化往往有適應上的問題，因為夏季來臨後，蟲類繁殖，對人類的生活產生威脅，加上食物保存不易，容易導致飲食衛生的問題，所以民間稱五月為「毒月」。同時古人相信疾病是由於邪魔鬼怪作祟所致，因此產生逐魔避邪的願望，就有了各種信仰習俗，以祈求心靈的安寧。

端午節是五月初五，又稱「端陽節」、「天中節」，俗稱「五月節」，在中國起源已久。明清以來，端午節已成為法定假日，清代臺灣民間過端午節的情形，劉良璧的《重修臺灣府志》有記載：「五月五日，各家懸菖蒲、艾草、榕枝於門，……，近海居民，群鬥龍舟，雖曰弔屈，亦以辟邪……」有此可知端午節在門戶上插菖蒲、艾蒿、榕枝是古俗，古代在中國諸省尚有插柳枝或桃枝，但臺灣則以榕枝代替柳枝或桃枝，門上插艾蒲則具有驅逐邪魔的作用。

抗戰初期中國藝文界人士，為發揚詩人愛國的精神，即以屈原投江之日為「詩人節」，故端午節也成了詩人節。

陸、六月

六月為農曆的小暑，一進入此節氣颱風將陸續成形。根據老一輩的經驗，小暑時若吹東風，大暑的傍晚若紅霞滿天，就表示臺灣即將受到颱風的侵襲。但若打雷就不會有颱風，故俗諺云：「六月初一，一雷壓九颱，無雷便是颱」。此外，小暑自古即被中國認為是斷黴日，一般民眾會將被單、衣服、書冊拿出來曬太陽，以去除濕氣。

六月初六為傳說「開天門」的日子，也是所謂的天貺節，相傳民間在此日離天神最近，如果到廟中燒香祈願最為靈驗，該日一般人會利用清晨零時整到廟中拜拜，祈求下半年能諸事順利。據臺灣民間流傳，這一年如果運氣不好，要選擇六月六日當天到廟中「補運」或「改運」，通常補運的儀式是由道士作法，使用的法物為「紙人」或「草人」，這種法物的主要功用為「當替身」，透過法師施法將厄運轉移到紙人身上後，將可將補運者的厄運消除掉。

另外，往昔六月臺灣人有過「半年節」的習俗，相傳這個節日是由閩南一代流傳過來的。半年節可能是六月一日，也可能是六月十五日，並無固定的日期。當天家戶會吃「半年丸」，即為現今之湯圓。半年丸的作法是先將糯米磨成粉狀，然後再決定作何種顏色，取決於個人喜好，一般民家作成的湯圓有紅、白兩種顏色。當天全家還要以紅龜粿祭拜祖先，感謝他們保佑全家平安順利，並藉此祈求下半年繼續保佑，當祭拜完畢後，全家就會一起吃「半年圓」。現今臺灣年輕人因工作比較忙碌，已經很少人注重這個節日。

柒、七月

農曆七月為立秋、處暑的節氣，氣候轉為暑去涼來、秋天開始、炎熱

即將過去的現象。從這一天開始，各地的氣溫都逐漸轉涼，但還不是很冷，氣候較爲舒服，各種農作物逐漸成熟，是農村的大忙時節。

一、七月普渡和中元節

農曆七月，俗稱鬼月，初一鬼門開，孤魂徘徊陽間，因此民間都會舉辦普渡法會來祭拜這些孤魂野鬼，臺灣民間則稱這些孤魂野鬼爲「好兄弟」。各地普渡法會的時間不盡相同，有的在鬼門開時就會舉辦，有的則在七月十五日中元節這天，還有的是在七月三十日地藏王菩薩誕辰這週來舉辦，通常只要在農曆七月份之間舉辦完成都可以。普渡法會舉辦時，要先豎燈篙、陳設牲禮、擺設供品，並於供品中寫上普渡、植福、慶讚中元等字樣，然後請大士爺，隨後並進行誦經法會，再將蓮花燈放在水邊燃燒，最後請人演戲，俗稱「壓醮尾」。

傳統社會農曆七月時，每戶人家的門口都要點路燈，點燈的目的是夜裡給好兄弟照明用的，以免好兄弟走錯路。此外，在本月中各莊頭都會輪流拜拜請客，連請整個月。由於傳統一般人的生活較困苦，平常多吃些蕃薯籤、番仔豆等醃製食品，因此在普渡時請客所辦的菜色都是平常吃不到的，例如紅燒魚、燒肝、腱仔肉、豬腸、內臟、魚丸等。臺灣一般普渡會有「賽豬公」的比賽，除了請客、法會外，有時也會舉行夜遊會，俗稱「暗藝」。暗藝都是在晚上舉行，有各種陣頭參加，例如踩高蹺、裝嵩蓬、蛤精、蚌精、公揹婆等競賽，非常熱鬧。現代社會中，有些地方還會請電子花車來演出，希望來年順利、平安。

由於本月份是好兄弟出沒陽間的時間，因此臺灣民間流傳著有不少關於本月份禁忌：

1. 不要在屋內撐傘。

2. 深夜的時候不要晾衣服、照鏡子。

3. 不要在深夜吹口哨。

4. 忌深夜過生日。

5. 忌捕捉蜻蜓及蟋蟀。

6. 不要嫁娶、不要訂婚。

7. 不要買新車、新房也不要入宅。

8. 不要手術開刀。

9. 不要開店。

10. 不要安葬。

這些禁忌的出現反應出人們對於好兄弟的敬畏，更是先民們從中國各地和閩南一帶流傳到臺灣的禁忌習俗。

農曆七月的普渡法會中，「搶孤」是相當重要的活動。在普渡法會裡，除了普渡壇外，另設有孤棚，以供置孤飯和其他供品，供品皆由各家各戶所供拜，以三牲、粿粽、米飯、水果和菸酒為主，相當豐盛，而供品上也會有中元普渡、慶讚中元、普照陰光等字樣，供好兄弟享用。在孤棚中央會豎立竹竿，「搶孤」就是在超渡後的某個時間，以鑼鼓為信號，大家要搶奪孤棚上的祭品，而孤棚上最高處的三面旗幟也是搶奪的對象，據說搶到的旗幟具有福氣和保護海上平安的作用，因此成為大家爭奪的目標。

二、七夕

1. **農曆七月七日相傳是七娘媽的誕辰**　七娘媽在民間信仰中是16歲以下兒童的守護神，在兒童週歲時要前往寺廟祈求七娘媽或註生娘娘、觀音菩薩、媽祖等神明，請求加以照護兒童，並在兒童脖子上繫上由古錢或銀牌、鎖牌串在一起的紅線來保祐兒童，直到成年後於七娘媽生日時再把紅線拿下，並前往寺廟供拜麵線、粽類，以答謝多年來的照顧。傳統上七娘媽誕辰時，祭拜七娘媽的供品以軟粿為主，其他供品還包括有圓仔花、雞冠花、水果、胭脂和雞酒、油飯等。

2. **農曆七月七日同時也是魁星爺的聖誕**　相傳魁星爺其貌不揚，是個麻臉又跛腳，但是用功進取，滿腹學問，卻因生前每次應舉都落第，最

後投江自盡，卻被鰲魚救起，玉皇大帝憐憫其遭遇，便召其升爲魁君，成爲主管文運之神。每年魁星爺聖誕時，傳統社會中讀書人都會在此時舉辦魁星會，讀書人也會在此時買蛙放生來祭拜魁星。

3. **農曆七月七日民間又俗稱爲乞巧節**　乞巧之名相傳和織女有關，相傳織女心靈手巧，具有織錦繡花的高超技巧，由於這一天也是傳說中牛郎織女一年一次相會的日子，因此乞巧節的這天，傳統婦女們會準備茶、酒、水果以及桂圓、紅棗、榛子、花生和瓜子等五子作爲供品來祭拜牛郎織女，還有化妝用的花粉，一半獻給織女，一半自己使用，除了希望織女能在與牛郎歡聚之餘，賜給自己女紅的高超技巧，另一方面也希望增加自己的美貌。此外，傳統上在乞巧節這天女子會將自己的女紅作品展示出來，除來展現才藝外，也可以和他人相互交流技藝。

捌、八月

一、灶君公生

相傳農曆八月三日是灶神司命眞君的誕辰，傳統社會中家家戶戶皆以灶作爲生火、烹煮食物、燒水之用，因此灶神和一般民眾的關係是最密切的。每到這天，家家戶戶都會準備牲禮、蔬果等供品，最後並燃燒壽金來祭拜之。

二、中秋節

農曆八月進入秋分的節氣，此時畫夜平分，開始出現秋高氣爽的氣候，此時雨水較少，而秋分過後通常也較不打雷了。農曆八月十五日是中秋節，也是太陰娘娘、月神的誕辰。關於中秋的由來，《禮記》中有云：「天子春朝日、秋夕月。朝日以朝，夕月以夕。」《周禮》中也記載：「中春，畫擊土鼓，吹豳詩以逆暑。中秋，夜迎寒，亦如之。」

　　傳統漢人社會對於月亮的想像，可從幾個傳說故事可略知一二。其一為唐明皇八月十五遊月宮，相傳某年的八月十五日晚上，道士羅公遠陪著唐明皇賞月，唐明皇見到月亮又圓又亮，心嚮往之，羅公遠便施法讓唐明皇上月宮，不僅見到如瓊玉般的「廣寒青虛之府」，也看到了桂樹、玉兔以及各類奇珍異草，數百仙女在悠揚的樂聲中翩翩起舞，唐明皇因通曉音律便暗暗記下，回宮後驚醒才發現是作了一場夢，但將所聽到之音律譜出整理後，就成了白居易在〈長恨歌〉裡提到的〈霓裳羽衣曲〉。另外，中秋節流傳最廣的故事就是嫦娥奔月，相傳嫦娥原是后羿的妻子，吃了后羿的不死藥而飛上月宮，從此孤單的住在廣寒宮中。而和月亮有關的傳說還有吳剛伐桂、玉兔搗藥等，然而無論是哪一個傳說都反映出傳統漢人對於月亮的想像與情感。此外，關於中秋節吃月餅習俗盛行的由來，還有另種傳說：相傳元代蒙古人統治時期對漢人相當的剝削壓迫，管束十分嚴厲，並派有密探監視漢人的反抗行為，於是漢人苦不堪言，想起兵反抗，但礙於統治者監視甚嚴無法傳遞消息，此時有一反抗領袖張士誠，便想到一個辦法來傳遞起義的行動，他在中秋節前夕暗中串聯，將寫著「八月十五，家家齊動手，滅元朝」的字條藏在月餅裡互相傳送聯絡消息，到了中秋晚上果然家家戶戶一起動手，起義反抗元朝統治，因此吃月餅便成了紀念起義的習俗而廣為流傳了。

　　關於土地公的聖誕日期，民間流傳相當多的說法，其中一種便是在農曆八月十五日中秋節。中秋節當天早上，家家戶戶都要先祭拜祖先和土地公，而供品則以月餅和一般牲禮為主，到了晚上要拜月神，接著便有賞月會，一家人團圓，或是和親朋好友相聚一同吃月餅，傳統社會中還有所謂「博狀元餅」，是中秋過節的一種團圓遊戲，有的時候還有吟詩、猜燈謎等遊戲同樂。到了現代除了傳統泡茶、吃月餅、文旦和柚子的習俗外，臺灣社會還出現了中秋節烤肉的習慣，雖說烤肉的氛圍和商業廣告多少有些關係，但闔家團圓的感情和氣氛仍是相當的濃厚。

玖、九月

農曆九月九日爲重陽節，因爲《易經》中將「六」定爲陰數，把「九」定爲陽數，因此九月九日這天兩九相重，故稱重陽。在傳統節氣中，重陽節在秋分之後、寒露之前，屬秋高氣爽的節氣，菊花盛開，因此適合登高、賞菊。在傳統社會中每到九月九，便要佩戴茱萸、食蓬餌、飲菊花酒，並祭拜壽星、麻姑等象徵長壽的保護神，以求長壽。此外，尚有重陽騎射、射柳、放風箏、舉重陽旗和吃重陽糕等習俗，其中吃重陽糕又有步步高昇之意。而在今日社會中，重陽節又被稱敬老節。不過在傳統社會中，漳州人則是在重陽節準備牲禮祭拜祖先。

農曆九月底屬霜降節氣，是秋季的最後一個節氣，天氣逐漸由熱變冷，開始降霜，故名霜降。降霜與否對於農業生產很重要，若霜降這天降霜，則來年豐收，若未降霜，則會歉收。

拾、十月

農曆十月一日爲寒衣節，此時霜降節氣剛過，冬季即將來臨，在漢人的習俗中，因爲擔心過世的祖先在陰間挨冷受凍，因此會有祭拜祖先的儀式，在祖先墳前燃燒紙糊的衣服鞋帽、爲祖先送衣取暖。

農曆十月十五日就進入立冬的節氣。立冬是進入冬季的第一天，且有秋去冬續之意，各種農作物在此時應該已經收成、貯藏，並舉行隆重的迎冬典禮。此外，立冬過後寒冷的冬天即將到來，傳統上就有立冬進補之說，例如進補米糕、雞鴨燉八珍等，來增強體質，加強抵抗力。此外，農曆十月十五日也是下元節，是水官大帝的誕辰，俗稱「三界公生」，傳統社會家家戶戶都會準備牲禮、香燭、金紙來祭拜。

拾壹、十一月

　　農曆十一月二十九日是節氣中的冬至，當天白晝最短夜晚最長，所以又稱日短、冬節。傳統上民間以冬至日到來的先後與當日天氣的好壞，來推測一年氣候的好壞，於是出現了一句俗話：「冬至在月頭，要冷在年兜；冬至在月尾，要冷在正月。冬至在月中，無雪亦無霜。」傳統社會中，冬至前家家戶戶就會做湯圓準備來過節，冬至當天早上要以湯圓來祭拜神明祖先，中午則準備牲禮拜神，晚上吃湯圓時必須一匙兩粒，臺灣民間更有吃過冬至湯圓又多一歲的說法。

拾貳、十二月

　　農曆十二月，因臘為歲終的祭名，故俗稱臘月。古代農業社會在春夏秋冬四季中，前三季為農忙，所以在年底收成後，為感謝祖先、神靈一年來的庇佑，冬季便會舉行盛大的祭典，而「臘」，原指獵取野獸來祭祀，因此事多發生在冬末春初、新舊交替之際的農曆十二月，因此臘月之名就出現了。

一、臘八節

　　農曆十二月八日俗稱臘八節，傳統上臘八節又俗稱「小年」，從這一天起人們就開始準備過年。而每年的這一天都要吃臘八粥，臘八粥就是以糯米、赤豆、紅棗、桂圓、蓮心、花生、白果、松子和胡蘿蔔等熬成的稀飯，相傳臘八粥最早僅流傳於佛教徒中，是為七寶五味粥，由百姓通過向僧供養食物來表達對佛祖普渡眾生的敬意，僧人便將百姓所供養的五穀雜糧煮成粥來食用。後來各佛寺於臘八這一天將粥布施給善男信女，有救濟

貧苦百姓之意，因此就稱爲臘八粥，又稱爲佛粥、福壽粥、福德粥。隨著時代的演變，吃臘八粥也出現了慶賀五穀豐收、驅鬼邪、逐瘟疫、延年益壽和討吉利等意義在其中，民間諺語流傳著：「臘八粥，吃不完，吃了臘八便豐收」就具有希望豐收的意涵。

二、尾牙

農曆十二月十六日是一年最後一次「做牙」，故稱尾牙。由於土地公是商家守護神，因此在尾牙時祭拜的供品就要特別豐富，以求來年繼續保佑民眾。供品中以牲禮爲主，主要用公雞來祭拜，代表雄壯威武、生意興隆，晚上則要犒賞員工，以慰勞員工整年辛苦之意，傳統上若要解聘某位員工，則尾牙宴席時需將雞頭對準該員工，現今社會已較少見到這種習俗。

三、送神

每年的農曆十二月二十四日是民間舉行灶祭、送神的日子，相傳這一天灶神都要返回天上和玉帝稟報家家戶戶的功德言行，並以此定下來年各家戶的吉凶禍福，因此當天早上人們便早起準備牲禮等供品，由於人們希望灶神多說些好話，因此祭拜的時候免不了會供奉甜湯圓等甜點作祭品，希望灶神吃甜甜講好話，然後再焚燒甲馬、金紙，恭送諸神上天，故民間有云：「上天言好事，下界保平安」，來年的正月四日再進行接神的儀式。送完神後，就要開始大清潔的工作，由於灶龕是諸神神位，平時不能任意移動作清掃工作，所以要等到送神之後才能進行整理，並且有隱含掃除家中晦氣之意。

四、除夕

農曆十二月二十九日就是除夕，除夕又稱爲過年，意爲舊歲至此夕而除，明旦換新歲。除夕晚上就是圍爐吃年夜飯的時候，所有的家人聚在一

起吃飯，一定要有長年菜、菜頭、全雞等食材，象徵著長長久久、好彩頭及全家團員等，例如長年菜中的韭菜和菠菜。韭菜有長長久久之義，而菠菜洗乾淨後一定要整棵下去煮，表示有頭有尾、有始有終。此外，圍爐時還有鹹粿、甜粿及發粿等食物，都是農曆新年的應景食材。

　　傳統農業社會中，人們以自然界的運行來觀察而出現了曆法，並依曆法來做為日常生活工作分配重要的依據，再加上對自然界的崇敬，因此出現了不同時節不同的祭典活動。本章中概述了閩臺民俗文化中歲時祭儀的部分，人們的日常生活作息大致符合了農作上的春耕、夏耘、秋收、冬藏的節奏在進行，如今雖然進入工商社會，傳統歲時祭儀的文化逐漸式微，但農作仍需隨著季節的不同來進行，因此在農村社會中仍遵循著傳統的歲時節氣來運作，而農曆春節、端午節、中秋節等依舊是現今工商社會中重要的傳統節慶，是家人重要的團聚時光。

問題與討論

1. 農曆三月為清明節，臺灣人的掃墓習俗有哪些？
2. 臺灣五月節氣的變化如何？當月的民俗活動哪些是與節氣變化有關？
3. 請問農曆七月有哪些節慶活動？農曆七月的禁忌又有哪些？
4. 農曆春節期間有哪些節慶活動？

參考書目

片岡巖著，陳金田譯，《臺灣風俗誌》，臺北：眾文圖書公司，1994。

吳瀛濤，《臺灣民俗》，臺北：眾文圖書公司，1990。

宋兆麟編著，《圖說中國傳統二十四節氣》，臺北：世界書局，2010。

林洋港，李登輝，邱創煥監修，《重修臺灣省通志‧卷三住民志禮俗篇》，臺中市：臺灣省文獻委員會，1997。

張炳楠監修、李汝和等修，《臺灣省通誌‧卷二人民禮俗篇》，臺北市：臺灣省文獻委員會，1971。

許晉彰編著，《臺灣常民文化──鄉土節令與民俗活動》，臺南市：華淋出版社，2002。

鈴木清一郎著，高賢治、馮作民編譯，《臺灣舊慣習俗信仰》，臺北：眾文圖書公司，1978。

蓋國梁，《民俗文化趣談──節慶》，香港：萬里機構‧萬里書店，2004。

劉淑惠，張人傑著著，《臺灣全志‧卷九社會志第四冊文化與社會篇》，南投市：臺灣文獻館，2004。

第十五章 飲食文化

學習目標

1. 了解臺灣飲食文化發展的過程。
2. 對臺閩飲食文化特色有進一步的認識。
3. 了解臺閩地區的日常食物、烹調技法及精緻料理。
4. 認識臺灣宴飲型態及節令食俗。

關鍵字

飲食結構、日常飲食、主食、副食、烹調方法、
點心、茶、精緻料理、節令食俗

　　臺灣與閩南地區的飲食文化關係極為密切，尤其是清領時期，大量閩南人來臺，帶來原鄉的飲食習慣，與臺灣當地原有的飲食文化相融合，產生了臺閩飲食同中有異、異中有同的現象。

　　早期臺灣原住民以捕獵、簡單的栽種（如小米、芋頭等）為主，飲食習慣與漢人迥異。十七世紀初閩人陳第在〈東番記〉裡記載：「（番人）篤嗜鹿，剖其腸中新咽草將糞未糞者，名百草膏，旨食之，不饜，華人見，輒嘔。食豕，不食雞……見華人食雞雉，輒嘔。」具體地寫出漢人與當時臺灣原住民飲食習慣的差異。十七世紀中期，鄭成功蹈海東來，大量閩人跟隨入臺，驅逐荷蘭人後，臺灣島基本上呈現了閩南與臺灣原住民兩種飲食文化並置的現象。清領之後，隨著漢人逐漸來臺，具閩南風味的餐飲遂成了臺灣飲食文化的主流，這現象一直到日本統治時期才又產生變化。

壹、日常飲食

一、漢人的日常飲食結構

　　漢人的日常飲食結構可區分為「飯」與「菜」兩個主要系統（尤金・N・安德森，2003年，頁128），也就是「主食／副食」的分別。主食為澱粉類，是提供人體熱量來源的食物，稱為「飯」。「飯」在漢人概念裡有多重意義，最廣義指的是正餐，因此傳統社會中總是習慣用「你吃過飯了嗎？」（閩南語音「吃飽末？」）做為問候語。「飯」的第二層意義是指餐食中的主食品，包含米穀、小麥或替代性主食，如番薯、玉米等。米穀類以「粒食」方式蒸煮成乾飯、粥的型態。小麥則是以「粉食」方式製成各種麵食品，即麵餅一類的食品。最狹義的「飯」則專指以米穀類蒸煮成的乾飯。

　　副食指用以佐飯的「菜」，閩南人亦有稱之為「物配（mihphè）」。

「副食品」提供人體所需脂肪、蛋白質、多種維生素及礦物質的營養來源，故和「飯」同樣具有多重語意，除了指各類新鮮蔬菜之外，包含魚、肉、蛋以及由黃豆轉化製成的豆腐，和各種加工、醃漬、發酵類的食物，如醬菜、魚乾、豆腐乳等。樣式、種類極為眾多，但總以取得容易並具有佐飯效果為原則。另外，臺灣雖盛產各種水果，但因漢人習於煮過的熱食，生食的水果並未被視為副食品。

　　在「主／副食之別」的飲食結構外，還有許多為不同目的而吃喝的食物，如為彌補正餐之不足所食用的「點心」或補充水份的「飲料」。「點心」即稍許吃些食物的意思，也就是「小食」。人們在大量勞動之餘，常常必須在三餐外再加上暫時填飽肚子的食物，以補充熱量；或是錯過用餐時間而暫時充饑的食物，如「宵夜」。除此之外，「點心」也可以是宴席裡用來區隔上下席以及結束時的鹹點、甜湯，或消閒娛樂用以配茶的糕餅、蜜餞，類似於今日的「零食」，閩南語稱為「四秀（sì-siù）」。在解渴的「飲料」方面，漢人習慣飲用煮沸過的「白滾水」（開水），或是沖泡茶葉。此外也會利用各種植物製作不同風味的飲料，如仙草、愛玉、決明子。最後一類則與維生、營養並無太大關係，如酒、煙草、檳榔等容易使人致癮的「享樂食物」[1]，這些食物或許具有提神、辟障、麻醉、止痛的醫療效果，但其最大特點是可以創造美好的味覺體驗，卻也使人成癮。

二、臺閩地區的日常飲食

　　人類飲食文化發展過程中，「靠山吃山，靠海吃海」是一項很重要的原則。因此自然環境，如地理位置、地形、土壤、氣候、水資源等因素常常決定了一個地區的日常食物生產、種類。臺灣四面環海，西隔臺灣海

---

[1] 享樂食品（德文Genubmittel，指提供人類以吃、喝或吸入方式享用，形成愉悅感覺的一群物質，相對於維生而攝取的食物和飲料。參考Wolfgang Schivelbusch，《味覺樂園》，頁1。

峽與中國福建相望。由於是大陸板塊擠壓而隆起的島嶼，因此地形複雜，山勢高峻，海拔變化頗大，多火山、溫泉，又地處熱帶、亞熱帶，氣候高溫多雨。在諸多優越的條件下，生態物種頗為多元，自然可供取為食物者亦相當豐富。在人口族群方面，主要由最早定居的原住民族、與17世紀陸續遷入的漢人構成；漢人可再分為：由閩粵兩省前來墾拓的福佬人及客家人，其中以福建南部的移民數量為最多，因此早期對臺灣社會的生活型態、風俗文化建構最具代表性，在飲食文化的影響也就更為深切。

　　根據考古遺址及相關文獻記載，臺灣原住民很早就開始有農牧活動，陳第〈東番記〉裡記載：居住在臺灣西南海岸平原的西拉雅族便曾種植稻米、粟、蔥、薑、芋、椰子、甘蔗、檳榔、香蕉、橙、毛柿、番柑、胡麻、薏仁等，同時也飼養豬、雞、犬等動物。荷治時期開始對農業進行強力支配，重視栽種具有經濟價值的作物，如甘蔗、稻米、煙草、薑等。鄭轄時期由於強調自耕自足，農人除了栽種稻米之外，也會在自己的農地上進行雜糧、蔬果的植栽，或從事家畜及水產養殖；並從中國福建、廣東等地移植較能適應臺灣風土的作物或魚類家畜。另外一個改變臺灣作物的重要因素則是十六世紀哥倫布發現美洲大陸後的生態交流，許多非臺灣原生種的作物很可能就是透過原住民或荷蘭人直接或間接引入。根據晚清薛紹元《臺灣通志稿》（1893-1895）〈物產〉篇的記載，除了前述確定原住民本有或經由荷蘭人引入者之外，清領時期臺灣的作物，則大多數與福建方志所記載的品項大同小異。

　　康熙22年（1683）清廷將臺灣收入版圖，據道光12年（1832）《廈門志‧臺運略》記載，臺灣米糧生產除可自足外，在乾隆初年已可供應福州、福寧、泉州、漳州四府的官兵及眷屬達8萬5千多石，且成為「內地一大倉儲」。此外，從清代福建地區的方志中可以發現臺灣農作亦有傳回福建種植者，如乾隆28年（1763）《泉州府志》〈物產〉篇記載泉州穀類作物中已有產自臺灣的「臺灣秈」，安溪一地種植也相當普遍。乾隆22年（1758）《安溪縣志》記載臺灣所產的西瓜為秋種冬熟，與內地不同，因此早在乾隆2年（1738）便已固定作為「貢瓜」。此外，由荷蘭引

入臺灣的「荷蘭豆」，於雍正初年也已於閩地種植。還有許多臺灣栽植的熱帶水果如鳳梨、橡、番石榴（奈子拔、梨子拔）、柑仔蜜等也出現在清代福建各地方志中。

（一）主食

由於居住地區不同或是操持生業不同，臺閩地區的每日餐食情況稍有差異。一般是日食三餐，大量勞動時在早上及下午外加二次「點心」。主食為稻米，煮成乾飯或稀飯，閩人稱「糜」。但通常因氣候、經濟狀況差異亦會有「兩乾一稀」或「兩稀一乾」的不同。多數人以早餐食糜，午晚食乾飯，農家則可能是早午食乾飯，晚餐食糜；而經濟狀況較差者則三餐皆食糜，並將番薯以不同的比例加在粥、飯之中，以節省糧食，《彰化縣志》謂「每日三餐，富者米飯，貧者食粥及地瓜」即然。

傳統農村煮飯的方式分為「悶飯」和「撈飯」兩種。「撈飯」是以大鍋加入米和較多的水置於大灶，水煮開後可先舀出做為洗臉之用，米煮熟後用「筲籬」撈起部份米粒將其瀝乾就是「撈飯」，鍋中剩餘者稱為「粥」，最後剩下的米湯稱「涪」（ám），可做為解渴飲料，也可用來「漿衫」，吃剩的米湯更可充作餵養家畜的飼料。「悶飯」是將白米加上較少的水份煮沸後再轉文火悶煮而成，因為需要較長的時間，通常使用較小的陶鍋置於火爐上以小火悶煮，但現今皆改以電器蒸煮飯粥。除了用米或番薯煮成的粥飯，另外也有加入其它食材，如芋頭、絲瓜、瓠瓜、南瓜、蘿蔔、米豆、香菇、高麗菜（日治時期引入臺閩地區種植），以及豬肉、鴨肉、蚵仔、蟶乾、小蝦乾等，混煮成的各類「菜飯」、「鹹糜」，「菜飯」會用豬油及蔥先爆香，閩地亦有稱之為「燜飯」者。「鹹粥」或稱「飯湯」，由濃到稀皆有，濃者宜於勞動後，稀者宜於宵夜或酒後食用。另外用秫米可煮成甜的粥品，稱為「米糕糜」，有時加入龍眼乾、冬瓜蜜餞、綠豆，和糖煮成。

稻米除了做為主食之外，亦可摻水磨成米漿後，再製成各種食物：比如米粉、米苔目，兩者因使用不同的壓榨器具成為不同的食物。米粉以閩南安溪及臺灣新竹所產最為有名。較粗的米粉可加上豬肉、香菇、蝦或

蠔仔（海蠣）煮成米粉湯，亦可將配料先炒過再和米粉拌炒，「炒米粉」
在閩南及臺灣除了當作小吃點心外，也常被當作待客的食物。另一類重要
的米食是「粿」：製鹹粿時加入蘿蔔、芋頭、金瓜，為「菜頭粿」、「芋
粿」、「金瓜粿」。甜粿則有「發粿」、「紅龜粿」，因製作較為麻煩，
並非日常家庭主食，通常只在節慶或祭拜時才會特別「炊粿」。

　　除了米食之外，麵食是另一個主食來源。小麥自西漢傳入中國後，
磨麥粉而製成的各種麵食便成為華北地區的主食，同時也逐漸向南方傳
播。在臺閩地區的麵類食物代表為：「大麵」、「麵線」（閩地亦稱「線
麵」）、「意麵」及「麵茶」。大麵是麵粉混和鹽與水，加少量鹼粉搓揉
並壓平而後用刀切成的特製粗麵條。閩南人將麵條煮熟，再以豬肉、香
菇、蔬菜、金針等煮熟後勾芡，稱為「滷麵」。臺灣地區通常在結婚、生
日等各種喜慶場合食用。至於「麵線」臺閩都有製作，以麵粉加上鹽發酵
而成，因其柔韌細軟，容易煮熟，也容易消化，因此經常作為臨時待客或
病人的食物。此外，由於它具有綿長的外形，經常作為祝壽、賀新婚、做
滿月的食物。至於「意麵」的製造，完全不加水，而是以麵粉加鴨蛋的蛋
白做成，有特殊的香味，通常作為宴席菜餚。

（二）副食

　　臺閩地區用來搭配米飯的副食品，閩南人稱為「物配」（mih-phòe
（漳）/mn'gh-phèr（泉）），由種類眾多的新鮮蔬菜和肉類，以及加工食
物組成。由於蔬菜生長快速，取得容易，是最普遍的佐餐食物。相反的，
禽畜海產類則因畜養或捕撈成本較高，除了祭祀、節慶等特殊狀況，傳統
農業社會中，肉類並不是重要的副食品。一般較常食用的新鮮蔬菜如：葉
菜類中的菠菜、芥菜、芥藍、小白菜、蕹菜（èng-chhài，即空心菜）、
高麗菜、萵苣、番薯葉等，其中蕹菜是臺灣人特別喜愛者（尤金・N・安
德森，2003年，頁128）。瓜果類有：南瓜（又稱金瓜）、冬瓜、黃瓜、
瓠瓜、苦瓜、茄子、番茄等。根莖類：白蘿蔔、胡蘿蔔、蕪菁（俗稱大頭
菜）、馬鈴薯、菱角、蓮藕等。另外一類較為特別者，即植物的幼苗、幼
莖，如黃豆芽、綠豆芽、竹筍。臺灣另有一物稱為「半天筍」，實為檳榔

花，一般人偶爾會以炒或煮的方式食用。

　　肉類食物即各種家禽、家畜及水產。臺灣早期多梅花鹿，原住民常獵鹿為食，因此自荷治開始鹿脯亦常外銷至福建等地，成為漢人喜愛的食品之一。在近代畜牧業尚未興起前，農家通常在耕作之餘，飼養豬、雞、鴨，至於牛一般是拉犁耕田的重要幫手，農家通常不會做為食用肉類，羊肉則是近代才較常食用。水產食物方面，臺閩皆有豐富的魚鹽之利。各種豐富的海鮮，如土魠、鯧、鰻、比目魚（一名貼沙）、帶魚、午仔魚、銀魚、黃魚（石首魚）、鯊魚（漢人尤愛以其翅製成魚翅）、旗魚、魟魚、狗母魚、鱷魚、嘉臘、赤鯮、鎖管（即小卷）、章魚、海參、江瑤柱、西施舌、蚶、蛤、牡蠣、蟶、螺（黃螺、麥螺可作醬），蟳（膏多於肉稱紅蟳，無膏稱菜蟳）等，常見於民眾的飲食中。此外清代閩籍移民沿襲華南地區的養殖魚業，其一是利用灌溉的埤塘飼養各種淡水魚，如白鰱、大頭鰱、草魚、鯁魚，以上四種被稱為臺灣四大家魚，另有鯽魚、鯉魚等。其二便是利用半鹹水進行沿海養殖，如虱目魚、烏魚、蝦、蟹等（曾品滄，2006年，頁56）。但水產禽畜類食物因為畜養、捕撈成本較高，在清代、日治、戰後初期出現在節慶宴客場合或做為祭祀供品，一般家庭通常用大量的蔬菜和肉類一起調理，做為增味之用。只有經濟較為豐裕的人家和現代受到西式飲食習慣的影響，才食用較多量的肉類。

　　早期臺灣家常菜多以炒或煠（saʔ）的方式為主，兩種方式皆是比較節省時間和燃料的烹調法。炒是將將食材切成小塊，以少量的油猛火快炒。除了各種應時蔬菜，一般家庭習於用較多的蔬菜與較少的肉類配炒增加味道，因此閩南語有：「一斤肉不如四兩蔥」、「魚肉要菜配」的俗諺。煠是將食物放入滾水中快煮撈出，在吃的時候要沾醬料[2]，此種方法可防高溫破壞食物的營養成份。另外還有煎、炸、蒸、煮、焄。由於煎炸需要大量的油，而蒸、煮、焄（ㄓㄚˊ）[3]則需要較常時間，耗費燃料，通

2　「煠」音ㄓㄚˊ，《通俗編‧雜字》：「今以食物納油及湯中一沸而出曰煠。」
3　「焄」是用較長的時間水煮食物，近似於燉煮。

常只出現在宴客或節慶宴客的場合（梶原通好，1989年，頁109）。不過臺閩地區由於天氣炎熱，因此湯水的菜餚頗多，尤其在宴席上時常出現兩道以上的湯品，或是勾芡的羹類。

至用烹調所用的油脂，一般多爲植物油，如花生油、大豆油、茶油。在動物油類則是喜用豬油。豬油是傳統家庭主婦必須自行煉製的，使用的方法，閩南語稱「biak」，煉油剩下的豬肉渣（肉粕）可作料理用品，甚至充做小孩的零嘴。在調味料的使用上，傳統臺閩地區多半僅以鹽、醬油調理鹹味，砂糖除了用於製作甜食，偶爾用來創造「鮮」味，但20世紀初日本發明以麩氨酸鈉製造味精（味之素）之後，味精便從臺灣傳到中國，成爲華人烹調重要的調味料。另外，醋和酒則可做爲提味、去腥之用。

除了新鮮蔬菜與肉類，其實臺閩地區更重要的副食是醬品。醬品包括新鮮蔬菜製成的醬菜，黃豆、黑豆加工製成的豆醬、腐乳、醬油，以及海鮮製成的各類魚脯、鹹魚、蝦乾。據《雲林釆訪冊》記載：「村莊飯粥多調合地瓜，且多食醬瓜、筍等物，最爲儉約。」另外道光27年（1847）來臺的丁紹儀在《東瀛識略》一書中記載臺灣地區的飲食狀況：「其平時一日三餐頗儉樸，即蔬菜亦罕登盤，惟海腥鹹魚是嗜，猶有漳、泉遺風焉。」早期臺灣人一天三餐所食用的蔬菜，有三分之一以上都是醃漬的「醬鹹」。所謂「醬鹹」就是將新鮮蔬菜加上鹽搓揉、或直接曝曬而成，如菜頭製成的菜脯、芥菜製成的鹹菜；用鹽之外，如果又加上醬油則可製成醃瓜、醬多瓜等。此外，還有透過發酵醃製的酸筍以及將筍去皮，煮熟後切成環狀，再順著纖維撕成細絲後曬乾製成的筍乾。食用這些醬菜無需烹調，既方便又節省開銷。豆類製品方面，最重要的便是豆腐，可變化烹調成不同的菜餚，並代替肉類做爲蛋白質的來源。另外就有用黑豆摻米及小麥釀成的醬油（豆油），酵胚的醬油粕稱爲「豆哺」，臺灣人往往直接用來作爲副食或加入豬肉、豆腐、青菜做佐料，口味甚佳。此外，以白花豆經過發酵，加胡麻、辣椒、胡椒製成的「味醬」，以及一層層浸在味醬裡製成的「醬菜」，以及豆豉、豆腐乳、豆乾，都是庶民大眾最常食用者。

其餘的加工食品還有肉鬆、肉脯、魚乾、蝦乾、蝦米、魷魚乾、蚵

乾、鮭醬、鹹魚等。其中，肉鬆又稱肉絨，乃清光緒年間由福州知府衙署廚師林振光創製，而後傳入臺灣者。（薩伯森，2011年，頁11）至於鮭醬、蝦乾、魚脯並非臺人自製，而是從澎湖或福建廈門進口，因其價格低廉，口味重鹹，容易下飯，或是作為增加食物風味的添加品，皆為重要的佐餐食品。（曾品滄，2006年，頁179）。

（三）點心、飲品

　　點心，指正餐之外，用來補充熱量或是消閒時用以配茶飲的的食物。可分為鹹點與甜點。鹹點有：鼎邊糊、麵線糊、鹹粥、光餅、蚵仔煎、肉燕、滷麵、五香（雞捲）、魚丸湯、蚵塊炸、鼠麴粿等；甜點則有：茯苓糕、滿煎糕、九重糕、雙糕潤、綠豆糕等。

　　「鼎邊糊」原是福州人立夏時令的食品，傳入臺灣後成為庶民點心。其製法為：將米漿淋在燒熱的鍋邊，成為薄片後，鏟入鍋內以蝦乾、香菇、蝦仁、雞鴨肝等各種配料煮成的羹湯中。「蚵仔煎」在福建稱為「蠣煎」，或「海蠣煎」，多用海蠣中的新鮮上品，加少許番薯粉、鹽等調成糊狀，然後下鍋油煎，將熟時再加入打勻的蛋汁，使之形成餅狀。「肉燕」是福州的特產，用上等的豬肉和澱粉反覆槌打成薄片再加工曬乾製成。薄如紙片的燕皮，可以切絲煮食，也可以包上肉餡做成肉燕扁食煮湯吃，目前在臺灣鹿港仍然有這類小吃。「五香」又稱「雞捲」，是臺閩的特色小吃。以豬肉、荸薺、蝦皮、五香粉、糖、醬油，加上番薯粉和水拌成糊狀，再用豬網油（豬的腸間膜）包裹成圓筒狀，放入熱油鍋炸熟。「鼠麴粿」是將鼠麴草洗過、煮爛，在鍋內油炒後，與粿塊搓揉均勻成墨綠色，再包入蘿蔔絲、碎豬肉、蝦米等內餡。在清明節時常用來祭拜祖先，同時也可作為日常的點心。

　　甜點方面，有用茯苓與米磨成的粉蒸成的「茯苓糕」具有祛濕健脾的功效。「九重糕」為福建傳統風味小吃，重陽節傳統風俗要登高，吃九層粿有「步步高升」之意。工序繁複，須將米漿加上烏糖，分六次倒入蒸籠，形成九層的蒸粿，故稱。「雙糕潤」以糯米粉蒸熟揉成糕狀，中間加入麥芽糖、花生粉，包起來之後再沾上花生粉。上述甜點，大多在市集食

攤可以購得。至於比較精緻的甜點則由專門的糕餅店鋪製作販賣。以鹿港「玉珍齋」餅鋪爲例，光緒3年（1877）鹿港布商黃錦聘泉州糕點師傅鄭槌前來製作糕餅茶點，並開設玉珍齋。鄭槌手藝技巧高超，精熟泉州各式糕餅的製作，來臺後更創新口味。鄭槌製做的鳳眼糕、豬油粩、石花糕（明治40年至大正期間）參加日本名產調查會、飲食糧品大品評會曾榮獲金牌賞。由於口碑極好，生意興隆，鄭槌的下一代還到廈門開設分店，將精緻化之後的糕餅引入福建。這是閩南飲食文化向外流播又回流的絕佳例子。究竟來自泉州師傅的糕點有多吸引人呢？從兩首〈鹿江竹枝詞〉可略見一二：「醒脾兩盒豬油茗，爽口三包鳳眼糕。一樣玉珍新與舊，各將牌匾競抬高。」（莊嵩）、「糕名鳳眼玉珍齋，柿粉調成白最佳。入口津津涼且嫩，祇應博會賞金牌。」（許存德）

此外有一類是嘴饞或用來消遣的小食，閩南人稱爲「四秀（sì-siù）」，即零食或零嘴（吳瀛濤，1987年，頁192），包括蜜餞、糕餅、糖果瓜子等。而消遣零食的普及，通常和維生食物不虞匱乏，食材供應充足，以及食品加工技術、消費型態改變等種種的條件有關（郭忠豪，2004年，頁87）。由於臺灣在荷治時期開始發展蔗糖產業，糖不但成爲重要的經濟商品，並銷售到中國福建及其它地區，因此改變了傳統以飴糖作爲加工材料的各類甜食。

零食中以蜜餞最受人喜愛，蜜餞即「果脯」，是將新鮮水果加工成爲各種果乾、果餅、果糕。由於臺閩水果種類繁多，除了食用新鮮果子，更喜製成蜜餞作爲日常的零食。例如將柿子削皮後風乾製成的「柿餅」，在清代的福建地區就已經是重要的貿易商品。另外將鳳梨、柚子、柑、楊桃、金橘、橄欖、芒果、李子、青梅、楊梅、山楂等具有酸味的水果或是果皮，以糖、蜂蜜或鹽醃漬、熬煮，臺語稱此類蜜餞爲「鹹酸甜」（kiâm-sng-tiⁿ）。或是添加甘草粉，再經過乾燥處理而成，如冬瓜糖、木瓜糖、金桔餅、蜜棗、七珍梅、鹽梅餅、鳳梨乾等都是廣受歡迎的蜜餞。除了作爲零食直接食用外，現代蜜餞也可以加在西方傳入的蛋糕、餅乾上增加口感或作爲點綴之用。至於糖果，早年閩臺地區的糖果有：用麥

芽膏做的「麥芽膏尪仔」，以糖加水煮熟，畫出各種圖案的「畫糖」、將李子或鳥梨子塗上煮好的染紅糖汁，四、五顆插在竹柄上的「李仔糖」或「鳥梨糖」；還有藉由特殊的工具，急速加熱使米膨大發出膨裂聲音的「膨米香」……都是民眾，尤其是孩童最喜歡的零食。

　　臺閩地區的飲品，最重要的便是以茶葉沖泡的「茶」，福建自宋代起即以產自建甌的北苑貢茶、武夷山岩茶著稱，清代以後又有水仙茶、紅茶，以及傳自閩南安溪的烏龍茶等製茶技術的發展，閩南還因此發展出特有的飲茶習俗。據《廈門志》記載：「俗好啜茶，器具精小，壺必曰孟公壺，杯必曰若深杯，茶葉重一兩，價有貴至四五番錢者。文火煎之，如啜酒然。以餉客，客必辨其色香味而細啜之，否則相為嗤笑，名曰工夫茶或君謨茶。」而臺灣的種茶、製茶業是自清同治以後方才興起，最初是由英商陶德（John Dodd）自福建安溪引進茶苗、茶農，並在淡水一帶種茶，茶樹逐漸成為北臺灣山區的作物，隨著製茶技術的傳入，臺灣逐漸成為重要的茶產地，所產的臺茶也都能銷往歐、美等地，成為重要的出口商品。不過直至清末，臺灣因茶葉價格仍屬昂貴，茶飲並未普遍，除了仕紳階層，及北部因種茶的地利之便而有飲茶的習慣，一般人家多以煮沸過的開水為日常主要飲料，此外，較常飲用的還有仙草茶、麥仔茶、米仔茶、青草茶、冬瓜茶、龍眼花茶、柑子蜜茶，以及用番石榴嫩葉煮成的飲料，這些飲品除了消暑解渴之外，多半還有清涼退火之功效，其中尤以仙草和愛玉最受歡迎。仙草的飲用，乃漢人從閩南帶來，《泉州府志》載云：「（仙草）搗爛絞汁，和麵粉煮之，雖三伏成凍，以充涼飲。」傳到臺灣後，依然是作為消暑的涼茶，陳文達《臺灣縣志》謂：「曬乾可作茶，煮成凍，和糖泡水，飲之甚涼」。至於原產於臺灣的飲品「愛玉凍」，連橫《雅言》認為是臺南特產。因其含有果膠酯酶，將成熟的果實剝下，用棉布包裹，在水中搓揉，頃刻成凍，和糖即可食，適於夏季食用，效果可抵飲冰。因此，在清末又從臺灣輸入中國閩粵等地。

貳、餐宴與精緻食物

　　除了日常維生飲食之外，人們還因為一些特殊目的而形成的飲食活動，如婚喪喜慶、彌月生日、新居入厝、尾牙春酒，以及祭祀慶醮等原因而舉辦各種宴席。舉辦或參與這類活動，不只可以享用平日難得吃到的特殊食物和精緻繁複的料理，達到休閒娛樂的功能，同時更能藉此機會鞏固、擴展人際關係，對於移民眾多的臺灣尤其具有促進社會穩定與族群整合的意義。（曾品滄，2010年，頁41）

　　早期以農業傳統為主的臺閩地區，多半盛行在家中設席款待賓客，稱為「辦桌」，由家人親友或鄰人自行準備菜餚，或是雇請廚師（閩南語稱tôo-tsí，刀煮、多旨，即總鋪師）到家中準備宴席，從設計菜單、準備食材、炊具到烹調菜餚都由專業廚師一手包辦。漢人習慣透過食物表達待客誠意，因此平日生活儘管相當儉省，但對於宴客菜餚則往往不計成本，極力備置各種豐盛，甚至罕見的高級食物。

　　一般來說，較為正式的宴席內容，一桌賓客約8至12人，至少要有12道菜，再來是14、16等偶數的餚饌，另外還有上下席的點心零食。據福建《同安縣志》記載：「通常酒食或十大碗，或八大碗，添二海碗盛甜湯（如糖蓮杏酪類），稍豐者四海碗，亦有雜以中碗，又果碟者，近則日趨奢侈，用燕窩、魚翅、燒烤豬、鴨、雞、魚，多有一席所費不下數十金者。」福建《政和縣志》亦載：「燕（宴）客原用八簋，近漸尚華美，富民宴飲多用四小碗八大碗，四點心十小盤，又以麥麵為之殿，餚蔬則以油膩煎炒，殊屬奢靡。」臺灣宴席亦是如此，據道光年間《彰化縣志》載：「城市宴客好豐，四千制錢，購備一席，慮不為歡，必肴罄山海，曰滿漢席，輒費十餘金。」，從這些清代文獻的記載皆可證明臺閩社會對於設宴辦席的重視。

　　據日人新樹對臺灣宴席情況之記載，通常一席中有大碗4個，中碗4個，小碗8個，點心4碟，豎碟8個。至於宴席菜餚宴席菜餚多以羹湯、煎

炸、燉煮爲料理方式，樣式則有八寶鴨、毛菇（蘑菇）雞、栗子雞、鮑魚肚、清湯鮑魚、清湯魚翅、清湯參、八寶蟳羹、蟳丸、火腿筍、大五柳居、紅燒魚、炒雞（鴨）片、炒蝦仁、炒水蛙、燒蝦丸、燒雞管、塔雞（鴨）餅、生龞雞等。點心方面則有蓮子湯、杏仁豆腐、芋羹等。另外連橫在《臺灣通史》中提及：「饌之次者爲魚翅、爲鴿蛋，皆土產也。盛宴之時，必燒小豚。」，可見「燒小豬」在當時是相當貴重的餚饌。此外日治時期臺灣歌仔冊〈最新十二碗菜歌〉中也詳盡描述了宴席中的菜餚：正燕（燕窩）、加里（咖哩）雞、冬菜鴨、炒蝦仁、毛菇肚、炒肚占、燒豬、崩盤（拼盤）、鮑魚肚、封圭（封雞）、水餃、洋鳳梨。至於宴席點心即一般的糕餅、麵類類，通常上半席點心爲包裹豬絞肉的鹹「包仔」，下半席則進甜的「包仔」或其它甜品。「豎碟」，原意指以小碟堆疊食物，擺置於桌之四邊，豎碟內容有乾果類，如瓜子、土豆仁、葡萄乾、橄欖等，果糕蜜餞類，如李子糕、糖漬之李仔、薑、冬瓜、楊桃等，新鮮水果類，如桃、李、柑，或切成適當長度的香蕉、甘蔗，甚至也有鹹的「豎碟」，如火腿、皮蛋、煙腸（即香腸）等，不論何時豎碟均置於席上，在等待或撤換菜餚時可供賓客隨時取用。（新樹，1902年，頁178）

　　另外清代臺灣逐漸形成的士紳階級，在經濟富裕之後逐漸發展出優雅繁複的飲食風格。早期富家是雇請傭工或女婢幫忙炊事，但清末以後便由精於烹調的專業家庭廚師取代，負責廚房所有事務，並且能夠製作各種美食，在酒樓餐館尚未普及之前，更具有備辦精緻奢華餐宴的能力，以展現主家宴客的誠意與品味。而隨著臺灣開港，來自中國或西方的各式食物紛紛隨著商船貿易傳入臺灣，如美洲麵粉、洋參、燕窩、章魚、乾蝦、乾貽貝、鮑魚、魚膠（魚唇）、火腿、熊掌、香菇、洋毛菇、胡椒、葡萄乾、杏仁、餅乾、糖果、煉乳、人參、紅棗、紹興、惠泉（酒）、白蘭地、葡萄酒、香檳、罐裝啤酒、武夷茶、鴉片等。相對本地土產，其中許多食物由於取得不易、價格昂貴，於是形成了所謂高級、精緻的食物。當時富豪之家的宴會便常以進口食材烹調西式菜餚來招待賓客，同時席中也會備有法國白蘭地或日本啤酒，因此使得此種宴會常帶有炫奇、誇富的意味。臺

灣霧峰林家的宴會便是其中典型的代表。（曾品滄，2006年，頁215-219）

參、節令食俗

　　漢人在一年間的節日極多，因著不同區域而有不同的慶賀方式；伴隨這些節日都有與其相對應的飲食活動，因而形成各地的食俗。為避免與本書第十四章「歲時祭儀」內容重疊，本單元只概述與節日食物或祭祀相關的供品。

一、春節

　　臺閩地區以正月初一至初九為春節，正廳神桌上以紅柑塔、甜粿、發粿，春飯（其上插有春花之白飯）、麵線、清茶、甜料（紅棗、糖果）等供拜神明祖先。而在親友上門拜年時，主人通常用蜜棗、冬瓜糖、花生糖、瓜子等待客，並敬以紅棗、桂圓甜茶，俗稱「食甜」，飲時並互說吉語祝福對方，如「食紅棗，年年好」、「食甜，乎（給）你賢大漢（快長大）」等。在初一當天，不炊新飯，而食除夕所剩之隔年飯，以祈求新年「有餘」；或是吃麵線，取延壽之意。但食俗上亦有禁忌，如忌食粥，以免此年遠行遇風雨不利；忌煎粿過焦，因「焦」字音「chhiah」，音同閩南語「散赤（sàn-chhiah）」。初五為「隔開」，隨即撤去供拜之物，且不再以甜茶、甜料待客。初九天公生是元旦後最重要的祭儀，拜天公時，一般以頂桌放置鮮果、紮紅紙之麵線塔、清茶等，下桌供以五牲、米龜等。

二、元宵

　　正月十五日元宵節又稱「上元」。清晨每家拜天官，祈求賜福。家家以「元宵圓仔」（或稱「上元圓」），敬神祭祖，然後闔家聚食，以期月圓人也圓。

三、清明

　　冬至後的第105天，為「清明節」。此日家家戶戶要吃「潤餅」（或稱「春餅」、「薄餅」），據傳「潤餅皮」為明代同安才子蔡復一的夫人所創，至於餡料，通常用胡蘿蔔、大頭菜、冬筍、豆干、豆芽、豬肉、煎雞蛋絲、蠔煎、蝦仁等分盤上席，或炒成大雜燴再以潤餅皮包裹食用，臺灣還會特別加入花生糖粉或芫荽等。

四、端午

　　農曆五月五日端午節為春夏節氣之交，俗以五月為「毒月」，為驅邪避毒，保健平安，故民間有種習俗，如飲雄黃酒，並食茄、菜豆、桃等蔬果以保健康長壽，俗語即云：「食豆食到老老」。另外，若汲取當日正午之水，可以久存不腐，以備日後解熱之用。或取紫蘇、番石榴葉漬鹽，可作為「藥茶」服用。端午最重要的習俗即是食糯米製成之粽，粽有鹹粽及鹼粽，鹹粽內包豬肉、蝦米、香菇、蠔乾、栗子等物，鹼粽以糯米拌鹼油而成，食時沾糖或蜜。除了食粽外，漳州人也吃滷麵，泉州人則吃煎堆。所謂「煎堆」，就是用麵粉、米粉或番薯粉和其他配料調成濃糊狀，下油鍋煎成一大片，可做甜、鹹不同的口味。相傳古時閩南一帶在端午節之前是雨季，陰雨連綿不止，民間認為天破了洞，要用「煎堆」來補天，遂有此食俗。

五、七夕

　　臺閩地區將農曆七月七日稱為「七娘媽生」，當天用瓜果、油飯以及軟粿拜七仙女。軟粿即小湯圓仔，用手掌輕輕一按搓成圓形的丸子，使之成為扁圓形，最後用拇指往壓按，使中間下凹。傳說圓仔的凹洞，是為盛放織女的眼淚，這種說法讓七夕食俗帶有浪漫的想像。

六、中秋

農曆八月十五日中秋節。當天祭祀之供品，除了月餅、牲醴外，亦有「米粉芋」，俗謂「食米粉芋，有好頭路」。臺閩地區於中秋節當日還有圍桌「博狀元餅」的習俗，據說是鄭成功爲士兵設計的娛樂。此活動先將月餅以形之大小，分爲狀元餅、榜眼餅、探花餅各一，會元餅4，進士餅8、舉人餅16、秀才餅32，將名稱寫於紅紙貼在餅上。博餅的方法是眾人輪流以6顆骰子執入大碗中，視其所擲出之點數，決定其所得科名，最高者即可得到狀元餅。

七、冬至

陽曆十二月二十二日前後（農曆十一月間）爲「冬至節」，俗語謂「冬至大如年」。臺閩家家戶戶都要搓紅白湯圓（冬節圓）祭神明和祖先，而後全家吃冬節圓，稱爲「添歲」。並在門扉、器物上粘一圓仔，並供奉於水井、雞舍、牛欄等處，以犒勞其一年之勞苦，稱爲「餉耗」。

八、除夕

即「過年」，俗稱「廿九暝」、「年兜」，是一年的最後一天。民眾除了炊粿之外，還要以紅柑塔、果盤以及豐盛的菜餚拜神祭祖。除夕夜全家圍爐吃年夜飯，年菜中的每一道菜餚均有吉祥之意，如雞，象徵「起家」；魚，取「年年有餘」之意；「長年菜」，整株芥菜或菠菜燙熟，食用要先頭後尾不嚼斷，是祝福父母長壽之意。「菜頭」諧音彩頭，取好兆頭之意。又多食油炸之物，以火象爭家運興隆。總之，在迎接新年來到之時，凡事都要取吉祥的意涵，以祈求一年的平安順遂。

本章首先概述臺閩飲食文化發展狀況，而後以清領到日治時期爲範圍，從日常飲食、餐宴與精緻料理、節慶食俗三方面談臺灣飲食文化的特

色，及其與閩南飲食的關係。至於戰後國民政府來臺，引進中國各省飲食，加上二十世紀至廿一世紀初，在全球化風潮的刺激下，臺灣飲食漸趨多元化，與閩南飲食的關係不復如往昔密切，限於篇幅，在此略而不談。

問題討論

1. 你覺得最能最能代表臺灣的小吃是什麼？
2. 在全球化風潮下，多元料理異國文化充斥的臺灣社會，就你的觀察，生活中有什麼飲食品項、飲食習慣具有閩南特色？
3. 在你的飲食經驗中，有哪些食物是豪華宴席必備的桌上菜肴？
4. 本章所談到的節慶食俗有哪些還保留在你的家庭中？

參考書目

尤金‧N‧安德森著，馬孆、劉東譯，《中國食物》，南京：江蘇人民出版社，2003。

片岡巖著，陳金田譯，《臺灣風俗志》，臺北：大立出版社，1981。

王瑞成（川原瑞原），〈臺灣的醬菜〉，《民俗臺灣》，臺北：武陵出版社，3：，1943年1月。

王瑞成，〈油烹與熬油〉，《民俗臺灣》，臺北：武陵出版社，3：5，1943年5月。

王瑞成，〈煮食、炊粿、捕粽、醃豆油〉，《民俗臺灣》，臺北：武陵出版社，2：2，1942年2月。

石奕龍，《閩南鄉土民俗》，福州：福建人民出版，2007

池田敏雄，〈臺灣人吃的習俗資料〉，《民俗臺灣》，臺北：武陵出版社，4：1，1944年1月。

吳瀛濤，《臺灣民俗》，臺北：眾文圖書公司，1987。

李熙，《政和縣志》，臺北：成文出版，1967。

周凱，《廈門志》，臺北：成文出版，1967。

周璽，《彰化縣志》，臺北：臺灣銀行經濟研究室，1962。

林蔚文，《福建民俗》，蘭州：甘肅人民出版，2003。

林學增，《同安縣志》，臺北：成文出版，1967。

倪贊元，《雲林采訪冊》，臺北：臺灣銀行經濟研究室，1959。

原通好，《臺灣農民的生活節俗》，臺北：臺原出版社，1989。

國分直一著，林懷卿譯，《臺灣民俗學》，臺南：世一書局，1970。

莊成等，《安溪縣志》，臺北：成文出版，1967。

郭忠豪，〈食物製作與品饌文化──萬曆──乾隆間江南的飲食生
　　活〉，暨南大學歷史研究所碩士論文，2004年。

陳文達，《臺灣縣志》，臺北：臺灣銀行經濟研究室，1961。

陳玉麟，〈臺灣傳統美點製法〉，《民俗臺灣》，臺北：武陵出版社，
　　5：1，1945年2月。

彭一萬編著，《閩南飲食》，臺北：河洛文化，2009。

曾品滄，〈平民飲料大革命──日治初期臺灣清涼飲料的發展與變
　　遷〉，《中華飲食文化基金會會訊》，14：2，臺北：中華飲食文化
　　基金會，2008年5月。

曾品滄，〈從田畦到餐桌──清代臺灣漢人的農業生產與食物消費〉，
　　臺灣大學歷史研究所博士論文，2006年。

曾品滄，〈辦桌─清代臺灣的宴會與漢人社會〉，《新史學》，21：4，
　　2010年12月。

新樹，〈關於宴席及菜餚閒話〉，《臺灣慣習記事》（中文版），臺
　　中：臺灣省文獻會，2：4、3：1，（1902年10月、1903年1月），
　　1987。

詹宣猷等，《建甌縣志》，臺北：成文出版，1967。

潘富俊，《福爾摩沙植物誌》，臺北：遠流圖書公司，2007。

薛紹元，《臺灣通志稿》，清代臺灣方志彙刊第37冊，臺南：臺灣歷史
　　博物館，2011。

薩伯森，《垂涎錄》，北京：北京大學出版社，2011。

懷蔭布等，《泉州府志》，臺北：成文出版，1967。

第十六章 工藝

1. 了解早期臺灣工藝的傳承經過。
2. 對臺灣傳統工藝的特色與表現技法有深入的認識。
3. 知道各項臺灣傳統工藝技術的演變過程與發展。
4. 對臺閩地區工藝的交流與互動有所認知。

關鍵字

工藝、民間工藝、傳統工藝、木雕、刺繡、陶瓷產業、
神像雕刻、漆藝

　　「工藝」又稱傳統工藝或民間工藝，主要是以實用爲主的手工技術。日常生活中的居屋樓房、生活器具、飲食器皿、宗教信仰相關用具或雕刻建築等都是工藝的一部份，所以工藝正可以反映一地的生活文化、經濟生產、製作技術、習俗信仰及美學觀念等。

　　工藝的發展歷史可以追溯到中國的三代，設有六工，專司各種工藝的生產。《周禮・冬官》〈考工記〉：「知者創物，巧者述之守之，世謂之工。百工之事，皆聖人之作也。」明代宋應星著有《天工開物》內容以記載古代工藝科技爲主。工藝的解釋爲「百工技藝之作也」，百工就是攸關生活、生計、生業的各種器物製品及生產製作的技術。

　　日本學者柳宗悅（1889-1961）認爲工藝與美術是相對的，兩者的不同點在於美術是爲了欣賞而作的作品，而工藝則是爲了實用的作品，兩者可以定義爲「看的藝術」與「用的藝術」。工藝則受到用途、材料、工法的限制，性質的主導性不在作者本身而在用途，故也稱爲實用美術。[1]

　　在臺灣的產業文化中，除了原住民的工藝之外，其他工藝文化是閩粵漢人移民臺灣，隨著移民的腳步移至臺灣的，經過一、二百年的發展之後，融入當地的特色，而產生獨特的臺灣工藝文化。

壹、漢人移民臺灣與閩地工藝的傳播

一、漢人移民社會的建立

　　明清時期大量的漢人移民至臺灣，以福建省與廣東省移民爲多，其中以福建省的漳州府與泉州府約佔漢人來臺總數的80%，當時遷徙到臺灣的漢人多數集中在港口地區，如臺南、鹿港、艋舺一帶。

　　明清時期臺灣爲漢人移民社會，保持傳統漢人的生活習俗與特色。移

1　柳宗悅著、徐藝乙譯，《工藝文化》，頁12。

民將原鄉的神明分香至臺灣供奉，由同鄉的移民共同供奉，祭祀共同的神明，如開漳聖王、媽祖、保生大帝等。原先供奉神明為簡陋的地方，當祭祀團體成員逐漸增加，成員的經濟能力越來越好之後，則建廟供奉這些神明。而部分同宗族的移民來到臺灣之後，繁衍三、四代之後，宗族的成員成立祭祀團體，祭祀第一代來臺的祖先為「開臺祖」，以姓氏宗親為主而建立宗祠。修建廟宇與宗祠需要人力與物力，於是從原鄉延聘工匠至臺灣為此設計施工，許多來自原鄉的匠師通稱為「唐山師傅」。

　　清初清廷只開放鹿耳門與大陸對口，臺南為臺灣的政治經濟中心，也是漢人移民集中之區，因此早期來臺的匠師多集中在臺南。而乾隆49年（1784）清廷開放泉州蚶江口與鹿港對渡，泉州地區的工匠湧入臺灣，鹿港自然成為工匠聚集之地。而閩南各地如惠安石雕、南安石材等工藝匠師接受了來自臺灣的訂件，許多工藝品在閩南加工，運往臺灣後再組裝。臺灣民間建築中的石、木、瓦三大行業及彩繪、剪黏等工項，大多延聘閩南地區的工匠，當時以崇武鎮五峰村石匠、溪底村木匠、漳州的畫工、木匠最為著名。陸續來臺的工匠為早期的寺廟建築或傳統的民居留下精美的作品，也將閩粵之地的工藝技術傳播到臺灣，於是部分唐山師傅選擇在臺灣定居，將手藝傳給了後人，或傳授給臺灣當地的居民。

　　當時臺灣的建築需要大量的建材，從大陸運來豐富的木材和石材，木材主要是來自福州，稱「福杉」。南安青石和泉州白等石材，通常作為運送船隻的壓艙石，也作為建材。臺灣地區大興土木修建廟宇與私宅，為漳泉地區的工匠提供了施展才華的機會，同時也為臺灣的工藝儲備了人才。

二、工藝的空間分布

　　漢人移民臺灣後，大體而言泉州人居於濱海地區，漳州人居於內陸平原，客家人則分布在丘陵地區。漳泉客移民之所以定居於不同的地理區域，與原鄉生活方式息息相關。根據學者施添福研究，明末清初的泉州人靠海維生，過著以商賈、販洋、工匠、漁撈、養殖、曬鹽為主的生活，所

以當他們渡海來臺謀生時，自然選擇濱海地區居住。漳州人一向以農業生活爲主，加工業較發達，當他們渡海來臺時，大多數人選擇從事與原鄉相同的本行工作，因此選擇內陸平原從事農業生活或加工業。

　　閩南工匠爲了尋求更好的經濟報酬而來臺。大陸學者李豫閩分析臺灣民間工藝的分布區域，臺灣的皮影戲集中在高雄、屏東一帶；布袋戲則在臺北、彰化和雲林；木板年畫則以臺南米街爲最集中；木雕在臺南、鹿港最發達；交趾陶主要在嘉義和臺南；剪黏主要在臺南和彰化地區；刺繡和金銀器則集中在臺南和彰化的古街區。將臺灣的民間工藝種類的分布與漳泉移民渡海來臺的路線和登陸地相互比照，臺灣「一府、二鹿、三艋舺」不僅是三大城市，也是唐山師傅集中與賺錢的路線。[2]臺灣的傳統工藝在漢人移民的影響下也逐漸發展出特色的工藝品，連橫在《臺灣通史》中特別增闢〈工藝志〉介紹臺灣的工藝，計有紡織、刺繡、雕刻、繪畫、鑄造、陶製、竹工、皮工等。

貳、閩地工藝移植臺灣

一、陶瓷工藝

　　陶瓷器是中國社會中主要的生活器皿，明末清初漢人移民至臺，沿襲使用陶瓷器的習性，福建地區的陶瓷產業早在先秦時代已經展開，宋元時期泉州府的汀溪窯之青磁、明清時期福建省德化縣的白磁、漳州平和窯的克拉克青花磁，均爲福建重要的陶瓷產地。

　　清代臺灣的製陶產業並不發達，因此日常使用的器具大多來自漳泉，唯有磚瓦爲當地製造，連橫在《臺灣通史》中云：「臺灣陶製之工，尚未大興，盤盂杯碗之屬，多來自漳泉，其佳者則由景德鎮。」

2　李豫閩，《閩南民間工藝》，頁31。

閩粵移民來臺之初，首先要解決的是居住的問題，因此燒製住屋所需的磚瓦極重要，製陶的技術只停留於製磚階段，生活所需的盆、罐、碗、盤等則仰賴中國大陸的輸入。因為需要渡海運送，這些日用陶瓷，貨少而價高，得之不易。近年來因為「歸仁窯」遺址的出土及遺物年代推測，可上溯至清乾隆時期，距今約二百五十年。據推測此時臺灣已有製陶的技術，依其陶器遺物器表胎色以橙黃色、橙紅色、紅色、紅褐色最多，類型多為糖漏、罐、盆、飼槽、櫥腳墊等，反應出臺灣早期陶瓷工藝的特徵。

清嘉慶年間，漢人開始在南投、鶯歌等地設置窯場，燒製陶瓷器。依據學者蕭富隆以地名有窯為名之分析，清代乾隆之後許多以窯為名之聚落大多分布在臺灣內陸，沿海地區較少，此與臺灣移民的拓墾腳步有關，他認為因為陶瓷器不利遠途運輸，尤其是大型的水缸、酒甕及粗重的磚瓦產品。[3]歷經清代的發展，臺灣製陶技術已經較為成熟，陶瓷器種類明顯增多。《臺灣通史》：「光緒十五年，有興化人來南，居於米市街，範土作器，以售市上，而規模甚少，未久而止。」臺南米市街的陶瓷器以神像的製作最為有名。

臺灣的陶瓷產業分布在北投、鶯歌、苗栗與南投等。鶯歌陶瓷產業的出現，依據文獻記載約在清嘉慶年間，日本人服部武彥認為鶯歌地區的陶業泉州人吳鞍見到桃園臺地山麓的黏土適合做陶，於是嘉慶9年（1804）在大湖開場燒窯。不久，因漳州人與泉州人發生械鬥，只好遷徙至崁腳地區。在此經營事業直到咸豐3年（1853），又因械鬥遂轉移至尖山，此時吳岸、吳栗由泉州來臺加入，陶業漸次興旺。[4]臺中地區的大甲東水缸聞名於全臺，而其製作水缸的技術也傳承自福建的漳州、泉州和福州等地，以轆轤成形法、陶板接合法、模型壓坯法等，而福州師傅引進的土條盤築法，成為來臺福州師傅特有的專長。

早期臺灣的陶瓷工藝的技術是來自漢移民，因此陶瓷器物的形制、紋

3 蕭富隆，〈臺灣陶瓷產業發展1665-1995〉，頁36。
4 服部武彥著；蕭讚春、蕭富隆合譯，〈臺灣的陶業〉，頁10。

飾多承襲中國的風格，其紋飾多以中國傳統的龍紋、文字紋、金魚等爲主。但是臺灣經過日本統治後，臺灣的北投、苗栗的陶瓷，因日本人引進新的技術與資金，受到日本文化風格的影響，而有日本文化中常見的鶴紋、富士山等。

陶瓷工藝除了實用價值的日常生活器皿外，也有具藝術價值的交趾燒。交趾燒是指廣東一帶的陶燒產物，由於價格便宜、式樣繁多，外銷東南亞，日治時期日本人稱這種來自嶺南地區（就稱交趾）的陶燒製品爲交趾燒或交趾陶。

臺灣的交趾燒依照師承與用料分爲兩大系統，一爲潮汕匠師、一爲泉州匠師。潮汕匠師以釉上彩燒成，色彩鮮豔，以葉王陶爲代表。葉王本名麟趾，通稱「王司」，祖籍爲漳州府平和。嘉慶年間，隨父定居於今日的嘉義縣民雄附近，同治年間被廣東籍名匠收爲弟子，授以交趾燒的製作技術，所燒製的交趾燒，技巧絕倫、色澤優美，獨步全臺。光緒年間，嘉義、臺南一帶的廟宇、豪宅修築之裝飾山水、人物、花鳥多出自其手。日治時期葉王的作品在萬國博覽會上展覽被評爲「臺灣絕技」，葉王交趾陶稱號因而傳開。泉州匠師系統，作品以釉下彩燒成，產生釉色濃淡的層次，代表人物爲柯訓及洪坤福，此派兼做剪黏。另外來自泉州之蔡文董、蔡騰迎、蘇楊水、蘇宗覃等人，以及本地匠人陳大廷、洪華、郭天來等人均爲代表性匠師。

戰後的臺灣陶瓷工藝除了製造日常生活的器皿之外，發展出「藝術陶瓷器」，著重其藝術價值。傳統交趾陶主要是作爲傳統建築上的裝飾，但是現在的交趾陶已成爲擺飾用的藝術品，並成爲臺灣特色的陶瓷工藝品。

二、石雕工藝

臺灣的石雕工藝，見於原住民與漢人社會，原住民的石雕主要表現在排灣族的祖先立柱，漢人的石雕則表現在建築上者居多。

漢人的石雕工藝表現在建築的構件上，如龍柱、石獅、石鼓、柱礎、

石鼓、壁堵等。其中寺廟建築中的石雕最爲精彩，具代表者有臺南大天后宮的龍柱、鹿港龍山寺的龍柱等，均爲明清時期石雕藝術的代表作。（見彩圖16-1）

臺灣石雕的材料，早期多採用閩南運來的花崗石，質堅而渾厚；細雕的部分有的使用青石。後期也有採用觀音山石，由於較容易雕製，因而發展出穿鑿的技法。早期石雕師傅多來自福建泉州的惠安，目前可考者有嘉慶元年（1796）落成的淡水福佑宮前殿有「惠邑石匠陳炳樣」。（蕭瓊瑞，2009年，頁141）

閩南石雕的歷史久遠，主要是因當地有豐富的石材，而其技法有圓雕、透雕、浮雕、沉雕及影雕等，明

▲ 圖16-1　鹿港龍山寺之龍柱
資料來源：陳靜寬攝。

清時期是閩南石雕工藝的鼎盛時期，其中以惠安石雕爲代表，表現在龍柱與石獅上，漳州白礁慈濟宮的龍柱及泉州開元寺的龍柱均爲惠安師傅的代表作。閩南當地的石雕藝人將南派所雕刻龍、鳳、獅稱爲「啼獅、笑鳳、落頷龍」，以惠安爲代表的南派石獅，總是比現出似笑的表情，搖頭擺尾站立的形狀，胸前披彩帶，足抱彩球，呈現出喜慶的氣氛；泉州開元寺東西塔的石獅爲南派工匠的代表作。（李豫閩，2009年，頁42）

日治時期許多石雕師傅來臺灣，其中知名者爲惠安名匠蔣馨（1873-1933），昭和2年（1927）率其子女來臺，主持彰化南瑤宮石雕工程，其族人均爲好手，在臺灣留下許多傑作，如臺南大天后宮前殿的石垛、西螺媽祖廟、岡山超峰寺、南鯤鯓代天府、鹿港天后宮、彰化南瑤宮等。

▲ 圖16-2　福建閩南風格的石獅
資料來源：國立臺灣歷史博物館

　　日治時期之後，臺灣石雕受到日式風格的影響，石獅的造型融入了日本本土「狛犬」[5]的犬式風格，形成一種時代特色的產物，如艋舺青山宮的門獅則具有日本的「狛犬」風格。（蕭瓊瑞，2009年，頁142）

三、木雕工藝

　　清代的木材加工業者稱為「木匠」、「木工」，其中又分大木作與小木作兩者。大木工就是土木包工、興建房屋；小木工就是製作家具，還有

5　守護在日本神社前的石獅子，稱為「狛犬」，是融合獅子與犬的造型，一種想像出來的神社的看門犬。

一種是雕刻木工，稱爲「鑿花匠」。

臺灣的木雕工藝除了原住民之外，最主要是承襲自大陸之體系。其木雕依照類型，可以分爲三個主要的類型：一爲神像雕刻、二是布袋戲偶雕刻、三是建築與家具的雕刻。

（一）神像雕刻

臺灣的神明信仰大多是隨著移民由家鄉分香、分靈渡海而來，祀奉的神像不是從家鄉攜帶至臺，就是聘請唐山師傅雕刻而成，臺灣早期廟宇的神像多出自唐山師傅之手，如臺南大天后之媽祖神像，則爲泉州派師傅所雕刻，神像的雕刻師傅依據地緣關係分爲福建省之漳、泉、福三派。

泉州派的雕刻技術僅在家族間傳承，而福州派的傳承制度較爲開放，因此學徒較多、流傳較廣。至於漳州派的神像主要集中在漳州移民較多的地區，傳習人數較少。泉州派與福州派雕刻神像的匠師，目前是神像雕刻的主流。根據《臺灣全志》中記載泉州派與福州派神像風格的特徵，如下：[6]

甲、泉州派講究大體格局的掌握，不重細節刻畫；福州派偏重寫實的處理，較不重細節，

乙、泉州派造型圓短，穩重厚實，頭與身體比例爲1：3至1：4.5；福州派則以身體較爲高而細長。

丙、泉州派對神像背部造型較不重視，福州派對於背部雕刻也著重寫實處理。

丁、泉州派漆色濃豔，沈重而不寫實，面部與手部膚色呈橘紅色。福州派漆色淡雅而寫實，面部及手部色彩接近眞實膚色。

戊、泉州派以乾漆揉成之線狀爲神像嵌裝漆線圖案，較爲費工。福州派則以稀釋之白色礦物質融合水膠，以特製管筆描繪漆線圖案，然用力扣壓成粉狀。（蕭瓊瑞，2009年，頁137）

6　蕭瓊瑞著，《臺灣全志・卷十二文化志藝術篇》，頁137。

神像的雕刻師傅在臺灣又稱爲「粧佛師傅」，他們集中在臺南與鹿港。鹿港是泉州籍移民聚居的地方，該地的神像雕刻以泉州派爲主，造型凝練、刀法熟練流暢、線條清晰明快、上漆線及顏色的工藝特色，以施禮、施至輝、吳清波等人爲代表，鹿港天后宮湄洲開基二媽神像爲泉州派的作品。臺南早期以泉州派爲多，但因傳承較爲嚴謹，福州派較爲開放，福州派的神像雕刻日治以後在臺南逐漸增多。目前臺南市的神像雕刻老店集中在民權路上以泉州派的「來佛國」及「承西國」、福州派的「人樂軒」及「金佛軒」爲代表。

▲ 圖16-3　臺南鄭氏家廟供奉的鄭成功像，爲西佛國老師傅蔡心民國36年所塑。（陳靜寬攝）

日治時代之後，臺灣神像雕刻受到日式神像雕刻的影響，神像造型有很大的變化，戰後又受到日本市場需求，於新竹興起所謂的日式佛像的製作，其雕刻技法、外皮施作、製作的科儀均與傳統泉福派不同。

工業化社會的來臨，帶來新的科技與材料，仰賴手工的傳統神像雕刻，演變爲機械化生產、化學漆料取代傳統的膠合用料[7]，不同匠派神像雕刻師傅的差異越來越小。但是近年來政府高度重視傳統的神像雕刻，陸續頒發薪傳獎給予吳清波、李松林、施至輝等人，並且舉辦木雕工藝研習營，積極保存這項傳統工藝。

---

[7] 傳統神像雕刻使用的漆料，必須由匠師取用天然原料，自行加工製作，利用長時間的熬煮獸骨、獸皮來萃取黏稠性的膠質，作爲膠合的材料。

（二）布袋戲偶雕刻

布袋戲又稱掌中戲，主要是以人的雙手來演出與操作，結合戲偶、演師、樂師與後場四者相互搭配演出。臺灣的布袋戲傳承自閩臺地區，因此戲偶的製作工藝也是承襲自閩南一帶。

臺灣傳統布袋戲所使用的戲偶，主要來自福建泉州的「塗門頭」、「花園頭」、及臺灣彰化的「阿森頭」。塗門頭產自泉州塗門街，年代比花園頭早，街上以「周冕號」的黃良司、黃才思兄弟所雕刻的偶頭而成名。塗門頭的風格以擬真並以花臉見長，但偶頭不易戴帽，稱為「塗頭」。花園頭則產自泉州環山鄉花園頭村，由雕刻名師江加走（1871－？）發揚光大，製成有的偶頭作品有萬件之多，作品以生、旦等素面粉彩較優，且較易戴帽。彰化的徐祈森則以花園頭為仿刻的範本稱為「阿森頭」，作品雕工細緻，粉彩講究，廣為布袋戲界喜愛。[8]

偶頭的製作，需經九道手續，從選材、劈型、細坯、磨光、貼紙、上土、粉底、打花面、雜鬚髮等，演出前須裝內身、將手、腳、頭裝上身體，才算完成。花園頭所使用的材料以銀杏木、香樟木為多，臺灣的傳統偶頭以原木為主，也有使用樟木等。花園頭偶頭的尺寸，分為1號、2號、3號等三種類型，1號頭最大約5寸、2號頭約4寸、3號頭約3寸，全身高為6至8寸，約4至5兩重。

臺灣早期戲偶尺寸與福建相同，但是到日治時期之後，受到日本風格影響，戲偶尺寸加大，有時也改用日本人形偶。後來更因受到市場的競爭影響，偶頭的雕刻出現不戴帽的梳頭生，花臉的角色也變少，戰後因臺灣金光布袋戲的風行，偶頭使用了賽璐珞的材質，營造舞臺的效果，偶頭的製作逐漸擺脫了福建閩南的特色。（李豫閩，2009年，頁83）

---

8 國立歷史博物館編，《偶戲之美》，頁20。

▲圖16-4　賽璐珞的布袋戲偶頭。資料來源：國立臺灣歷史博物館

（三）建築與家具裝飾

　　木雕工藝分工，除了神像雕刻外，表現在建築與家具上的木雕師傅，還分爲小木花雕，如隔扇、窗花、雀替、吊筒、瓜樑等；另外大木作，如大樑、藻井、斗拱、家具等。

　　廟宇建築構件的木雕藝術，有繁複的透雕、浮雕，在臺灣稱爲「鑿花」，這些建築的木雕師傅的手藝傳承自閩南唐山師父。其中鹿港的木雕最有名氣，因技術傳承自泉州派，雕法細膩，講究傳統。

　　臺灣的家具製作以大溪的家具最爲聞名，桃園大溪早年作爲淡水內陸運輸的終點港口，運輸方便，成爲臺灣家具的產地。清道光初年，因臺灣仕紳林本源在此投資，成爲商旅聚集之地。道光15年（1835）林本源家族爲了躲避械鬥而來到大溪，在此蓋「通議第」，引進漳州的建築工藝及木匠師。宅第完成後這批木匠師傅則留在大溪生根定居，由於本地有豐富的木材資源，傳承大陸漳州的大溪木雕家具就此聞名全臺。大溪家具的開山始祖爲黑輪師、朝枝師、清水師等人，大溪家具以各式家具爲主，如神桌、八仙桌、太師几椅、梳妝臺、衣帽架、公媽椅、眠床、衣櫥、菜櫥等爲主，因取材方便，講究用料，五金、鑲嵌、髹漆的搭配較少，造型、作工成爲手藝的表現重點。日治中期以後，融合了大正時期巴洛克風格雕

飾，使大溪家具暢銷全臺。

四、刺繡工藝

臺灣民間傳統的刺繡，分爲原住民與漢人兩大系統，漢人的刺繡則承襲自中國福建、廣東的刺繡技法。原住民系統的刺繡主要表現在服飾上，其技法大多學自漢人。

鄭轄時期漢人移民至臺灣，傳入中國傳統的刺繡工藝，製作的繡品多爲生活及服飾用品有色褲、鞋面、被面、門簾等，大多提供自家使用，官宦仕紳家庭的需求品，則依賴從內地進口。

清代乾隆、嘉慶年間臺灣移民人數增加，經濟貿易活動活絡，各地廟宇建立，廟會活動日趨頻繁，除了日常的繡品之外，宗教性活動或儀式中所使用的刺繡品越來越多，例如神轎的轎衣、道士、神明的禮服、供桌桌裙、神明出巡時的陣頭的繡旗、傘蓋、八仙彩等，因而出現專業性的繡莊，家庭副業式的刺繡也有商品化的傾向。當時的繡莊大都是由福州人來臺經營，故稱爲「閩繡」，其製品有宗教用品與戲劇繡品，專供敬神與演戲用，其特色是內塞棉絮立體浮雕製作，並喜用金、銀色粗線，配合多彩絨線繡成人物、花卉、飛禽走獸，色彩豔麗。[9]

臺灣刺繡的技法以閩繡、粵繡技法爲範本，其特色爲用色喜愛對比強烈的色調、以正紅或黑色爲地，施以五彩或金彩色絲，表現濃豔的色調。圖案佈局相當繁縟，常見神話傳說等民俗性題材，也有山水、花草、詩句等紋飾。[10]閩地刺繡在紋飾上有花草紋（牡丹、桃花、梅、蘭、竹、菊等）、字型紋（壽字）、線型紋（螺旋紋、如意紋、盤長紋、錢紋）等這些紋飾多有驅邪祈福的寓意。早期漢人移民至臺灣並不織布，臺灣本地不產棉也不養蠶，布料、絲綢均靠進口而來。因此臺灣婦女不善織布卻善於

---

9 莊伯和、徐韶仁合著，《臺灣傳統工藝之美》，頁43-44。
10 林淑心，〈臺灣傳統刺繡概說〉，頁8。

刺繡，連橫《臺灣通史》記載咸豐年間臺南製作的「雲錦」聞名於世，當時臺灣的婦女善於刺繡，其精巧程度「幾邁蘇杭」。

　　日治以後，服飾製作西化，刺繡轉以宗教類的刺繡為主，戰後因為京劇興起，戲服的製作、繡宮燈、繡鞋、繡被、繡枕套等再度流行，使刺繡業又再度興起，但是人工的刺繡卻被機器刺繡逐漸取代。而西方流行的「十字繡」、「貼繡」也隨之興起，刺繡工藝逐漸脫離閩南的刺繡技法與圖案。[11]

　　在臺灣南部的平埔族、排灣、魯凱和卑南族的服飾中有類似幾何形的花紋刺繡，這些刺繡花樣廣泛使用在漢人的服飾上，或許是受到原住民的影響或從廣東一帶傳入的西洋技法，臺灣的刺繡技法與圖案，呈現出與原鄉閩地有截然不同的風格。

▲ 圖16-5　刺繡之肚兜。資料來源：國立臺灣歷史博物館

---

[11] 高本莉，〈十九世紀末至二十世紀初臺灣刺繡的風格與特色〉收入國立歷史博物館編輯委員會編輯，《臺灣傳統刺繡之美》（臺北市：國立歷史博物館，民國95年10月），頁26-34。

五、金屬工藝

臺灣的金屬工藝主要是以婚喪喜慶及宗教活動的需求而發展，如婚嫁中的金銀信物、首飾、幼童的金銀鎖片、女性的妝飾物等。宗教活動中各種銅或錫製成的香爐、燭臺等。

清代以來，臺灣因生活的需求便有金銀細工的存在，且聚居成為專業街道，如「打銀街」、「打錫街」等。早期錫器的工藝是隨著移民而傳至臺灣，以鹿港、嘉義、臺南三地為最多。鹿港的錫藝在嘉慶年間為最盛，鹿港一帶成為全臺的錫器工藝中心，生產用於公媽爐、蜘蛛爐、祭神用的燭臺、天公爐、斗燈等，及民生用品的水壺、茶杯、茶罐等的錫器。由於錫器對人

▲ 圖16-6　錫製燭臺。資料來源：國立臺灣歷史博物館

體有害及其他替代材料的興起，打錫的工藝則日漸沒落。目前鹿港的錫器工藝以陳萬能為最著名，陳萬能的技藝傳承自其父祖，其祖父陳賜來自福建泉州同安，以打錫維生。陳萬能突破傳統的技法，將錫器的製作精緻化，成為藝術品。

除了日用品的錫器製作外，閩南的民間特別喜愛使用銀製品，因為白銀的價格較為低廉，且延展性佳，可以製作成各種精巧的工藝品。日常用的碗、筷子、杯子等均可用銀製作。銀工藝表現在簪、釵、耳環、手鐲、戒指等銀飾上最具特色。髮簪除了固定頭髮之用外，也被貴族當作炫耀財富與身分的一種標示，因此在材料、設計、加工的要求都很高，清代臺灣

簪的製作在造型與閩南地區不同，較重視裝飾，頭部較爲誇大，鑲上珠玉寶石等，另一端則尖細如針，以便插入髮髻。

六、漆器工藝

漆器工藝在中國歷史發展悠久，臺灣的漆器工藝傳承則分爲福州和日本系統。

福州系統主要是來自於福建省福州，早期臺灣並無生產漆器原料，故漆器工藝並不發展，其工藝品主要是從閩地進口。福建與廣東出產的金漆、彩漆、平脫，都很著名。臺灣的漆器工藝主要來自於福州匠師，福州匠師在臺製作如雕漆神像、紅眠床、櫥櫃、梳妝臺、禮籃、果盒等都塗漆罩金，一般都喜塗上金漆、黑漆，或畫花紋，或托螺鈿，外觀高雅而華美。

日治時期日本人鑑於臺灣木材資源豐富，引進漆樹種植。大正15年（1926）日本人山中公在臺中設立「山中工藝美術漆器製作所」，生產「蓬萊塗」爲品牌之漆器，以天然木製作碗、盤、杯、墊、果盒等漆器，配合日本四國的漆器技法，而器皿上卻以臺灣原住民圖案、臺灣特產花卉、水果等裝飾，該產品成爲當時熱銷的紀念品。[12]之後臺中

▲ 圖16-7　日治時期蓬萊塗之漆盤。資料來源：國立臺灣歷史博物館

---

[12] 山中公先生所創之蓬萊塗漆器，以日本讚岐漆器爲基調，木雕彩漆研磨推光，結合鎌倉

成立工藝傳習所，聘請日本師傅來臺傳藝，現今臺灣著名的漆藝家陳火慶、王清霜、賴高山等為此一時期的習藝者。

戰後，日本系統的漆藝逐漸沒落，而福州系統的「美成工藝社」成立，網羅福州師傅，從事傳統中國式漆器、脫胎漆器及漆畫掛屏的生產，1980年代結束營業。80年代以後的漆器工廠規模較小，而所生產的漆器，多帶有日本色彩，後來圖案也採用原住民的圖案或臺灣特有的風土人物等。

七、其他

傳承自閩地的工藝類型相當繁多，除了上述的石雕、木作之外，還有彩繪、剪瓷雕、燈籠、剪紙等工藝技術是傳承自福建一帶的。

參、臺閩工藝的特色與轉變

臺灣因移民之故，許多傳統的工藝均傳承自福建地區，不論在形式、技法或材質均與福建相同，但因臺灣經歷日本的殖民統治，加上本土原住民文化的影響，臺灣發展出具有本土的特色的工藝品，就其歷史發展而言，臺灣的傳統工藝有四項的特色。

一、施作形式的沿襲

清代大陸與臺灣交流是相當頻繁的，臺灣的移民要籌建屋舍或訂製工藝品時，往往請同籍或同鄉的匠師前來施作，使大陸各籍的匠師散佈臺灣各地，施作時常常遇到其他流派的匠師，或是不同流派匠師得以共同施

雕木雕仿古技法，配合八雲塗在雕刻彩繪填漆之後，塗以透明漆研磨推光。「塗」是指漆器特有技法材質之名稱。

展，匠師彼此交流、融合與競爭。

　　閩南地區的工匠有對場競作的傳統，在小木作、鑿花、石雕、彩繪、剪黏等工項最常遇到對場承作，當不同派的匠師共同承包工程時，在廟方或主事者為了減少成本，出現了對場或拼場的形式。所謂的對場或拼場就是兩派或兩組工匠共同承作一門工藝，有以建築中軸線對分、同一空間對角線區分、前後殿之分。兩組的工匠的組成有不同地區派別的匠師、同宗而不同師徒者，也有本地匠師與外地匠師的組成，著名者有臺北保安宮正殿大正6年（1917）由陳應彬（漳州籍）、郭塔與陳豆生、洪坤福對場等。

　　這種競爭對場的形式來自於原鄉，正面立意可以激勵工藝匠師製作出更加精彩之作品，彼此交流增廣新的題材與技術。然而在臺灣卻成為漳、泉匠師或與客家匠師間的競爭對場，由於匠師來自不同地域與宗派，往往淪為惡性競爭。（李豫閩，2008年，頁153-154）

二、行業習俗的傳承

　　福建地區的各種手工藝，各有不同的習慣與禁忌，臺灣的傳統工藝也承襲了這些習俗與禁忌。例如，各行的工匠有各自供奉的行業神祇，木瓦工供奉魯班公；陶瓷匠師供奉范蠡、老君；織繡工崇拜織女等。

　　清代閩南地區有民間工藝的行會組織，雖未有明文的規則，但是在行會中的行業規則及禁忌，卻被民間工匠視為金科玉律。臺灣的民間工匠也有成立行會組織的，如近代鹿港的小木花匠錦森興行，是屬於小木匠所組成的行會，尊魯班為巧聖先師，於每年農曆五月七日聚會祭神。這一個組織活動是以聯誼為主，定期祭祖，增進組織成員的情誼，並可切磋技藝。

三、材料與形式的轉變

　　明清時期臺灣傳統工藝的材料與技術多是從福建直接移轉過來，例如石雕的石材以大陸的花崗石等為主，後來臺灣本地所產的觀音石材也逐漸受到石匠的青睞，因為硬度不似花崗石硬，而出現透雕的技法。

　　布袋戲偶的製作，因應臺灣市場需求與普及化，因傳統木雕的偶頭成本高又耗時，而出現用賽璐珞製作的偶頭。臺灣的布袋戲偶也因金光戲的興起，配合演出的特效與聲光，戲偶的尺寸越來越大，對於戲偶的操作不再只是依賴手掌，需依賴更多的支架，展現出臺灣布袋戲發展的特色。

四、圖案的傳承與轉變

　　臺灣傳統工藝品中紋飾或題材，大多是取自中國吉祥如意的圖文或是忠孝節義故事，受到中國文化的影響頗為深遠。

　　但臺灣經過日本統治後，當地的匠師受到日本風格的影響，在其工藝作品中融合許多日本的風格或表現臺灣當地特色的圖案，不同於福建的傳統風格，例如蓬萊塗以臺灣熱帶的風景與特產為主，刺繡作品上融合平埔族的技法與圖案、陶盤上有熱帶椰子的彩繪。

▲ 圖16-8　陶瓷器上呈現出熱帶風情彩繪。
資料來源：國立臺灣歷史博物館

　　早期移民從福建渡海來臺，移民傳承至閩地的傳統匠師的技術，經過與本地的原住民融合之後，產生具有臺灣特色的工藝。

　　從傳統的技法而融合本地原住民特色者有刺繡，早期移民的刺繡技法以閩繡為主，以中國傳統的吉祥圖案為主，臺灣的刺繡發展逐漸融合了原住民的技法如十字繡，並且繡品中有多種幾何圖形的紋樣。

　　由於臺灣受日本統治，工藝風格融入了日本的特色，例如漆器工藝，日本時代風行海外的「蓬萊塗」具有日本九州的漆器風格，融合日本風格的工藝也是臺灣的工藝特色之一。

　　臺灣的傳統工藝雖然傳承自閩地，但因臺灣特殊的風土，發展出多種特色的工藝，例如藺草編織、竹藝、玻璃工藝等，樣貌多樣。傳統工藝在戰後步入工業化社會之後，逐漸式微，民國74年（1985）起教育部辦理「民族藝術薪傳獎」、民國81年（1992）起行政院文化建設委員會舉辦了「民族工藝獎」，多位傳統工藝匠師獲獎，對於提升傳統工藝有正面的效益。目前臺灣傳統工藝已經逐漸轉向藝術創作，例如90年代之後琉璃工房、王俠軍工作室等創作的琉璃藝術，融合生活的工藝與藝術創作，琉璃藝術在海外為臺灣寫下輝煌的一頁。

問題與討論

1. 請論述工藝與美術的差異性。
2. 請論述福建移民對臺灣工藝的影響。
3. 請舉例說明傳承自閩地技術的臺灣傳統工藝有哪些？
4. 臺灣工藝雖然傳承自閩南地區，但是經歷過日治時期的政治社會變遷之後，發展出與閩南有截然不同的風格，臺灣工藝在地化之後的特色為何？請討論。

參考書目

李豫閩：《閩南民間工藝》，廈門：鷺江出版社，2009.09。

服部武彥著：蕭讚春、蕭富隆合譯：〈臺灣的陶業〉，《臺灣文獻》，43：1（1992.3），頁9-16。

林淑心，〈臺灣傳統刺繡概說〉，國立歷史博物館編輯委員會編輯，《臺灣傳統刺繡之美》，臺北：國立歷史博物館，2006。

柳宗悅著、徐藝乙譯，《工藝文化》，桂林：廣西師範大學出版社，2006。

財團法人中華民俗藝術基金會編，《臺灣民間工藝博覽》，臺北：行政院文化建設委員會，2000。

高本莉，〈十九世紀末至二十世紀初臺灣刺繡的風格與特色〉，國立歷史博物館編輯委員會編輯，《臺灣傳統刺繡之美》（臺北：國立歷史博物館，2006.10），頁26-34。

國立歷史博物館編，《偶戲之美》，臺北：國立歷史博物館，2007。

梁在正、何政廣、戴書訓、王志健、黃仁、謝正一編纂，《重修臺灣省
　　通志‧卷十藝文志藝術篇》，南投：臺灣省文獻委員會，1997。

莊伯和、徐韶仁合著，《臺灣傳統工藝之美》，臺中：晨星出版有限公
　　司，2006。

陳麗芬編，《閩南民間器物》，廈門：鷺江出版社，2009。

廖漢臣整修，《臺灣省通志‧卷六學藝志藝術篇》，臺北：臺灣省文獻
　　委員會，1971。

鄭豐穗，〈臺灣木雕神像之研究〉，臺南：國立臺南大學臺灣文化研究
　　所碩士論文，2008。

蕭富隆，《臺灣陶瓷產業發展1665-1995》，臺中：國立中興大學歷史學
　　系碩士論文，1997。

蕭瓊瑞著，《臺灣全志‧卷十二文化志藝術篇》，南投：國史館臺灣文
　　獻館，2009。

第十七章 建築

學習目標

1. 了解臺灣傳統建築源自福建省沿海（閩南為主）地區的建築體系為基礎。
2. 認識傳統建築在臺灣的重要類型與形制。
3. 知道閩南式建築入臺後，在地化所衍生發展的特色。
4. 臺灣傳統建築受洋風與和風建築的融合與近現代化之影響。

關鍵字

建築、民居、園林、空間、語彙、形式、構法、裝飾、近代化

　　臺灣的「閩式建築」起於移民爲基礎所構成的社會體系，逐漸將「大陸型」的建築觀建構在臺灣「海島型」的地域環境與資源之下，也因此有了「因地制宜」的應變而達成一種適切性，折衷與平衡了實質需求與文化內涵；不但在建築物或建築群硬體形式上的表現，亦包含在其規劃的空間、構築的動機與實踐的方式或使用的層面上；依據規模，再因應時代的變遷而累積疊層，衍生了我們現今所見臺灣的「地域建築與聚落」（Regional Architecture and Settlement）。

　　建築的落實有著文化與環境的兩個構面，其內涵表徵在建築與空間，特別是從留存至今的傳統建築之中的「閩南式樣」，涵容了當代移民族群爲生存、繁衍、習性以及相關衍生的本能，使得建築有了模式或類型的產生，亦受環境的限制，具體地影響地域建築的特質表現，這兩者的共拌互動之下，隨著時代趨勢的發展，造就了地域生活文化的序列演進而具有文化資產的價值，相當程度顯示了臺灣當代的文化內涵與社會現象，也是我們建築文化的重要基礎之一而普遍融入我們的生活空間。

壹、民居建築

　　臺灣在十七世紀中葉鄭轄時期，便有漢人逐漸進入開墾；康熙22年（1683）清領之後，隨著渡臺禁令的時禁時弛，大量閩粵移民至臺灣定居。民居建築是移民安身立命不可或缺的基本需求，因此在來臺初期，聘請原鄉的匠師前來建築房屋，隨後則因應臺灣在地環境、材料的限制，以及營建技術的傳承，逐漸形構出屬於臺灣在地的建築特色。

　　臺灣早期的民居即緣自閩南的「合院建築」形制爲主，含周邊的畜舍、倉庫、茅房等附屬房舍都是賴以爲生的空間場域。建築規模與格局反映了當時農漁生活的方式之外，家族經濟、社會地位及倫理觀念，亦足見漢人對於家的定義與情感上寄託的程度。長久以來因所在地域資源的不同或需求，進而演變出構造與材料不同的民居建築形態。

　　就傳統思想而言，傳統建築位置與方向的選擇與主人及其家族發展有著十分密切的關聯性，因此非常講究房屋建築的各種地理方位與風水觀念，也就是所謂的擇址。風水觀念中，房屋的中軸線所正向或背對的山頭稱之為「龍」，而所謂前埕的前廣場則稱為「明堂」，正廳與正殿的背牆中心則是聚氣的穴位，正身兩側的伸手或稱護龍，有左青龍、右白虎需取得平衡以完備一個「合」院之說法，門前的水池多為弓形半月池等等，這些都是傳統建築所考量的風水元素。

　　傳統建築整體結構，基本上可以分為屋頂、屋身、臺基三個部位。

一、屋頂

　　早期建築屋頂就地取材，使用茅草構築，後期有了窯燒技術則開始使用瓦片作為主要的屋頂材料。

屋身　　　　　屋頂

臺基

▲ 圖17-1　民居建築的構成圖（楊博淵改繪）（見彩圖17-1）

　　屋頂的形式又可分為：硬山式屋頂、懸山式屋頂、歇山式屋頂、廡殿式屋頂、重簷廡殿式屋頂、捲棚歇山式屋頂、方形攢尖式屋頂、重簷方形攢尖式屋頂，一般民居屋頂形式大多屬硬山式屋頂。

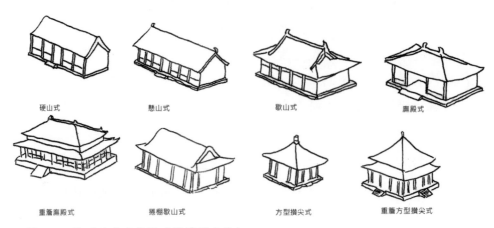

硬山式　　　　　懸山式　　　　　歇山式　　　　　廡殿式

重簷廡殿式　　　捲棚歇山式　　　方型攢尖式　　　重簷方型攢尖式

▲ 圖17-2　屋頂形式示意圖（楊博淵改繪）

　　其屋脊簡單少裝飾，大多使用馬背山牆，也有金、木、水、火、土、五行多變造型的風水之說；若為官宦或富商之居屋頂形式，屋脊富有華麗的裝飾，正脊兩端有如燕尾般的起翹，來表示其身分地位。

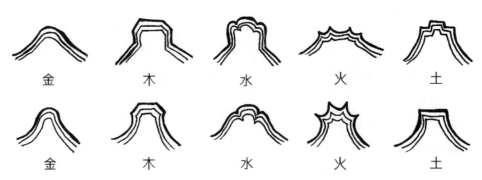

金　　　　木　　　　水　　　　火　　　　土

金　　　　木　　　　水　　　　火　　　　土

▲ 圖17-3　五行馬背造型圖（楊博淵改繪）

二、屋身

屋身部分則可分為屋架與牆體兩種構造，屋架大多主要為木構架，而早期傳統民居的牆體材料，依照地理環境以及經濟的考量則有所不同，當時石材與木材的取得較為不易，價格較為高昂，因此大多使用在大戶人家或者廟宇的建築上。一般的民居建築亦使用夯土牆（俗稱土埆厝）、磚牆或編竹夾泥牆來做為屋身的材料。

傳統土牆是以黏土拌合用乾草、粗糠或穀殼等，透過夯實所製成的土塊所砌造而成，室內則以白灰塗抹表層整平；而磚牆的建造有兩種做法，一是將磚塊平擺疊起，以灰土作黏著物，稱為實心磚牆、二是將磚塊交錯疊起，其中填入卵石等骨材，此種作法稱為斗子牆。磚塊則有紅磚與灰磚兩種種類，紅磚使用較為普遍。編竹夾泥牆是利用在地環境臺灣盛產的竹與茅編築而做成的牆身結構，再於外層塗抹上泥土、牛糞及稻穀類混合物，進而增加其黏著力與強度，為早期農村社會傳統建築很普遍的建築方式。

三、臺基

臺基之主要功用為整合地坪高低差，達到對木構造防潮的效果，對於早期傳統觀念而言，臺基抬高的高度也展現不同進落空間的身分地位，一般由外而內漸高，明間的祖廳常是地坪高程之最；其構築材料與方式為疊上礫石及填入泥土，再鋪設地磚、石板於最上方，來達其架高建築之目的，立面則常以磚石砌疊而成。

四、格局

在傳統建築平面格局中，必以中軸線為中心，空間需講求左右對稱。開間是房屋面寬的基本單元，架則是房屋深度的單位，因此也發展成長方形的建築形式。而兩根柱子之間稱為一間，在傳統風水觀念中，奇數開間屬陽，較為吉利，所以大多數建築總開間數為奇數。

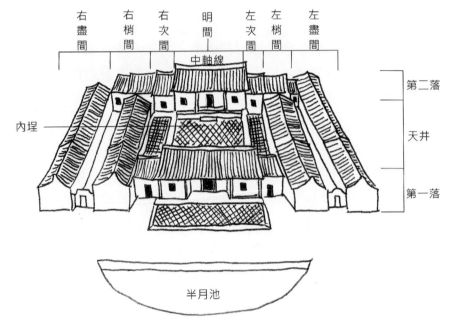

右盡間　右梢間　右次間　明間　左次間　左梢間　左盡間

中軸線

第二落

天井

第一落

內埕

半月池

▲ 圖17-4　傳統民居建築平面格局（楊博淵改繪）

　　民居建築平面格局發展的規模，在家族人口的增加以及經濟有能力的情況下，空間已不夠使用，建築物朝左右兩側平行擴築，產生了多護龍、多院落的居住空間，依傳統民居建築的主要基本形式分為下列幾種：

　　1.**一條龍**　屬於最簡單的建築形式，只有正身沒有兩側的護龍，其面寬最小為三開間、五開間、七開間等規模。

　　2.**單伸手**　於正身的一側加建護龍，形成一個L形。

　　3.**三合院**　於正身的兩側加建護龍，形成一個ㄇ字型，是最常見的傳統農家民宅。

　　4.**四合院**　其規模性較大，以前後兩進及左右護龍圍出內埕，形成封閉的口字型，也較具私密性。

一條龍　　　單伸手　　　三合院　　　四合院

▲ 圖17-5　民居平面格局基本形式（楊博淵改繪）

早期傳統社會家族對於平面空間上的安排，也依照傳統的尊卑輩分觀念來分配，位於正身正中央的空間稱為正廳，是凝聚家族精神中心與儀典生活重心的場域，而正廳左側的臥房是家族中地位較高或主人的居所，其他臥房的分配也需依照長幼的順序作安排，而廚房通常位於最後側邊間的位置。

上述提及的室內空間之外，傳統民居建築中還富有一些重要機能的空間：如大門在建築中扮演著重要的門面角色，常見的形式有牆門、門樓與門廳；而通常位於住所前方的水池，因風水上的考量通常為半月型，也提供了居家用水及養鴨養魚、雨水匯集及汙水排放之功用；以及為各廳房採光的埕與天井，也是空間格局上一個重要的場域。

五、門窗

建築中門窗設置的功能主要為進出的通口以及通風採光，在民居建築中最常見門的形式有厚實木板拼成的板門、通風採光之效果的腰門以及具有裝飾意涵的隔扇，而窗戶製作的材料大多為木、磚、石等所製成，其窗戶也會依不同特殊意義與材料而有不同的形式，一般常見的窗有：竹節八卦窗、花磚窗、石櫺窗、磚砌窗、書卷窗、木櫺窗等，每種不同的形式與圖案，也含有各式吉祥象徵意涵。

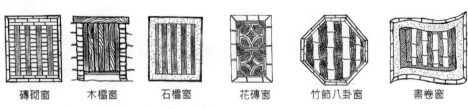

| 磚砌窗 | 木櫺窗 | 石櫺窗 | 花磚窗 | 竹節八卦窗 | 書卷窗 |

▲ 圖17-6　常見窗扇型式（楊博淵改繪）

　　因應當時區域發展與環境的限制影響，多以農、漁為主要產業發展的鄉村地區，建築大多為傳統合院形式，而商業發展為重心的城市地區，因人多地狹，進而演變為沿街道建造長條型的街屋形式，街屋建構的材料早期多為磚、木結構與紅瓦，於後期也開始出現水泥的結構以及至今普遍使用鋼筋混凝土為建築材料。

六、街屋

　　街屋常發生在商業集中的街區，通常可分為幾個重要部分：街屋的立面是店鋪的門面，因此隨著時代的變遷與社會需求的增加，立面的變化與裝飾以及特色風格的追求逐漸越來越講究，因此由不同風格的街屋立面中也可看出許多不同時期材料的運用與當代的生活需求；街屋的內部空間一樓多為店鋪之用途，而二樓則為居住空間之使用，因此也稱為店屋。街屋屬長條形的建築，左右兩側為公壁，無法開窗，故設置天井及天窗來解決室內空間的通風採光問題；傳統的店屋最大特色就是設有便於路人看見商品以及可以遮風避雨行走的騎樓，也就是所謂的「亭仔腳」，騎樓依照不同的結構形式又可分為木屋架結構、木樑結構、拱圈結構以及平樑結構。

　　由此可見，街屋是一種多功能性質的建築，與合院的建築形式大不同，它造就了許多城鎮的商業發展，由此看來，不同傳統的建築形式，各具有它的特質與功能，因此也相輔相成的帶動整個社會的運作。

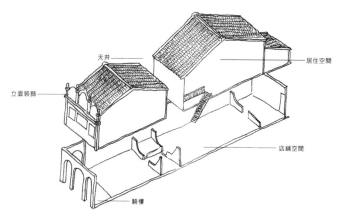

天井

立面裝飾

居住空間

店鋪空間

騎樓

▲ 圖17-7　傳統街屋的形式格局（楊博淵改繪）

貳、信仰建築

　　1662年鄭成功統治臺灣之後，帶來大批的閩南移民遷徙來臺灣開拓墾植。初期時為瘴癘瘟疫及自然災變所擾，加上漳泉閩客各族群間因種種利益衝突，械鬥事件層出不窮，使得墾民更仰賴宗教的力量，由渡海時所攜帶故鄉之守護神像如媽祖、觀世音、開漳聖王，上岸後常被供奉在民宅或草寮供膜拜以求心靈寄託。

　　移民墾殖的情勢紮根穩定後，為祈求四時無災、五穀豐收，與農業有關的神明便紛紛出現：各村莊皆可見土地公廟的蹤跡，沿海村落則多以庇佑漁業相關的王爺廟與媽祖廟為主。新闢地也因移民渡臺，先以地緣作號召，糾合同鄉前往開墾，隨之鄉土守護神明如泉人的廣澤尊王、保生大帝或泉州安海龍山寺觀音、漳人的開漳聖王以及客家人的三山國王也逐漸出現。長期發展下，也產生屬於臺灣本土性的神祇；同時因各地移民匯聚一堂，故神明種類極多，有時也並列一寺廟中，是臺灣寺廟信仰的一大特色。

寺廟在地方上扮演了居民與神鬼等靈界力量的溝通角色，並成為某社會文化群體信仰活動的中心，因此傳統擇址的決策也比民宅更為慎重。

一、形式

臺灣寺廟的坐向以座北朝南為主，主神的擺放位置，會依生辰和流年來決定，若神格位序較高的神明也會放置於所謂正位的位置。

興建寺廟需請堪輿專家看風水、定方位，並按主祀神的神格等級決定規模之大小。等級越高的神明在格局上便可享用正南座向的廟、擁有較多的廟門、配置較多的殿宇及較高敞的空間。一般寺廟常見的格局有以下四類：

1. **單殿式**　只有一殿，為基本的祭拜空間，臺灣各種不同型態寺廟的正殿，其原型就是單殿式。

2. **兩殿式**　配置有前殿及正殿，兩者間以廊道或拜亭相連。

3. **三殿式**　含括前殿、正殿、後殿，有如同街屋式的狹長型三殿或正殿獨身其中，呈「回」字形環繞之平面，屬大型寺廟或孔廟才有的格局。

4. **多殿並連式**　配置如同大型宅第，形成左右並置的多個院落，其規模甚大，寺廟祀奉神祇種類多。

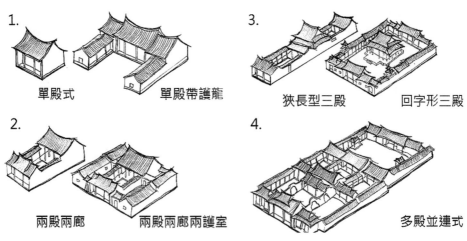

1.

單殿式　　　單殿帶護龍

2.

兩殿兩廊　　兩殿兩廊兩護室

3.

狹長型三殿　　回字形三殿

4.

多殿並連式

▲ 圖17-8　寺廟平面格局示意圖（楊博淵改繪）

二、格局

　　寺廟的空間分配是依照信徒祭拜的過程，依序排列，以主祀神的位置為中軸，左右對稱配置，以實體殿宇建築與虛體的廟埕相間，明暗有致，塑造出祭拜神明的虔誠氣氛。

　　其常見的空間機能大致可分為：

　　1. 牌樓：獨立於寺廟建築前，是界定廟宇內外的出入口。

　　2. 廟埕：各殿前的院落空地或廣場。

　　3. 戲臺（亭）：民間有扮戲酬神的風俗，故戲臺一定面朝正殿，因看戲的主賓是神明。

　　4. 前殿：寺廟的第一殿，整體外觀最華麗，裝飾最繁複，此處為信徒初拜的位置，因此背側開敞面向正殿。

　　5. 拜亭：位於正殿之前，是供信眾上香祭拜的空間。

　　6. 正殿：也稱大殿，是寺廟中的主祀空間，通常是空間最大、高度最高、光線最幽暗之處，神像端坐其中，氣氛甚為莊嚴神秘之空間。

　　7. 護室或廂廊：為寺廟之左右兩側，可為陪祀神明所在的偏殿；亦可為寺內僧侶或廟祝之居住及辦公空間。

　　8. 後殿：為中軸上最後一進的殿宇，空間形式同正殿，因祀奉陪祀神明，故建築的高度及進深接略小於正殿。

三、屋頂與屋架

　　臺灣寺廟的屋脊造型通常相當華麗，其屋脊的功能為壓住屋瓦面，也具有門面的要素，自然成為裝飾的重點，常見的屋脊形式有：一條龍脊、三川脊、假四垂頂。

一條龍脊　　　　　三川脊　　　　　假四垂脊

▲ 圖17-9　常見屋脊形式圖（楊博淵改繪）

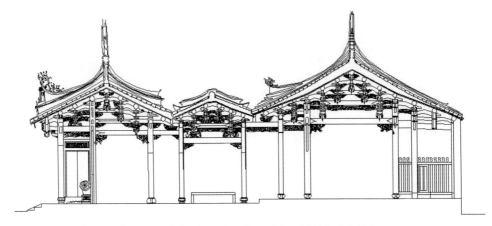

▲ 圖17-10　常見的廟宇屋架與格局（鳳山龍山寺）（楊博淵改繪）

　　屋脊常見的裝飾部位有：正脊上、背堵內、牌頭、垂脊上，大多以剪黏的裝飾方式最多，也有以泥塑或交趾陶來裝飾，屋瓦以筒瓦爲主。

　　寺廟的屋頂下的屋架木雕除了裝飾功能外，架構都具有承接屋頂與組織格局之結構上的功能，故匠師雕鑿時有其準則，結構性強者僅能淺雕，輔助性構材才能透雕。木雕的材料以樟木最爲普遍，因其質地適合雕鑿，不易斷裂。以下爲寺廟常見的屋架木雕部位：

　　吊筒、豎材：吊筒位於簷口下，是懸在樑下的柱子，具有承接簷口重量的作用，末端常被雕成蓮花或花籃樣，故又稱垂花、吊籃。豎材是吊筒正面的一個小構件，其作用爲封住後方構件穿過的榫孔，多以仙人或倒爬獅爲題材。

　　斗栱：斗與栱是傳統建築的基本構件組。斗雖只是一個小立方體的構材，石其型可多變化；栱是承接斗的小枋材，就其形可以雕成花草或螭

虎，但因其具有結構功能，通常採用素面或淺雕。

托木：位於樑與柱的交點，是三角形的鞏固構材，又稱挿角、雀替。

門簪：固定門楹（上門臼）與門楣的構件。

獅座、員光：獅座為步口通樑上的木雕獅子，是較為立體的木雕。員光則是位於步口通樑下高度最低、面積最大的雕花材，其題材以花鳥或人物為多。

藻井：藻井是以不斷向中心懸挑的斗拱，交織成網狀的天花板結構，故又稱「蜘蛛結網」。

四、牆基與臺基

寺廟的牆基與臺基常見合併運用以控制地坪高程與屋頂高度，也是石材雕刻表現的建築部位：

1. **御路**　位於三川殿與臺基前的中軸位置，是神明專用的斜坡道，人不能踩踏，上面通常雕刻正面的雲龍圖案。

2. **抱鼓石、門枕石**　位於入口中門兩側，上部形狀如鼓，鼓面常有螺旋紋，下部設臺座，用於穩固門柱及安裝門板的一個構件。門枕石的功能如同抱鼓石，雕成枕型，並刻上各種吉祥紋樣，增加其美感。

3. **石獅**　多位於入口中門兩側，功能亦同抱鼓石，同時具有避邪的作用，也有部分寺廟的石獅位於廟前空地上。臺灣的石獅造型緣於閩粵，其型略像鬆獅犬或北京狗，鼻大嘴笑，鬃毛鬈曲，線條優美。

4. **柱礎**　又稱柱珠，是柱子的基礎，用途為防潮及防碰損。

5. **壁堵**　指由石雕組成的牆，由上至下，依人體的概念分為頂堵、身堵、腰堵、裙堵、櫃臺腳，部分牆基只有櫃臺腳及裙堵，上部改為木作。

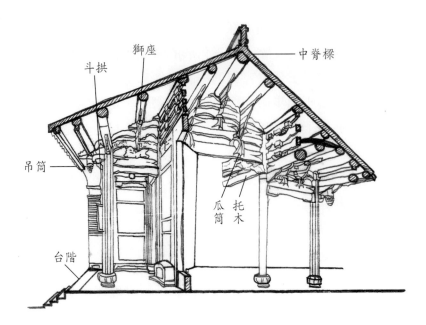

斗拱　獅座　中脊檁

吊筒

瓜筒　托木

台階

▲ 圖17-11　寺廟常見裝飾部位（楊博淵改繪）

　　整體上，臺灣寺廟常見的石材有以下四種：

　　1. **青斗石**　色澤帶綠的玄武岩，質地堅硬細密，適合細緻的雕刻。

　　2. **隴石**　色澤略帶黃的花崗岩，質地堅硬，但紋理較粗，芝麻點較明顯。

　　3. **泉州白石**　白色花崗岩，芝麻點小而不明顯，產量較少，十分珍貴。

　　4. **觀音山石**　臺灣本地所產的安山岩，色澤青灰，質地堅硬，石孔隙較大，近年在廟宇中使用廣泛。

　　彩繪是寺廟中不可少的裝飾藝術，主要有以多繪太極八卦、門神、雙龍或雙鳳、花鳥、瑞獸等的樑柱彩繪以及多以歷史演義或佛經故事為題材的壁堵彩繪；其流傳自商周時代就有在門上繪製圖像嚇阻鬼魅的習俗，至今也演變成為寺廟不可缺少的裝修藝術。

　　臺灣的民間信仰源於閩粵，但寺廟長期的發展下，至今也衍生了許多屬於臺灣本地性的神祇。同時因各地移民匯聚一處，故伴隨來臺的信仰神

明種類繁多，有時且並列於寺廟中，是臺灣寺廟信仰的一大特色。

　　清代時期，各籍移民之間因利害關係，彼此易相互爭鬥且時有衝突，地域意識甚是強烈，因此臺灣寺廟建築亦有一種特殊的營造法，便是在廟宇興建上會各自聘請本籍的匠師，常以中軸線爲界，左右包給不同的師傅來設計施工，稱之爲「對場」，特色就是匠師仍然會遵循應有基本尺寸，在左右兩側相對應之空間中，各自施展手藝有較競之意，從木作、剪黏、彩繪等左右細節可察出各具其匠師風格。

參、園林建築

　　19世紀中葉以後，臺灣富商豪族興起，仕紳和士大夫在建立家族產業後，開始轉求官職，以提升家族於社會之地位。爲了能與當政者往來及結交眾士大夫，交際應酬勢不可少，便開始建造大宅第和庭園來有助於仕途發展。

　　此外園林也提供了多方面的功能，包含日常起居、休憩娛樂、詩書琴藝、宴客會友等空間以供生活交流之便。

　　園林建築型式並未侷限於傳統建築對稱式的格局，其動線與配置較多元靈活，以追求庭園造景的方式來規劃具人文氣息兼休閒意境的空間場域，園林建築主要由建築、假山、水池、植物所構成，建築的部分，又分爲亭、廳堂、樓閣、軒、迴廊、榭、臺等，其功用大多都賦予休憩、宴會、觀景等用途；假山的建造也是庭園內布置的重要一景，在臺灣建造假山的材料是使用磚石爲結構，外層再用灰泥捏塑形狀；而水池除了生活需求、氣候調節、防災等功能之外，更增添園林的生命力；多樣性植物的栽種，除了可以有遮蔭之處，也具有區隔空間的作用，花木的種類也更加提升整體園林建築的風貌，也可由此體會富人在當時對於生活樂趣、休閒娛樂等品質的注重。

　　臺灣具代表性的四大名園，承襲了傳統閩南的建築文化之外，也有許

多細節的表現因應了臺灣的環境與材料限制，而發展出具臺灣特色的閩南園林建築。

一、新竹潛園

「潛園」之名源於園主林占梅（1821-1865），取沉潛內斂之意。潛園是一座以水池為主的庭園。水池周圍佈置了曲折綿延的長廊，廊上之漏窗有蝴蝶、花瓶等樣式，廊的末端緊接「爽吟閣」，其內院為一水苑，將池水引進中庭，爽吟閣的借景技巧是將附近的西門城樓及城門附近的一段城牆納入園景之中，此舉技巧甚為出名。

二、臺南吳園

吳園為道光10年（1830）臺南富商吳尚新所建，據說此園的前身為荷治時期漢人通事何斌的庭園。吳園主體建築為坐北朝南之長形配置的房舍。引臺南市內的小溪，於園內建造人工湖，此湖水為流動的活水。湖園西側有一座假山，是以臺灣常見的硓𥑮石所疊成，構築出一幅具有臺灣特色的假山群。以水為主的吳園，四周環繞屋宇和假山；此佈局技巧似頤和園中的諧趣園，亦以水景為主，四周亭、閣、廊、榭環繞。

三、霧峰林家萊園

萊園設於霧峰林家主宅的東南側，光緒19年（1893）林文欽取中舉人後，為感念母親羅太夫人的教養之恩而創建。其設計概念可能來自山水畫之佈局，有亭閣、仿農村茅屋及戲臺，象徵著歷史情感，為臺灣著名的閩式風格建築。

四、板橋林家花園

　　板橋林家花園於光緒19年（1893）竣成，堪稱清代臺灣園林建築的
傑作，南方園林的技法幾乎於此體現。林家花園的建築物成三角形的結構
分布，三向建築彼此互不平行，三角中心建有開軒一笑亭。園內的分區規
劃可觀察出爲：齋、閣、圃、樓、榭、堂、池，最後以一潭大池作爲收
局，採先分而後合的動線設計。

　　因腹地與環境的限制，故其臺灣園林建築規模較傳統中國園林建築尺
度小，但其構成元素以閩式建築爲情境基調，卻不失以景借景、蜿蜒於其
中的空間特質。

肆、通商時期的建築

　　咸豐8年（1858）天津條約簽訂，開啓了臺灣對外通商口岸，咸豐10
年（1860）簽訂北京條約後，陸續開放了淡水、雞籠、打狗、安平等四
大口岸，因此也吸引了各國的商人紛紛進入臺灣從事貿易工作。

　　這些來臺從商的洋人在臺設置據點，同時也將洋人的建築文化帶入臺
灣，因此西方的建築與商行漸漸出現在口岸附近的城市，其建築所建造
的材料大多使用磚造做成重牆，以木造作爲樓板的結構；也因應臺灣環境
以及較高溫的天候，建築四周都設有拱型的廊道，避免陽光直射，故可調
節建築室內空間的溫度。地板的鋪面除了使用臺灣傳統建築常見的紅磚之
外，也開始使用具有鮮豔色彩、幾何圖形的磁磚，營造出有別於傳統建築
的不同特色，也爲臺灣建築增添不同的殖民建築風格。

　　雖然此時期的建築富有濃烈的洋式風格，但仍有許多地方還是有融入
或相似於傳統閩南建築的元素，其屋頂的形式雖然大多爲西方的傾斜木屋
架，但上層仍鋪上傳統閩南建築所使用的紅瓦；因所處地理位置及氣候的
影響，所以也設有架高建築的臺基，避免建築內部受潮；地面的鋪設有些

部分也會使用傳統建築常見的紅磚為建造材料。

　　天津條約除了開放港口的通商之外，也允許各國可以自由的傳教，因此許多的神職人員也紛紛來到臺灣進行宣教，此時教堂建築也開始出現。目前在臺灣現存舊貌以及歷史最悠久的是屏東的萬金天主教堂，教堂雖然是西方人所帶進的不同信仰，但由於當時材料的限制以及為達到宣教的效果，因此在當時的教堂建築外觀也使用了中西合璧的風格，在教堂仍可以看見屬於閩南建築文化的多種元素，表現了西方與東方不同文化的結合與交流，這也是臺灣建築的一項突破。

　　在通商時期除了有洋樓住宅、商行與教會等的建築物之外，因開放港口通商的需求，清廷為了能夠徵收關稅，逐年在淡水、基隆、打狗、安平、臺南設立海關。這些海關建築多使用磚牆與木構造所建造而成。至於，燈塔的設置對於航海的安全是十分重要的，因此清廷也逐年在漁翁島、鵝鑾鼻、旗後、淡水、安平等建造燈塔，燈塔建築形式大多十分簡單，形狀多為圓形柱，其建築材料多以石材、磚造所砌成。清廷為了增加海防的力量，也在此時期建築許多洋式的砲臺，其形式與構造雖然與早期傳統砲臺有所不同，但因由本地工匠建造，因此其構築方式呈現出部份閩南特色，形成了中西合併的風格。

　　通商時期的洋式建築，雖然使臺灣出現有別於早期傳統建築的風味，但也顯現出閩南與西方國家建築風格融合之後的特色，因應環境與氣候、材料、建築方式等因素，創造出屬於臺灣特色的洋樓建築。

伍、近代（含日治）的建築

　　在明治28年（1895）至昭和20年（1945）日本統治期間，日本人引進多樣且變化性高的建築風格，對臺灣傳統閩南風格的城市紋理起了重大的改變。

　　日治時期間，開始有日本人將西式元素帶入臺灣，應用在建築上，成

了西洋式建築；也有日本人為了強化母國文化色彩而移植至臺灣日式的和風建築。1920年代臺灣社會正好面臨從傳統轉型到現代的重要關鍵，加上當時各種現代建築運動於西方開始盛行，臺灣便也成了現代建築的發揮之地。當時臺灣大部分的公共建築皆由日本建築師設計，但臺灣百姓在興建民宅、廟宇及墳墓卻大部分仍然依賴地方的傳統匠師，在興建的過程中多數會持續應用傳統的閩南風格。綜合以上以日治時期的建築文化觀點來看，臺灣的建築風情便大致可分為四大類型：洋風建築、和風建築、現代建築、臺閩建築。

一、洋風建築

雖然日治時期以前已有荷西時期所遺留下來的西式建築，但真正大量引進西式建築來臺的卻是日本建築師。初期為求新建築能有別於臺灣傳統建築的風格，便大量採用西方建築語彙及元素運用在建築物外觀，其構法仍不少只是沿用日本傳統建築之木構造方式，日本的建築史家，稱此類帶有西洋風情的建築為「洋風建築」。

二、和風建築

日本政權在統治臺灣之後，期許臺灣這塊殖民地能形塑母國文化，不僅在文化上如此，建築自然也在政治因素、文化意涵、懷鄉情節等多種因素影響下，開始興築各種具有日本風格的建築。在神社、武德殿、日式宿舍等建築，以及屋頂、門廊、木構元素與細部、鋼筋混凝土仿木構元素與細部、天花、榻榻米、空間布置、家具與庭園方面，皆可看見具有傳統日式風格的建築特徵，至今仍可見於臺灣建築中，玄關與和室已然也成了許多住宅中生活空間的一部份，持續沿用著。

三、現代建築

比起洋風建築與和風建築繁瑣細節及歷史特質，現代風型的建築反倒呈現的是「簡潔」、「寰宇性」的本質，又以此基本構成來表現各種現代式樣現代建築的「新面貌」。在現代建築中，所有建築的元素均視為單純的構建材料，並逐漸捨去繁複的傳統元素，因此無論建築造型與空間格局，均與具有歷史元素背景的建築有著明顯差異性。造型上不再以歷史語彙作為主導元素，在空間方面，現代建築具有比較自由的表達方式，許多建築從對稱的束縛中跳脫而出，常用不對稱的空間與造型來表達現代建築的新觀念。因此無論在概念上或是實質上，現代建築基本上便可說是「反」傳統的風格。

四、折衷混風建築

日治時期間，雖然日人引進各種風情樣式的建築，開啓臺灣建築多元化的發展，但這些建築仍然滲透著殖民文化的性質。事實上，在此時期臺灣仍有另一批建築扮演著制衡外來建築文化的角色，基本上，這些佔有濃厚閩南元素的臺灣風情之建築可分為三大類：

第一類為臺灣傳統匠師承襲傳統建築規制，除了開始部分使用新建材之外，其建築類型與清代傳統建築相似，此類多用於民宅、廟宇及墳墓。第二類是以有專業建築師介入設計，但大部分仍由傳統匠師負責施工設計，其兼有西方與傳統閩南的元素，同為民間所建，此風格常見於住宅、街屋與墳墓。第三類則為西方傳教士負責設計，再交由傳統匠師施工，多為教堂與教會相關建築。茲概述如下：

（一）民間興建的閩南風格建築

在臺灣，一般人耳熟能詳的廟宇其實都是日治時期重建或新建，因為它們與晚清時期建築並無太大差異，故常被誤以為是清代的建築，艋舺龍山寺（大正8年）、木柵指南宮（大正12年）、臺北孔廟（昭和5年）與關仔嶺火山碧雲寺（昭和6年）都是這種例子。民宅部分，此風格以臺灣

中南部的數量較多，除了開始使用新建材或應用新的語彙，基本的作法與晚清時期閩南建築相似，後壁黃崑虎宅（昭和元年）、楠西鹿陶洋江家祖厝（昭和5年）可為代表。

（二）本土化的民間西式建築

　　一棟建築物如果從外觀查看，其西洋歷史元素或現代式樣的表達與臺灣本土建築的表現佔有同等的地位與角色，我們便可視為一種「閩洋折衷風格」的表現。在當時的政治環境中，對日本殖民者而言，各式西方元素及日本式樣都是正規的建築語彙，但對部分本土意識深厚的百姓及匠師而言並不盡然，因此只好在建築空間上維持原有的傳統建築格局，在造型上局部或象徵性地使用傳統閩式元素，以示對本土精神的重視。例如有些住宅個體，外貌造型雖然西化，但其室內卻多為遵循傳統格局，且在建築細部上應用許多閩南裝飾。如高雄陳中和宅（明治43年）、二崁陳宅（大正元年）、后里敦南張天機宅（昭和6年）等均屬此類。

　　但如果建築整體及外觀皆以西式表現為主，僅局部使用傳統閩式裝飾，便只能稱之為「閩式裝飾風格」。此類常見於日治時期臺灣各地所建的街屋，這些街屋山牆立面基本以西洋式形式構成，但立面上的裝飾圖樣卻常使用閩南元素來呈現，這樣結合西式建築體與臺閩圖樣於一身的情形，遂成為日治時期間的特色之一。

（三）本土化的西方教會建築

　　日治時期除了各類公共建築建設外，西方教會在臺也逐一興建起教會的相關建築，它們多數由西方傳教人士繪製設計規劃，再由當地匠師興築。不少教會建築是以臺灣傳統民宅為原型，再於開口部及內部裝修上反映西方宗教的特質。臺南基督長老教會（明治35年）、彰化基督長老教會（明治35年）、臺南神學校本館（明治36年）等均屬之。除了以式樣、空間格局來反映臺灣本土特色，教會建築也常使用拱廊或迴廊來因應臺灣濕熱的氣候及採用本土生產的紅磚作為建材。

　　在日本殖民政府統治之下，要在建築上表面臺灣本土風情並非易事，儘管日人強力操控引進西洋、日本與現代風格的建築來改變臺灣的公共建

築，但仍有許多臺灣居民在日常生活的建築類型上，運用種種方式來表達對本土文化的理念。

陸、戰後

臺閩之間因特殊的政治情勢，而沒有後續具體的建築交流。臺灣歷經二次大戰後的復原時期，除了延續日治時期所帶來的建築技術與市街規劃，產業也逐漸從農業轉為工業時代，吸收不少現代建築的觀念與技術以符合當下的社會需求，建築開始走向簡約亦高層化，直至民國81年（1992）開放小三通乃至民國99年（2010）簽訂兩岸經貿合作協議（ACFA）之後，臺商將建築設計與技術轉為產業，投資中國大陸市場，其中與地緣關係的福建（閩）沿海口岸城市的交流最為頻繁。

建築隨著地域文化的脈動而變遷，正如臺閩地區海峽之隔，有地理環境上的差異，溯源漢系族群的社會文化與生活習性等脈絡，臺灣的漢系建築可說是閩式建築的支系。

隨著移民墾拓地域環境與需求的不同而逐漸發展，觀念上是源自原鄉的閩式建築為主要影響，特別是地緣的閩南地區；累積了較穩定的生活基礎後，建築在構法、取材與建造技術上開始有了島嶼環境在地性與適切性的調整，以民居、信仰建築為主要類型；清末臺灣開港通商時期，建築開始受西方建築文化的影響而折衷融合；明治29年（1895）後，臺灣日治時期再受和、洋建築的影響，致使折衷融合的元素更加多樣亦同時走向現代化；戰後，臺灣建築以日治時期所立基礎，始近、現代化走向多元發展至今。

問題與討論

1. 試論臺灣傳統建築的源流。
2. 試述傳統合院建築在構造上的三個部分，又有那些基本形式。
3. 因應環境與在地化，傳統建築之牆體有那些構造與材料。
4. 簡述臺灣園林建築的特質。
5. 試論日治時期臺灣傳統建築受哪些建築風格的影響，開始產生折衷融合而走向現代趨勢。

參考書目

李乾朗，《19世紀臺灣建築》，臺北：，玉山社出版，1996。

李乾朗，《20世紀臺灣建築》，臺北：，玉山社出版，2001。

李乾朗，《傳統建築入門》，臺北：，文建會出版，1999。

李乾朗，《臺灣古建築圖解事典》，臺北：，遠流出版，2010。

李乾朗，《臺灣建築閱覽》，臺北：，玉山社出版，1996。

李乾朗、俞怡萍，《古蹟入門》，臺北，：遠流出版，2000。

林會承，《臺灣傳統建築手冊》，臺北：，藝術家出版，1995。

徐明福、傅朝卿、張玉璜，《臺灣之美系列（III）——建築》，臺北：，國立空中大學，2002。

張運宗，《臺灣的園林宅第》，臺北：，遠足文化出版，2008。

傅朝卿，《日治時期臺灣建築1895-1945》，臺北：大地地理出版，1999。

第十八章 結論

學習目標

1. 瞭解臺閩文化互動歷程與類型。
2. 認識閩南文化對臺灣文化的影響。
3. 明白臺灣經驗回傳閩地的過程。

關鍵字

原鄉、區域分工、在地化、臺灣經驗

　　由於臺灣特殊的地理位置，從十七世紀以來，成爲世界強權的角逐地，從南島語族入臺、荷西的短暫留駐、漢人的移墾、日本殖民統治，戰後國民政府來臺，都帶入不同的文化要素，無論從飲食文化、民間技藝、住屋形式、民間信仰等層面，都讓臺灣深具多元文化內涵。例如：臺灣人有一整套藉由經驗到規範的生命禮俗，不但富有教育意涵，同時也是傳承原鄉的生活。也透過繁雜有序儀式及大大小小的廟宇、神明，希望眾神佛庇蔭。

　　其中，臺灣人多由閩地移居入臺，在遷移性的文化擴散過程中，最初入臺時，將原鄉的生活方式、生產模式帶進臺灣，隨著移住人口的增加，在遷居地落地生根後，文化水平提高，促使原居地的精緻文化進駐。由此可知，臺灣文化中的閩地要素極爲重要，誠如：民國95年（2006）4月福建省委書記盧展工基於政治號召的目的，提出了閩臺之間具有地緣相近、血緣相親、文緣相承、商緣相連、法緣相循的「五緣」關係，除說明臺閩關係密切外，更能瞭解臺灣文化中，閩地要素的重要性。

　　由上述章節可知，無論從宗族、文學、戲曲、工藝、建築等層面，臺灣與福建關係密切。例如：就臺閩關係而言，移民社會文化淵源、社會組織形態、海洋文化移植，都說明臺閩關係雖會隨歷史發展而波動，但卻也呈現出更多元的面貌。入臺拓墾時，通常會有同鄉聚居或同姓聚居的情形，並習慣將家鄉地名或姓氏變成聚落的名稱，以致臺灣出現許多基於地緣或血緣關係的地名，例如：泉州厝、同安厝、陳厝坑、蘇厝寮等，也說明臺灣文化中的原鄉要素。臺灣的民間文學除源自於原住民外，多數也是移植自閩南一帶移民帶來的俗諺、傳說等，再逐漸融入臺灣特色後，構築成臺灣民間文學。臺閩文化的互動，可分爲不同類型。

壹、原鄉移入之精神文化

閩地移民移居臺灣，將祖籍地的語言、文化、風俗習慣帶入臺灣，根據日治時期臺灣總督府《臺灣在籍漢民族鄉貫別調查》中發現，來臺閩人中又以泉州、漳州兩府人口最多，也使得臺灣文化中，閩地要素有其重要性。

移民們為能在臺灣發展，常利用地緣或血緣關係凝聚團結，地緣與血緣的同鄉同宗是維繫生存安定的保障。透過宗族力量在臺灣建立祭祀組織，或以拜盟結社及收養制度鞏固家族勢力，抵抗外來威脅，達到共同開發土地的目的。而同姓或宗族祭祀對象從唐山祖轉換成開臺祖，可視為定居過程已經完成的表現。

除宗族組織外，移民必須藉由各種儀式，連結社會認同的功能，生命禮儀、歲時祭祀即扮演著聯絡情誼、落實地方認同的角色。移民至臺時，也帶進原鄉的信仰及祭儀，藉此延續原鄉的生活模式。由經驗規範的生命禮俗可視為閩地文化擴散。歲時祭祀，是結合農業社會生產活動，透過繁雜有序儀式，包含節令的娛樂、競技以及禁忌等活動。其目的除了使人們在時序變遷時進行生活安排外，並可藉由集體性祭儀活動，維持社會秩序。

在民間信仰方面，為求渡臺平安，將家鄉祭祀的神明以神像或香火符袋的方式隨身攜帶，生活安定後便為這些神明立廟。由於不同地區有著不同的守護神明，例如：粵東移民信奉三山國王、漳州人信奉開漳聖王、廈門同安人信奉保生大帝、泉州安溪人信奉清水祖師，閩西汀州客則崇祀閩西的定光古佛，進而成為一種以祖籍認同為基礎的地緣關係，也藉此從其廟宇分布的區域了解移民分布的範圍。例如：泉州人善於經商、捕魚，多聚集在西部沿海平原、港口等地，例如：臺南府城、鹿港、艋舺等；漳州人來臺後多遍布在西部盆地平原區，例如：臺中盆地等地。

貳、區域分工下的臺閩關係

　　新移墾的臺灣適合發展米、糖等農作物，閩地相當發達的手工業產品可以供應臺灣民生所需。即由臺灣生產之米、糖以換取中國大陸之手工業產品，進行區域分工。在區域分工概念下，臺灣許多物品、技術、人才都仰賴閩地的供應。

　　在物品方面，無論是住屋、廟宇所需的建材，生活的盆、罐、碗、盤等均仰賴閩地輸入。閩南各地如惠安石雕、南安石材等地，也接受許多來自臺灣的訂件。

　　大量的閩粵移民至臺灣定居，但受限於技術，移民初期，聘請原鄉的匠師來臺建築民居。爾後，隨著社會較為安定之際，移民開始尋求精神心靈的寄託，開始修建寺廟道觀與宗祠，當時臺灣民間建築中的石、木、瓦三大行業及彩繪、剪黏等工項，多數延聘閩地匠師加以施作，藉此也將閩粵之地的工藝傳播到臺灣來。以石雕為例，淡水福佑宮前殿有「惠邑石匠陳炳樣」即可證明。日治時期，仍有許多石雕匠師來臺施作，例如：蔣馨的作品遍及臺南大天后宮前殿的石垛、西螺媽祖廟、岡山超峰寺、南鯤鯓代天府、鹿港天后宮、彰化南瑤宮等地。

　　早期臺灣陶瓷工藝技術也多源自於閩地，無論是陶瓷器物形制、紋飾多承襲福建的風格，其紋飾也多以傳統的龍紋、文字紋、金魚等為主。漆器工藝主要是福州匠師手藝。除了生活日常的繡品之外，由於宗教性活動或儀式中所使用的刺繡品需求量增多，以致在臺灣出現專業性繡莊，大都是由福州人來臺經營，故又稱為「閩繡」。

　　在人才輸入方面，包括民間文學、戲曲等均由閩地至臺傳播。民間故事方面，大部分的內容也取自原鄉，例如：〈陳三五娘〉、〈山伯英臺〉等故事，原是流傳於中國的傳說故事，隨著移民而傳播到臺灣，又如：臺灣的邱罔舍則是中國各地邱蒙故事，如：〈邱蒙放大炮〉、〈邱蒙請墓客〉、〈邱蒙買鴨蛋〉、〈邱蒙請半仙〉、〈正月初一鬧公堂〉等的

總和。

臺灣早期戲曲也與移民關係密切，臺灣由閩地到臺的戲曲，可分爲非源於福建，但經由福建傳至臺灣，並產生重要影響的劇種，例如：北管、徽班與京班。源於福建的戲曲，例如：布袋戲、南管、高甲戲。

在衣食溫飽下，臺灣的文教亦有可觀之處，參加科考、設立書院、詩社等，更爲當時的風潮。書院師資，多是福建人士，如道光年間，晉江人陳友松應聘到仰山書院主講、晉江施瓊芳主持海東書院的院務。這些書院訓練出來的士子，也對臺灣文教有著一定的貢獻，例如由楊德昭、李祺生、林逢春、蔡長青等編纂《噶瑪蘭廳志》。

總之，在移墾社會建立初期，閩地供應了臺灣所需的民生物資外，更重要的是信仰、祭儀等儀式傳入，另也有人才輸入，構築當時臺灣社會的面貌及文化的主軸。

參、因地制宜的在地化

隨著移民在臺定居日久，無論是物質或精神層面都展現出臺灣在地化的歷程。

以工藝、建築爲例，早期移民的刺繡技法多以中國傳統吉祥圖案爲主的閩繡。爾後，臺灣的刺繡逐漸加入原住民的十字繡等技法，並在繡品中也有多種幾何圖形的紋樣。另一方面，早期臺灣工匠所需材料與技術多是從福建輸入，例如石雕石材是以中國的花崗石等爲主，但，後來臺灣本地所產的觀音石材逐漸受到石匠青睞，且由於石材硬度不似花崗石硬，使得石雕作品出現透雕的技法。

布袋戲偶的製作方面，由於傳統木雕的偶頭成本較高且耗時，以致在臺灣出現賽璐珞的偶頭。臺灣的布袋戲也因金光戲的興起，爲配合演出的特效與聲光，戲偶的尺寸越來越大，即從傳統的掌中戲到金光戲，展現出臺灣布袋戲發展的特色。

　　臺灣傳統的工藝品的傢俱或建築構件雕刻紋飾的題材、刺繡的圖案，大多是取自中國文化中吉祥如意的圖文，尤其是在寺廟中所見的雕刻題材，因施作匠師緣故，多來自中國傳統的忠孝節義故事。但受到日本統治影響，匠師工藝作品中，逐漸融入許多日本風格或表現臺灣特色的圖案，例如：蓬萊塗以臺灣熱帶的風景與特產為主，刺繡作品上融合平埔族的技法與圖案、陶盤上出現熱帶椰子的彩繪。

　　在建築方面，移民初期，多是聘請原鄉匠師來臺建造屋舍，爾後，為配合臺灣風土、建材取得、營造技術傳承，逐漸發展出臺灣在地的建築特色。例如：以農、漁為主要產業型態的地區，多為傳統合院形式建築，以商業發展為主的城市地區，逐漸演變為沿街道建造長條型的街屋形式。街屋建材早期多為磚、木結構與紅瓦，後期出現水泥結構，現今則以鋼筋混凝土為主要建材。

　　在園林建築方面，承襲閩地建築文化之外，也有許多細節的表現，是因應臺灣的環境與材料限制，而發展出屬於臺灣特色的閩南園林建築，例如：使用磚石為建造假山的材料，外層再用灰泥捏塑形狀。在日治時期，板橋林家也將臺灣園林建築風格帶入鼓浪嶼，建造菽莊花園。

　　開港通商後，隨著傳教士與海關官員的入臺，也將西洋建築工法帶入臺灣，但為因應環境與氣候、材料、建築方式等因素，也逐漸勾勒出屬於臺灣特色的洋樓建築。例如：屋頂形式雖多為西方的傾斜木屋架，但上層仍是傳統閩南建築的紅瓦；地面的鋪設也會使用紅磚為建料。

　　日治時期，日人引進西方與日本傳統的建築工法，開啟臺灣建築多元化的發展，例如：廟宇及墳墓雖有部分使用新建材，但仍多由匠師承襲傳統建築規制加以建造。民宅開始出現由建築師設計，但仍由傳統匠師負責施工，風格則兼具西方與傳統閩南建築的要素。臺閩飲食文化關係極為密切，尤其是清領時期，大量閩南人來臺，帶來原鄉的飲食習慣，與臺灣當地原有的飲食文化相融合，以致形成臺閩飲食同中有異、異中有同的特色。

　　由於居住地區不同或是操持職業不同，臺閩地區的每日餐食略有差

異。通常每日的三餐，主食為米，多數人以早餐吃稀飯，午晚餐食用乾飯，務農人家因體力耗費較大，多是早午吃乾飯，晚餐吃稀飯。若有大量勞動時，則有「點心」時間。在點心方面，也多以米類加工品或與當地食材為主，例如：「鼎邊糊」原是福州人立夏時令的食品，傳入臺灣後成為庶民點心。「蚵仔煎」在福建稱為「蠣煎」，或「海蠣煎」。

　　民間文學方面，通常會加入當地的民情風俗，進而轉化成當地的民間文學。例如：〈呂祖廟燒金〉即是「呂祖廟燒金，糕仔忘記拿回來」俚諺的由來，〈石仔蝦殺弟案〉則有「心肝較硬石仔蝦」的典故，這兩則故事中的地點至今仍有跡可循。

　　在民間信仰方面，也呈現臺灣的多樣性，臺灣廟宇供奉神明，除儒、釋、道不同教派的神明外，平埔族祖靈也會和漢人神明一起被供奉。在屏東萬金聖母瑪利亞也會與漢人神明共同繞境，顯示出臺灣人對於不同信仰的包容與尊重。

　　臺灣民間所流傳的靈感事蹟及傳說，除促使原鄉神明的在地化，或在臺灣出現了不同於閩地的新神明。例如：對國家地方有開發貢獻之人，過世後為人所崇祀，例如鄭成功、蔣介石、吳鳳、林圮、曹謹、施世榜等。為保家衛國而犧牲，為後人所崇祀者。清代朱一貴事件、林爽文之亂中，在地方上組織義軍保衛家園，協助清軍平亂而不幸喪生的殉難者，在戰亂平息後由官方興建廟祠來祭祀，還有皇帝御賜「旌義」、「褒忠」等牌匾，來獎勵其義行。在分類械鬥中所喪生，為後代所祭祀者。遇天災劫難而喪生或意外發現的遺骸，有善心人士將這些無主孤魂共同立祀祭拜者。在漢番衝突中喪生，為後人所祭拜者。即臺灣新祀神共同特性便是過世地點都在臺灣，且出現的原因皆和臺灣移墾社會的發展及特色有關。

肆、臺灣經驗的輸出

當從閩地移入臺灣的技術、祭儀等，經過臺灣在地化發展後，也有輸出至閩地。以戲曲而言，以歌仔戲爲代表。歌仔由漳州傳到臺灣後，產生了歌仔戲，但漳州卻未演變爲戲劇，昭和3年（1928）臺灣歌仔戲班三樂軒在廈門水仙宮媽祖廟的演出，是早期進入閩地的戲班，也使得歌仔戲遍及閩南各地，蔚爲風潮，進而促使臺灣劇團、藝人到福建演出、教戲者頗多，對當地歌仔館、戲班產生重要的影響。

但戰後，福建歌仔戲又轉而影響臺灣。以邵江海與都馬劇團爲例，邵江海，曾拜溫紅塗、雞鼻先爲師，加入在廈門演出的臺灣歌仔戲團「霓生社」。中日戰爭爆發，兩岸歌仔戲遭禁，但都尋找替代方案以求生存，臺灣則有「胡撇仔戲」，邵江海等人則改良爲「雜碎調」，又稱「改良調」。民國37年（1948），唱改良戲的都馬劇團來臺演出廣受好評，由於劇團名「都馬」，因此又被稱爲「都馬調」。

在教育方面，臺灣總督府統治臺灣期間，倡言南進政策及對岸政策，除臺灣本島外，更期望將勢力拓展至福建，試圖操縱福建地區新聞與教育。以教育爲例，在福州、廈門等地設立學校，臺灣總督府於明治32年（1899）12月，在福州補助成立「東文學堂」、廈門「東亞書院」，都是以臺日合作的方式創辦，此爲臺灣總督府於福建建校之濫觴。爾後，臺灣總督府仍以補助方式，協助東瀛學校、旭瀛書院等書院的籌辦，其以定居福州及廈門臺灣籍民子弟爲主，即日人透過在閩地學校運作，進入閩地。

在技術交流方面，日本統治之後，臺灣雖然仍繼續由閩地進口傳統手工業產品，但臺灣本土所培植的資本家多已取代對岸掌控大部分兩岸貿易及所需的金融、航運業務，使得資本、技術轉而由臺灣回流閩地。在昭和元年（1926）的廈門，臺人經營家庭工商業家數最多的前十分別爲，雜貨、藥物、海產物、匯兌、服裝布料、煙草、穀物、醫院、酒類、

木材等行業。值得注意的是，幾乎都有引進臺灣的技術。例如：大正8年（1919）臺南資本家引進臺灣製糖機器，在福建設置糖廠。昭和8年（1933）泉州華僑在臺灣購置了爪哇蔗苗試種。昭和11年（1936）泉州人與臺灣人合作引進臺灣機器製糖技術，創設溫陵製糖工廠。此外，臺灣的籐器、大甲蓆、大甲帽技術也傳入泉州，影響當地製作技術。

在飲食糕點製作方面，以鹿港「玉珍齋」為例，鹿港布商黃錦開設玉珍齋，並聘泉州糕點師傅鄭槌進駐。由於鄭槌精通泉州各式糕餅的製作，進而創新口味，使得生意興隆，鄭槌的下一代至廈門開設分店，將在臺精緻化糕餅回傳福建。這是閩南飲食文化向外流播又回流的顯例。另一方面，愛玉凍在清末從臺灣輸入中國閩粵等地，日治時期更傳入日本。

在宗族方面，來臺開拓的移民，有些本為原鄉望族，來臺開拓基業後仍與閩省家族有所交流。如張士箱在臺灣獲得功名後，張姓族人也相繼來臺參與開發。張嘉在臺灣開拓的事業始於濁水溪南的荒埔，招佃開墾之後，聯合佃戶與其他早期拓墾者，陸續開鑿陂圳，成就良田萬頃，張士箱族人在臺經營的財富，回饋原鄉。

總之，臺閩文化互動特徵，都反映臺灣傳統社會的複雜性、特殊性。在臺灣多元文化中，閩地文化是構築臺灣精神層面重要的元素，由於對未知世界的恐懼，無論是生命禮儀、歲時祭祀，大多仍依循移墾社會移入之時的步驟，尤其是死者為大的喪禮，其科儀原則上仍因循著自閩地傳入的傳統。在歲時祭祀方面，雖有對於儀式的修正，但仍多遵循慣例，而傳統農業社會會依循由閩地傳入的二十四節氣農作，現在雖進入工業社會，但我們仍有過年全家圍爐；元宵燈籠；清明掃墓；端午粽子划龍舟；七夕願有情人終成眷屬；中元普渡祭拜好兄弟；中秋月圓人團圓；冬至進補等節慶。

在歲時祭祀、生命禮儀多沿襲著自原鄉而來的傳統，族群與宗族著重於閩到臺，之後在地化，除少數家族在日治初期回到閩地外，其餘落地生根。戲曲與文學、社會教化，則是閩到臺，臺到閩，互有影響的代表。

但物質文化方面，無論是飲食、工藝、建築、戲曲、文學等，卻都因

應臺灣現有環境，就地取材，展現在地化歷程。民間信仰雖仍祭祀著原鄉神明，但隨著移民在臺生活日久，原鄉神明也改變其原有神格，以適應臺灣信徒所需，例如：媽祖接炸彈傳說、王爺不再是瘟神信仰，轉化成臺灣瘟疫的剋星。到了戰後，臺灣的民間信仰蓬勃發展，在兩岸開放後，臺灣各寺廟紛至原鄉交流，例如：臺灣各地媽祖廟至湄洲，各地三山國王廟也至廣東揭陽祖廟謁祖。另，也透過建廟、神像捐贈等與福建各地廟宇交流，也都讓臺灣的廟宇建造與雕刻技術回傳中國。

問題與討論

1. 試論臺閩文化互動的類型為何？
2. 試述閩南文化對臺灣文化的影響？
3. 試舉例說明，臺灣經驗如何輸出？

國家圖書館出版品預行編目資料

臺閩文化概論／施懿琳著. ——初版.——臺
北市：五南，2013.09
　　面；　公分
ISBN 978-957-11-7264-4（平裝）
1.中國文化　2.臺灣文化
630　　　　　　　　　　102015362

台灣BOOK　03
1XAC　臺閩文化概論

主　　編 — 國立成功大學閩南文化研究中心／施懿琳（158.6）
執行編輯 — 張麗芬
撰 稿 者 — 林孟欣　林麗美　施懿琳　高佩英　張美櫻
　　　　　 張靜宜　張麗芬　許明珠　陳曉怡　陳靜寬
　　　　　 黃思超　楊書濠　楊博淵　劉淑玲　蔡蕙如
　　　　　（依姓氏筆畫）

發 行 人 — 楊榮川
總 編 輯 — 王翠華
副總編輯 — 蘇美嬌
責任編輯 — 邱紫綾
封面設計 — 果實文化設計工作室
出 版 者 — 五南圖書出版股份有限公司
地　　址：106台北市大安區和平東路二段339號4樓
電　　話：(02)2705-5066　　傳　　真：(02)2706-6100
網　　址：http://www.wunan.com.tw
電子郵件：wunan@wunan.com.tw
劃撥帳號：01068953
戶　　名：五南圖書出版股份有限公司
台中市駐區辦公室/台中市中區中山路6號
電　　話：(04)2223-0891　　傳　　真：(04)2223-3549
高雄市駐區辦公室/高雄市新興區中山一路290號
電　　話：(07)2358-702　　　傳　　真：(07)2350-236
法律顧問　林勝安律師事務所　林勝安律師
出版日期　2013年9月初版一刷
定　　價　新臺幣430元

※版權所有‧欲利用本書內容，必須徵求本公司同意※